# 当代智库的知识生产

唐磊◎主编

The Knowledge Production of
Contemporary Think Tanks

中国社会科学出版社

**图书在版编目(CIP)数据**

当代智库的知识生产/唐磊主编. —北京：中国社会科学出版社，
2015.7

ISBN 978 - 7 - 5161 - 6199 - 9

Ⅰ.①当… Ⅱ.①唐… Ⅲ.①知识社会学—文集
Ⅳ.①C912.67 - 53

中国版本图书馆 CIP 数据核字(2015)第 117578 号

| | |
|---|---|
| 出 版 人 | 赵剑英 |
| 责任编辑 | 郭晓鸿 |
| 特约编辑 | 席建海 |
| 责任校对 | 季 静 |
| 责任印制 | 戴 宽 |

| | |
|---|---|
| 出 版 | 中国社会科学出版社 |
| 社 址 | 北京鼓楼西大街甲 158 号 |
| 邮 编 | 100720 |
| 网 址 | http://www.csspw.cn |
| 发 行 部 | 010 - 84083685 |
| 门 市 部 | 010 - 84029450 |
| 经 销 | 新华书店及其他书店 |

| | |
|---|---|
| 印刷装订 | 三河市君旺印务有限公司 |
| 版 次 | 2015 年 7 月第 1 版 |
| 印 次 | 2015 年 7 月第 1 次印刷 |

| | |
|---|---|
| 开 本 | 710×1000 1/16 |
| 印 张 | 19.75 |
| 插 页 | 2 |
| 字 数 | 315 千字 |
| 定 价 | 76.00 元 |

凡购买中国社会科学出版社图书，如有质量问题请与本社联系调换
电话：010 - 84083683
版权所有 侵权必究

# 目　录

# 何为智库，智库何为？

## ——写在前面的话

　　智库在中国受到各界广泛关注，不过是近几年的事情。2013 年 4 月 15 日，习近平总书记对建设中国特色智库做出重要批示。2013 年 11 月，十八届三中全会提出建设中国特色新型智库，建立健全决策咨询制度。一时间，各路政府科研机构、高校乃至民间均纷纷响应。这一年间，数不清的智库建设研讨会、座谈会在各层机构中举办。受此鼓舞，有的学者把 2013 年称为中国知识界进入"智库时代"的第一个年头。

　　正是在这样的背景下，我开始关注智库知识生产的问题。编纂本书的基本构想是，以知识社会学的视角考察智库现象及其知识生产特征。按此设想，我在英语世界的有关研究文章中选取了一批代表性成果：作者包括智库研究领域的著名学者如戴安娜·斯通（Dinae Stone）、托马斯·梅德维茨（Thomas Medvetz）、詹姆斯·麦克甘（James G. McGann），智库的资深学者如默里·韦登鲍姆（Murray Weidenbaum）、李成等；在国别上，除了传统的智库强国美国、英国、德国，也特别选取了像中国这样新兴的大力发展智库的国家；更主要的是，我试图通过选文，来展现有关智库定义、智库功能、智库知识生产的内在机制、智库影响决策的能力及其评估等问题，西方学术界思考到了怎样的程度。我希望通过这样一种努力，来帮助中国智库的建设者和从业者们反观自照，思考中国特色智库建设的路径。

　　智库的勃兴，与知识社会的兴起有着千丝万缕的联系。智库的历史最早可以追溯到 19 世纪中晚期，但独立智库的真正成形要到 20 世纪的第二次世界大战前后，而其蓬勃发展则开始于 20 世纪 70 年代左右①，最后这个时期正是所谓"知识社会"、"后工业社会"出现的时代。尼科·斯特尔（Nico Sterr）称这一新的社会形态是以"科学知识向其一切生活领域的渗透为基础"。② 彼得·德鲁克（Peter Drucker）则宣称："现在真正控制资源和绝对是决定性的生产要素，既不是资本也不是土地或劳动力，而是知识。"③ 如果说，这些抽象的表述还不能把为决策而供给知识的智库同知识社会一般地联系起来的话，弗兰克·韦伯斯特（Frank Webster）的下面这番话将更有力："社会是以高度社会化和自省为生活方式构建的基础来组织的。如果事实真是如此，我们将日益依靠反思和以评估风险为基础的决定来建设我们生活的世界（而不是根据自然或者传统的命令），对于我们形成我们的反思，理论知识举重若轻。"④ 按照韦伯斯特的分析，在当今社会，决策（或者说理性选择）也在"向一切生活领域渗透"，而每一个组织乃至个人，都需要大量的信息和知识乃至更为总体的理论知识来支撑其日常决策活动。与此同时，知识社会的另一显著特征表现为，人们日益增长的知识—决策需求同信息爆炸和知识专门化背景下个体认知能力相对不足（并且这种差距还在日益扩大）之间的矛盾。正因如此，作为知识—决策代理服务机构的智库，其活动的空间愈来愈广，其所扮演的角色愈来愈重要。

尽管智库早已潜在地影响和改变了世界和人们的生活，但普通大众乃至学术界对于智库究竟是怎样一类机构以及它如何生产知识、服务决策，仍感到十分神秘；智库发生影响的过程至今也还是个谜。本书不奢望能够通过选译十几篇文章就破解智库运作的黑箱之奥，但至少我个人感觉，通过这些文章，读者应该可以大致弄清智库是什么和智库做什么。至于智库究竟如何做，社会学或者更具体说，是知识社会学最常用的一些分析框架，比如知识与权力、知识生产与知识传播、公共政策与市民社会等，可以帮助我们略窥堂奥。

---

① 关于智库的历史溯源问题的综述，见金芳等《西方学者论智库》，上海社会科学院出版社 2010 年版，第 4—6 页。

② 尼科·斯特尔：《知识社会》，殷晓蓉译，上海译文出版社 1998 年版，第 13 页。

③ 彼得·德鲁克：《后资本主义社会》，张星岩译，上海译文出版社 1998 年版，第 6 页。

④ 弗兰克·韦伯斯特：《信息社会理论》第 3 版，曹晋等译，北京大学出版社 2011 年版，第 39 页。

2014 年初，《中国社会科学报》曾约我撰写一篇关于智库的小文，那时本书大部分文稿都已成型，我即根据编读过程的一些收获完成了那份差事，那篇文章的题目恰好就是本书的书名《当代智库的知识生产》，只是编辑不知有意还是无意给多加了功能二字。现在看来，这篇文字讨论更多的是智库如何把握"知识"的独立品格同"政策"的权力属性或是"生产"的市场本性之间的平衡，这也是海外学者在研究智库现象时最为关注的重点内容之一。我把这篇文字稍事修补，置于此处，希望对读者们理解全书内容多少起到一些辅助作用。

### 关于何为智库

在关于智库形形色色的定义中，我倾向于认同安德鲁·里奇（Andrew Rich）的定义，即智库是"非营利性的组织，它们生产专业知识和思想，并且主要依此获得支持和影响政策制定过程"。该定义大概是最具通约性的一种。在其他一些学者的定义中，智库被打上独立性的标签，例如，布鲁金斯学会理事会主席约翰·桑顿将质量、独立性和影响力视为智库的核心价值和对之进行评估的关键所在[①]，但各国智库发展的实际经验证明，独立性与其说是一种内在属性毋宁说是一种价值追求。在我看来，智库追求独立的理想，除却对知识本身的敬畏和智库组织的自治性以外，更多表现为对上述平衡的巧妙把握。

### 关于智库何为

公共政策学者黛安娜·斯通（Diane Stone）将智库的角色总结为三个方面，"智库联结研究与政策"、"智库服务于公共利益"、"智库促进知识积累"。其中，最能显示智库与一般科研机构区别的是第一方面，或者换个说法，智库要做"知识和权力的桥梁"。

智库联结研究与政策的主要方式是对形成决策的"有效干预人群"进行游说，通过将其理念传播给他们而形成影响。根据可能影响决策的群体不同，智库"捐卖"自己思想产品的方式可分为"俘获"政府决策层、对

---

① 金芳等：《西方学者论智库》，上海社会科学院出版社 2010 年版，第 2 页。

社会精英以及公众展开启蒙。随着世界范围内民主化不断发展的趋势和知识社会对专业化知识需求的不断扩大，当代智库应更加努力地将自身塑造成思想市场的赢家而非传统形式上的政策供应商和幕后推手。

## 智库作为知识掮客

作为面向公共政策的"知识掮客"（knowledge brokers），智库需要在保证有效地生产知识和"掮卖"知识的同时，寻求二者之间的平衡。然而，智库的知识生产活动和公共政策的决策活动存在着某些极难克服的矛盾。

首先，是科研与决策二者的知识供求矛盾。一方面，对需求方即决策者来说，他们面对积案盈箱的报告、内参却总感觉欠缺有思想有见地的智力支持；另一方面，令智库研究者经常苦恼的是，无法及时把握政策制定者动态的知识消费偏好，或者待价而沽的研究成果总是得不到决策者的青睐。为了应对这一矛盾，智库需要及时回收、合成思想，把高深的学术成果重新演绎成简洁明了的"话语片段"，有时甚至不惜采用媒体化的表述方式，以普及思想并吸引眼球。由于评价体系有自身优势，所以在组织思想的重新合成和演绎方面，智库显得更加有效率。当然，这样的工作有时不免在"科研至上"的学术共同体中遭遇尴尬。

其次，为了提高推销知识的效率，当代智库的管理者更加重视建立广泛而有效的社会网络，通过各种类型的社会活动来促进公务员、决策者、商界精英、媒体人士和学者之间的沟通，并在这些活动过程中潜移默化地将自己的思想和理念"兜售"给政策形成过程中的有效干预人群。或者说，对于智库而言，提升知识品质和加强社会资本二者不可偏废。有时，后者的重要性甚至超过前者。中外学者都有人指出过，对于提高决策影响力而言，政策研究者的社会交往能力比知识产品质量有着更大的意义。

## 影响公众还是影响决策

公众影响力是智库的重要社会资本之一，也是智库为了实现影响决策而常常借助的力量，即通过影响大众舆论来促使政府议程和决策的变动。里奇和唐纳德·阿贝尔森（Donald E. Abelson）等人的研究表明，大众媒体喜欢援引的智库在决策者那里不见得有同样的影响力，媒体和决策者对于智库成果的关注点并不一致。即便如此，智库在争取生存资源的时候，"公众关注度"总是一张不错的牌，因为智库除了服务决策之外还可以打出"服务公共利益"的旗号。而且，对于一般投资人来说，面对决策过程的"黑箱化"，谁又确信公众舆论丝毫不会干预决策呢？因此，虽然自知公众影响和决策影响不是一回事，智库也不会放弃利用各类媒体扩展其公众影响力的努力。在资源和精力有限的双重制约下，更重视公众影响还是决策影响，成为智库的知识生产者和管理者始终将要面对的另一个矛盾。本书中就有两篇文章集中谈到知名度和影响力的问题。

智库如何以及多大程度上能影响决策，是人们讨论智库时最关心的问题之一。尽管本书收录的文章中有两篇探讨了评价排名或网络计量学方法，但在我看来，任何试图以各种指标来量化比较智库决策影响力的尝试都会面临尴尬。智库对决策的影响过程深嵌在多元、复杂的"知识—权力"的社会网络中，这一过程充满了变量。就像美国国际战略研究中心总裁约翰·哈姆雷（John Hamre）所说的，"在公共政策这方面，像DNA测试那样能有相当把握说出比例（谁贡献了多少）几乎是不可能的"。

### 知识权威与世俗权威

无论是智库扮演"知识与权力的桥梁"的角色，还是智库进行学术研究与知识捐卖的双重活动，其间都充满了张力，而其根本来源就是智库研究学者托马斯·梅德维茨（Thomas Medvetz）所说的"知识的信誉"与"世俗的权力"（或者说知识权威和世俗权威）之间的永恒冲突。

所谓知识信誉或者知识权威，不仅意味着真理和追求真理过程的客观性，同时，它还代表了丹尼尔·贝尔（Daniel Bell）所说的知识社会中理性知识的"中轴地位"，或是尼科·斯特尔在《知识社会》一书中所说的"传统的或非理性的信念被导致社会行为更加合理化的那种理性知识所超越"。而如前所述，智库面对的世俗权威实际上又分成决策者和公众（媒体）两种类型。这意味着知识权威与世俗权威之间的冲突也存在两大基本形式。在我看来，一切围绕智库及其知识生产所展开的争辩、质疑，无论来自内部还是外部，最终都指向上述矛盾。

## 知识市场化对知识生产进程构成挑战

作为现代社会一个独特的知识生产部门，智库的知识生产活动从一开始就带有职业化和产业化的色彩，并且这一趋势随着时间推移不断加强。正如西方的智库观察者所观察到的：智库产业的蓬勃发展和资源竞争的加剧，使得这一行业的知识生产活动中的扁平化、跨界化、契约化、生产周期加速化以及注意力频繁转移等现象越来越普遍。其结果之一，便是对栖身于智库组织同时以传统方式从事研究的知识生产者带来角色和认同的挑战。他们不得不或多或少地改变自身，以更加市场化的方式满足社会对实用型知识的需要。

从这个角度出发，今天在西方国家乃至中国本土所发生的智库转变，都有着客观的根据和内在的发展逻辑。不同的是，西方国家智库所发生的变化是其智库产业市场化进程中的微调，而对于中国的智库及其从业人员来说，可能会经历巨大的变革。① 他们一方面要学会适应生态复杂的决策民主化过程，另一方面又要适应知识市场化和商业化对知识生产进程构成的挑战。

以上简要介绍了本书编纂的宗旨和编纂者在此过程中的一些理论收获。编选这样一部文集，难免会有许多遗憾。尽管我们在国别上选取了包括中、美、英、德、澳等国，也涉及加拿大（在讨论智库评价问题时），但仍有一些重要国家如法国、俄罗斯未遑论及。其他诸如最新成果来不及吸纳，编译校质量仍有待提高，等等，只能期待未来有机会予以弥补、改进。

最后，要感谢对本书编纂提供过协助的那些人。首先要感谢中国社会科学院信息情报院张树华院长、姜辉书记和刚刚调职离开的曲永义副院长，他们中尤其是主管业务的树华院长对此项目多次表示关心。感谢中国社会科学院国际中国学研究中心何培忠、刘霓两位领导，由于他们的支持，使得本项目得以顺利启动和进行。国际关系学院的肖君拥教授、社科院法学所博士生王演兵兄、远在大洋彼岸的刘航兄，我的同事刘霓研究

① 可以提供一个有趣的旁证来说明西方和中国智库发展处于不同阶段。利用谷歌趋势（Google Trends）搜索"Think Tank"，并利用百度指数（Baidu Index）搜索"智库"，会发现智库一词在英语世界近五年中的搜索量大抵保持平稳，还略有下降，而智库一词在同一时期的中文世界的媒体关注度和搜索次数大幅增长，尤其是在 2014 年 4 月，曾出现爆炸性增长。

员，杨莉博士，实习生韩侃瑶、李敏参与了本书文章的翻译工作，译事辛苦，冷暖自知，感谢他们的付出和奉献。清华大学公共管理学院朱旭峰教授、中国人民大学国家发展与战略研究院副院长王莉丽博士二位是智库研究方面中国学者中的先行者，朱旭峰老师慷慨赐予其中一篇的版权，王莉丽老师对本书提供了许多鼓励和建议并为本书撰写了一篇导读文字，在此也对两位表示深深的感谢。另外，《国外社会科学》曾吸收本书中四篇文章做过一期专栏，《中国社会科学文摘》对这期专栏也进行了摘录介绍，同样要感谢上述期刊给予的鼓励。

本书存在不少漏洞和遗憾，有时是因为编选者的学力、眼光，可能还要受制于版权获取的情况，有时是因为翻译、编校质量的因素，书中各种舛误不当之处我负有最多的责任，希望能得到读者们的批评指正。

唐　磊

2014 年于北京金秋 APEC 会议前夕

# 借鉴全球智慧　探索中国智库模式

王莉丽

中国人民大学国家发展与战略研究院副院长、新闻学院副教授

2014 年夏天，我第一次看到《当代智库的知识生产》预印本。在我的视野范围之内，这是国内第一本以智库研究为主题、汇编国外学者论文的书籍，而且此书在对国外学者和论文研究维度及视角的选择上，视野非常开阔。当时，唐磊博士约我为此书写一篇导读，我欣然应允。也感谢唐磊博士给我这样一个机会，可以在此书正式出版之前，先睹为快。

智库作为一个国家思想创新的动力和源头，一个国家软实力的象征，其意义已经超越了本身，成为影响世界政治、经济和全人类未来发展的重要力量。同时，智库的发达程度也反映了一个国家的政治、经济、文化发展水平。关于智库研究的理论渊源可以追溯到古希腊亚里士多德关于"知识与权力"的论述，和韦伯关于"学术志业"与"政治志业"的思想之中。就智库研究整体而言，无论是西方学界还是中国学界，起步都比较晚。

尽管智库的历史可以追溯到 19 世纪，但即使在西方，20 世纪 70 年代前智库研究也乏人问津。1971 年，美国政治学家保罗·迪克逊出版了世界上第一本介绍智库形成与发展的著作《智库》。迪克逊将智库界定为：一种稳定的相对独立的政策研究机构，其研究人员运用科学的研究方法对广泛的政策问题进行跨学科的研究，在与政府、企业及大众密切相关的政策问题上提出咨询。该书出版以后的 20 多年间，西方学术界有关智库的理论研究依然进展缓慢。最近 20 余年来，智库在全球范围内迎来了一次前所未有的大发展，智库研究也已成为一门重要的跨学科显学。欧美学界对智库的研究主要集中在智库发展的历史、智库的分类、组织结构、传播策略、

案例研究、影响力研究以及未来趋势等方面。近10年来，随着智库成为一种全球现象，智库研究也逐渐扩散到世界各国学界，除了对美国智库的研究外，对欧洲、亚洲和非洲国家的研究也越来越多。而关于"中国智库"的研究和探讨，近10年来更是成为中国学界的热点之一，西方学界对此也给予了很多关注。

智库研究作为一门跨学科的显学，其理论基础主要来自政治学、国际关系学、传播学、社会学、公共管理学等学科，从事智库研究的学者也大多来自这些学科领域。国外学界逐渐发展出一套较为成熟的智库理论，形成了智库研究领域的三个传统：历史路径、实证主义和国际比较研究。从国际范围来看，学界普遍遵循的是美国经验学派的实证主义研究范式。近年来，欧洲批判学派逐渐引入智库研究。对于这些不同的研究路径和研究范式，本书所选择翻译的文本中都有所涉及。

关于智库的批判研究，本书中有两篇论文有所涉及。哈特维希·波伊茨在《重审智库的定义、功能及其实践方式》一文中，讨论了如何运用葛兰西提示的批判性方法来理解智库功能，并且运用哈耶尔的话语联盟概念诠释作为国家外部的促变因素而起作用的智库。戴安·斯通在《作为政策分析机构的三大神话》一文中对智库的功能与角色进行了批判性的思考与探讨。斯通在文中指出，智库的"三大神话"分别是：智库是桥梁；智库为公众利益服务；智库思考问题。"这三种说法被智库（通过年度报告、使命宣言和互联网站）自我宣扬，同时也被用来为智库活动提供合法性。"斯通对三大神话——剖析并进一步指出，智库实际参与的诸多活动又大大削弱了上述说法的有效性。尽管如此，由于上述比喻的社会和政治上的实用性，"神话"依然存在。对于这种批判视角的研究，我个人认为可以作为对当前全球智库热、智库泛化以及智库过度商业化现象的一种反思，也可以是一种理论层面的多元探讨。

本书中更多论文对世界各国智库的形态、特点以及趋势进行了深入的分析和探讨。托马斯·梅德维茨的《智库政策专家：角色构建及其话语策略》一文从微观视角切入，深入探讨了智库政策专家的角色与特点。本文的探讨，超越了对政策专家是"佣兵"或"知识分子"这种简单二分法。梅德维茨认为，"政策专家必须不断努力，在几大相互矛盾的功能之间做出平衡和调适……一方面，如果把政策专家所扮演的角色当中的学术性这一面向视为'简直就是一种伪装'而弃之不顾，那将使问题过于简单化；另一方面，我们也不能忘记，他们的学术生产，总是在方方面面受制于一套深刻的政治性和经济性的制约因素"。

美国智库的发展特点与模式与欧洲智库有着很大不同，最关键的区别体现在美国智库以独立于政府和政党著称，而欧洲智库大多与政府关系密切，并形成了与政党共进退的传统。这一点，值得读者在阅读关于美国和欧洲智库的相关论文时深入理解。《智库发展的国际趋势和澳洲现实》、《美国智库与专家知识的政治学》、《华盛顿的智库及其挑战》、《德国智库的发展与意义》以及《英国外交事务智库的知名度与活动》这五篇论文对澳大利亚、美国、英国、德国的智库进行了非常深入的分析。其中，默里·韦登鲍姆在《华盛顿的智库及其挑战》一文中指出，"主要智库的真正使命不应是试图抢占印刷出版物或晚间新闻，甚至也不该是在法律法规上影响政府决策。那个高于一切、毫无疑问的独特使命，应该是提升对这个社会面临的重大问题所进行的全国性讨论"。这篇文章虽然不是传统意义上的严谨的学术论文，但文中提出的问题和观点非常具有启发性。

近年来，关于智库的影响力研究和影响力的排名也是学界和业界比较关注的问题。每年一度的美国宾夕法尼亚大学发布的全球智库排名曾经一度成为中国媒体争相引用的数据。自2013年始，中国智库界更是开始发布关于中国智库的排名。不可否认，这些排名有其参考价值，可以为我们提供关于智库发展的部分图景。但是无法回避的问题是，任何研究、排名或者数据的选择，都会带有研究机构或者研究者本身的价值判断和学科、视野、信息收集等带来的局限。本书中也收录了两篇这方面的论文，专门分析了智库影响力指标及排名问题。其中，帕特里克·克尔在《智库的概念界定和评价排名》一文中指出，"本文意在警示读者现行智库评价存在的诸多问题和挑战。但本文并非意在否定智库排名现象，相反这种状况将在多种原因的作用下，继续保持活力……就现存的排名而言，我们应充分了解其概念及方法论基础，以认清其中存在的弊端和局限，尤其不能把基于印象为主的排名错误地理解为建立在可靠而严谨的研究基础之上"。

书中还收录了西方学者对中国智库的研究论文。其中，布鲁金斯学会约翰·桑顿中国中心主任李成教授的《中国新智库：官员、学者和企业家互动之地》一文，针对中国智库在政府决策过程中所扮演的角色，以及其对决策影响力的变化，进行了深入的剖析，并指出中国智库发展的趋势。文章指出："在当今中国，智库不仅已经成为政府退休官员追求自己职业生涯新阶段的重要场所，而且成为关键的机构会议所在地，官员、企业家和学者们可以互动其间。"李成对近年来发展趋势的分析建立在数据基础上，对于我们把握中国智库现状具有一定的启示意义。李成在文章最后指出："就发展建立可以从事系统而有充分根据的研究，并为中国公众和政策制定者提供均衡而独立的政策分析的智库网络而言，中国仍然处在早期阶段。"

毫无疑问，当今时代是以"智力资本"为竞争核心的知识经济时代，智库作为思想创新和知识生产的策源地，是国家发展的动力之源。纵观历史，任何大国的崛起与发展都有着思想的支撑，中国梦的实现更有赖于中国特色新型智库的建设与发展。在世界各国的智库发展道路上，每个国家的政治、经济、文化都对其智库发展模式产生了决定性的影响，而这些智库又对国家的发展产生了重要的推动作用。

希望《当代智库的知识生产》一书的出版，能够为中国智库研究界和实践界进一步透视世界智库现象、创造性地探索中国智库模式，提供更加多元的视角。

# 作为政策分析机构的智库及其三大神话<sup>*</sup>

戴安娜·斯通/文　唐　磊/译

【摘要】"智库"已经成为一个随处可见——被泛滥使用却缺乏明确定义——的政治学词汇。它充斥于学术界的公共政策讨论以及记者、说客和舆论引导者中那些"政治专家"(policy wonk)的话语里。这并不意味着人们对智库的定义及其角色和功能有了一致的看法。不过，大多数被赋予智库名目的机构都从事着某种政策研究。把智库视为研究与传播间"桥梁"的观点意味着（社会）科学和政策之间有着明显的边界。本文将探讨其中的一些边界。这些边界不仅是组织上和法律上的，在这些机构和它们的资助方如何构想"公共利益"方面也存在着边界。此外，发挥"桥接"(bridging)功能的社会互动与交流，让"边界"(boundary)的概念变得模糊，使我们可以超越那种强行对科研与政府做出泾渭分明的二元判分的观念而进行分析，从而更好地处理专家和公共政策之间的复杂关系。

【关键词】智库　政策研究　知识和权力　桥梁　边界

---

　　* 本文原题：Recycling bins, garbage cans or think tanks? Three myths regarding policy analysis institutes（回收箱、垃圾桶还是智库——政策分析机构的三大神话），现略作改动为今题；原文出处：*Public administration*，Vol. 85 (2)，2007，pp. 259—278.

# 引　论

　　智库是常态下从事与公共政策相关的研究和宣传的组织。在现代民主国家，它们是知识和权力之间的桥梁。[①]

　　联合国开发计划署（UNDP）的这一定义，捕捉到这样一层意思，即智库是知识和权力、科研与政府之间的中介者或对话中间人。不单联合国开发计划署采用了这个比喻，只要在谷歌上稍做搜索，就会发现，把智库描述为政策界和研究界之间"桥梁"、"纽带"或"联结"的表述遍布于相关网站以及智库的宗旨声明和出版物中。

　　把智库视为"桥梁"（bridge）的观点意味着（社会）科学和政策之间有着明显的边界。本文将探讨其中的一些边界。这些边界不仅存在于组织上和法律上，还存在于这些机构和它们的金融机构如何构想"公共利益"之中。此外，发挥桥接功能的社会互动与交流，让"边界"的概念变得模糊，使我们可以超越那种强行在科研与政府之间做出泾渭分明的二元判分的观念来进行分析，从而更好地处理专家和公共政策之间的复杂关系。

　　更简单无奇的表述是将智库说成政策"机构"或政策"中心"，这一英美式的定义被多数相关研究文献采用。它反映了智库出现之初的社会政治环境，即发达的自由民主国家为独立的政策研究提供了"思想空间"。鉴于智库已在世界各地涌现，这些传统定义被现实拉扯得远离了它最初的含义，受美国影响的智库分类法也不再适用。不过，面对智库形态所发生的错综复杂的变化，美式定义的残存影响对维持在有关智库的社会和政治功能方面所建构的过时的假设和神话，仍多少有些作用。

　　关于智库的三种假设构成了本文的框架。我把关于智库角色和活动的传统看法总结为"三大神话"。它们分别是：1）智库是桥梁；2）智库为公众利益服务；3）智库思考问题。

---

　　① UNDP（United Nations Development Program），*Thinking the Unthinkable*，Bratislava：UNDP Regional Bureau for Europe and the Commonwealth of Independent States，2003，p. 6.

首先，本文会对智库研究中认为智库在组织上明显有别于大学、咨询公司和非政府组织区别开来的观点提出质疑。以前还可以把科研活动的经纪功能赋予组织，现在二者的区别已不那么明显——融合已经发生了。随着拉丁美洲的民主化、亚洲在工业上的突飞猛进、苏联和中东欧地区的转型，以及非洲精英群体向职业化发展，智库模式也在国际范围内被广泛实践，从而出现了许多混合形式的智库。

其次，智库通常被描绘如下：它服务公众利益，促进公共辩论，教育公民以及从事推进政策合理发展的研究，以政策分析助力高效治理，充当公众参与的管道和巩固民主的力量。

最后，智库通过媒体来展示自身作为由（以思考、写作和发表为己任的）专家、学者组成的科研机构的形象。

以上三种说法被智库（通过年度报告、使命宣言和互联网站）自我宣扬，同时也被用来为智库活动提供合法性。资助智库的各种利益团体也反复使用这套说辞，因为他们常常需要以"智库联结研究与政策"、"智库服务于公共利益"或者"智库构建知识"为由证明其资助决定的正确性。可是，智库实际参与的诸多活动又大大削弱了上述说法的有效性。尽管如此，由于上述比喻的社会和政治上的实用性，"神话"依然存在。[①]

## 神话之一：智库是政府、社会和科研之间的桥梁

50年前，关于什么是智库的问题曾有简单明确的答案。它们是面向政策的、独立的、非营利性研究机构。首批建立的智库——大都出现在第一次世界大战之后——主要集中在美国、英国和英联邦国家（特别是加拿大和澳大利亚）。值得一提的是，这一时期内出现于英联邦国家内的各国际事务研究所。[②] 在美国，最突出的智库机构则包括布鲁金斯学会、拉塞尔·塞奇基金会和外交关系协会。[③]

---

[①] Smith, J. A., *The Idea Brokers: Think Tanks and the Rise of the New Policy Elite*, New York: The FreePress, 1991, p.14.

[②] 译注：英国的查塔姆宫又名皇家国际事务研究所，各联邦国家也仿效建立了各国的国际事务研究所，如澳大利亚国际事务研究所。

[③] Smith, J. A., 1991.

"智库"这一术语本身起源较晚，在第二次世界大战期间才出现。它被描述为向专注于军事计划的专家策士提供的安全的"封闭环境"，兰德公司就是一例。到 20 世纪 60 年代，这一术语在政策分析的英美话语体系中确立地位，并被用于描述全部英语世界的独立研究机构。因此，智库所具有的社会科学性质是通过英美经验而形成的。[①] 在有关何为智库（什么构成了智库）问题上居于统治地位的英美式观点让人们忽视了 20 世纪末出现的形形色色差异巨大、形式混杂的智库。

不同国家，其宪法架构类型、战乱或稳定的历史境遇、政治文化与法律传统以及现政权的政体特性，决定了智库发展的形态和程度。因此，无法对"智库"一词做出明晰的定义。它们在规模、机构形式、政策范围、资质、组织架构、探究水准以及政治影响力等方面具有很大不同。相互冲突的类型学（competing typologies）往往跟不上智库形态的发展步伐[②]，这就造成学界在如何鉴别这些组织上存在意见分歧。此外，这些机构的负责人常会对"研究机构"和"智库"进行细微的区分，阿斯彭研究所就是一例。这样的区分常常围绕着（智库）拥护的政策立场和（研究机构）组织高质量的政策研究的能力展开。

有些组织声称要采取科学的或技术的方式分析社会和经济问题，其他的则明显具有党派或意识形态色彩。有些研究机构通过与政策简单相关的方式或凭借与媒体的良好关系，日常性地进行知识经纪和思想营销活动，其他一些机构则更具学术性。许多机构建立在学科之上，诸如经济政策智库、外交政策研究机构和社会政策小组等。专业化是相对晚近的现象。环境类智库、以区域为研究重点的智库以及那些反映族群的公共利益的智库如今都有。大多数智库显示出高水平的社会科学专业知识或熟悉政府架构

---

① 参见 Weaver, R. Kent, "The Changing World of Think Tanks", PS: *Political Science and Politics*, September, 1989, pp. 563—78; Smith, J. A., 1991; Stone, D. *Capturing the Political Imagination: Think Tanks and the Policy Process*, London: Frank Cass, 1996。

② 参见 Boucher, S., D. Cattaneo, J. Ebélé, et al., *Europe and its Think Tanks: a Promiseto be fulfilled. An Analysis of Think Tanks Specialised in European Policy Issues in the Enlarged European Union*, Studies and Research, No. 35, October 2004, Paris: NotreEurope; Abelson, D., *A Capitol Idea: Think Tanks and US Foreign Policy*, Montreal: McGill - Queens University Press, 2006; Ladi, S., *Globalization, Policy Transfer and Think Tanks*, Cheltenham: Edward Elgar, 2005。

和政策制定过程，使促智库的风格和产品十分丰富多元。因此，所谓的学术性"案头智库"（ink‐tank）能与更具行动主义色彩的"思想—行动之库"（think‐and‐do tank）并驾齐驱。换言之，分析性的、面向著作和报告出版的智库与更具行动主义意味的智库之间存在区别。相应地，它们"桥接"知识与权力的风格和方式也多种多样。

"智库"是一个具有弹性的术语，对该术语的运用也千差万别。它会被应用于设有研究部门的非政府组织，比如乐施会或透明国际（Transparency International）。它也习惯性地被用于经济合作与发展组织（OECD）、政府研究机关和隶属于政党的科研部门。以往不自认为是智库的组织现在看来也跃跃欲试要采用这一标签。

表面上看，智库的标签具有遮掩功能。全球如此众多的团体希望把自己妆点为"智库"充分说明了这一标签的效力以及以它为名目在争取国际捐助者和慈善基金会时的作用。但招牌被用得过于泛滥，使它的含义变得含混不清。

### 竞争和融合

围绕"智库"一词所产生的某些混乱，源自同智库开展政策分析竞争的机构日益多样化。大量智库研究文献表明，智库的组织特征使它们同大学和非政府组织区分开来。[①] 然而，如果把桥接政府—科研的功能同智库形式相结合，则智库与其他组织的融合就会构成冲突。

• 利益集团：这些集团通常被描述为旨在以鼓吹方式增进部门利益或单方面利益的集团。相比之下，智库则被描绘为从事独立研究的机构；它们试图通过知识性分析和论证而非直接游说的方式影响政策制定或为决策提供信息；它们从事政策问题的知识性分析，并关注那些支撑政策的思想和观念。但是，诸如绿色和平组织、透明国际和乐施会这些组织都创建了高水平的研究中心。这类从事政策分析的机构同布鲁金斯学会这样的智库没有太大区别。非政府组织的专业化趋势由来已久，其中一个方面就是发

---

① 参见 Weaver，1989；Smith，1991；McGann，J. and R. Kent Weaver（eds.），*Think Tanks and Civil Societies：Catalysts for Ideas and Action*，Somerset，NJ：Transaction Press，2000.

展政策研究能力。

• 专业协会：这些机构可以调动内部成员所具有的技能和专业知识。例如，英国的公共管理与政策协会（PMPA）和美国的公共政策分析与管理学会（APPAM）把来自公共服务领域不同学科的管理者和政策制定者汇聚在一起。这些协会组织讨论公共政策和管理问题的论坛。英国的公共管理与政策协会通过提供服务、开办研讨班和推出出版物来落实其"影响公共服务全局重大问题"的宗旨。

• 咨询和商业公司：越来越多的会计师事务所、投资银行、律师事务所、债券评级机构和股票分析机构扮演起强有力且独立的角色来监督公司并坚决执行监管标准。作为"有信誉的中介"，大型会计师事务所进行独立审计服务，给公司股东提供客观的建议。① 同样地，在培训和对话活动上，智库面临来自商业顾问公司、跨国公司尤其是来自金融部门的竞争。随着"新公共管理"（NPM）运动的出现，在把政策理念、管理原则和社会改革从一个场景输送到另一个场景的过程中，咨询公司赚足了眼球。② 私有化、裁员、外部采办以及苏联国家的市场化运动，给了诸如永道国际会计公司（Coopers & Lybrand）、毕马威会计师事务所（KPMG Peat Marwick）、埃森哲咨询公司（Accensure）等大型咨询公司在其组织内部设立"政府咨询部门"的理由。它们推出与政策相关的分析，与公务员保持联系，并且倡导"在政府中采用经理人式的管理方式"。③

• 大学院所：有些智库已被描述为"没有学生的大学"④。尽管在许多政治体制下智库和大学之间的关系已经十分密切，通常仍然可以观察到它们之间的重大差异。智库并非学位授予单位，但也有少数例外，特别是美国的兰德公司以及拉丁美洲的社会科学学院（FLACSO）。不过，与智库构

① Shinn, J. and p. Gourevitch, *How Shareholder Reforms Can Pay Foreign Policy Dividends*, New York: Council on Foreign Relations, 2002, p. 27.

② Bakvis, H., "Advising the Executive: Think Tanks, Consultants, Political Staff and Kitchen Cabinets", in P. Weller, H. Bakvis and R. A. W. Rhodes (eds), *The Hollow Crown: Countervailing Trends in Core Executives*, London: Macmillan, 1997.

③ Saint-Martin, D., "The Formation of the New Entrepreneurial State and Modern Management Consultancy", in D. Braun and A. Busch (eds.), *Public Policy and Political Ideas*, Cheltenham: Edward Elgar, 2000.

④ Weaver, 1989, p. 564.

成竞争的真正原因是关注政策事务的高校研究院所的不断成长。社会科学的发展已经适应了这一竞争。诸如英国苏塞克斯大学的发展研究所、伦敦大学学院的宪法研究组（Constitution Unit），以及伦敦政治经济学院的经济效益中心和社会排斥研究部门（Social Exclusion Unit），它们都是以学术研究为中心的机构，但同时也开展智库活动：编制政策简报、构建人脉网络、提供咨询服务、为政府出谋划策从而桥接学术和政策领域。

界限彼此模糊，目标和活动相互重叠，这意味着传统"智库"正失去它们组织上的独特性。[①] 智库会在人员招募上展开竞争，也竞相争取官方支持以及为所在领域新的参与者所提供的资助。有了媒体和互联网的帮助，普通大众和政治精英都能很轻易地找到有关政策的分析。不过，竞争与融合的双向动态并非造成当下对智库一词理解混乱的唯一因素。为此，有必要了解智库如何在全球范围内发展进而造成了智库概念的延展。

### 智库的国际拓展与延伸

20 世纪 20 年，智库得以大跨步发展。美国、英国、瑞典、加拿大、日本、奥地利和德国这些已有智库基础的国家，都见证了智库组织的进一步增加。在这些国家，智库行业日趋激烈的竞争往往鼓励了政策倡导活动和机构的政治化，美国尤甚。传统基金会常被作为范例拿出来说事，但新右派智库不仅出现在一两个国家。[②] 北欧和奥地利加入欧盟，加上欧盟委员会立法权的增长，这些都促使新智库在整个欧洲特别是布鲁塞尔井喷般地发展起来。[③]

民主的巩固、经济的发展以及拉美和亚洲在政治稳定方面所表现出来的前景，为智库的发展提供了充足条件。苏联解体也为政策经营者们开辟了政治空间。企业、非政府组织参与者出于对高质量的研究、政策分析和意识形态辩论的需求，以及政府规模和能力的增长，这些都给智库在全球

---

① Boucher，2004，p. 97.

② A. Denhamand Garnett M.，"A Hollowed Out Tradition：British Think Tanks in the Twenty‐first Century"，in D. Stone and A. Denham（eds），*Think Tank Traditions：Policy Research and the Politics of Ideas*，Manchester：Manchester University Press，2004.

③ Boucher，2004，p. 20.

范围的大发展注入了动力。

在渴望拓展政策分析能力的政府和国际组织的发展援助推动下，智库被引入各民族国家，帮助其公民社会的成长以及人力资本的进步。例如，在 2003 年，联合国开发计划署在布拉迪斯拉发（Bratislava）的地区办公室组织了一次关于提升智库能力的会议，以帮助提高中欧和东南欧地区的治理水平。美国国际开发署（USAID）、世界银行、康拉德·阿登纳基金会（Konrad Adenauer Stiftung）、自由之家及其他众多机构也举办过类似的活动。立陶宛银行、保险与金融学会（Lithuanian Banking, Insurance and Finance Institute）的出现就被人们解释为"外国机构寻找本地工作伙伴"的结果，而且"如果尚没有这类机构，它也会在外国机构的鼓励下被创建起来"。① 另外，在波斯尼亚和黑塞哥维那，高级代表办公室承担了许多国家职能②，它是政策分析的主要需求源。所以说，政策分析已经倾向于来自外部组织而非本地组织。虽然大量公共和私人的捐赠组织造就了许多致力于公民社会能力建设的机构，但智库式组织更像是顾问公司。③ 类似的情况盛行于塞尔维亚④和斯洛伐克⑤。智库概念已远销世界各地，该术语及其英文写法、连同其所有的文化内涵都被人们接受。但实际上它已被运用于各种性质混合的组织。

西方观点认为，智库独立于政府、企业或其他利益集团或者说保持自治，以维护其"自由之思想"，但这无法与其他文化中智库发展的实际经验相适应。在许多国家，从事政策研究的知识分子与政府之间的界限实在过于模糊，以至于把独立作为定义智库的一个要素毫无意义。不少如今被

---

① M. Chandler and V. Kvedaras "Lithuania – Phase 1 Report", Baltic International Center for Economic, Policy Studies, Interim Report for the Bridging Research and Policy Report, July 2004.

② 译注：波黑独立后，根据 1995 年戴顿协议（Dayton Agreement），该国目前是国际社会的受保护地区，由欧盟两院制立法机关的下议院即欧洲议会（European Parliament）所选出的高级代表所管理。

③ C. Miller and R. Struyk, "Policy Research in Bosnia and Herzegovina: The Role and Impact of Local Thinks", Southeast European Politics, 5, 1, 2004. pp. 45—59.

④ B. Andjelkovic, "A Limited Dialogue: Think Tanks and the Policy Making Process in Serbia", in UNDP (ed.), *Thinking the Unthinkable*, Bratislava: UNDP Regional Bureau for Europe and the Commonwealth of Independent States, 2003.

⑤ Boucher, 2004, p. 24.

称为"智库"的组织在政府内部运行。这种现象在中国这样的国家尤为常见。一些智库在政府内部得以孕育随后再取得独立。有政治赞助者或与某政党具有正式联系的智库不在少数——马来西亚就是如此。又比如德国，许多基金会是由政党所建立，或是与国家关系密切。在其他地方，研究机构会附属于公司，这在日本、韩国和中国台湾地区比较普遍。尽管存在资金依赖或政治关联，但在这种政治环境中进行高质量的研究和技术分析并提出批判性意见仍然是可能的。不过，上述情形给智库（存在于知识与权力场域二者间）的话语带来了不稳定因素。

但不管怎么说，其他智库已经找到了新的空间来开展"桥接"工作。在民族国家层面以上，就会发现智库进行自我调适和演进的强烈迹象。诸如联合国所属机构、世界银行、国际货币基金组织、世界贸易组织等国际组织已经把智库纳入麾下。基于一所商业学校发展起来的依云集团（Evian Group）按照世界贸易组织（WTO）的政策轨道开展活动，但它也像商业智库那样输送"知识弹药"，以促进开放性的世界经济。

智库也开始出现于超越具体国家身份的欧盟层面上，后者为智库活动提供了另一种机构性论坛。[①] 此外，随着信息革命和通信技术的发展，不囿于具体组织形式的政策研究变得愈加可行而且流行。大多数智库也有其虚拟存在。这也使智库之间的国际研究交流与合作普遍起来。触角广布的全球性和区域性智库网络应运而生。

### 以网络为桥梁

智库网络并非新鲜事物，过去的 20 年间，网络的规模和密度大大加强，其涵盖范围从北美和欧洲的机构延展到将全球范围内多种多样的组织也纳入其中。其形式，从很不正规的、因事而设、交际性的或略微夹杂虚拟网络元素的网络，到设有秘书处且会员庞大的正规国际协会，无所不包。

国际性网络会围绕共同的利益和政策主题以及意识形态问题群策群力。举几个例子来说：欧洲环境政策研究所（IEEP）在伦敦和布鲁塞尔设

---

① 参见 Boucher，2004。

有办事处，致力于推进欧洲的环保政策，它与位于柏林和马德里的志同道合的机构组成网络。阿特拉斯基金会（Atlas Foundation）召集全球范围内的推动自由市场的机构，提供启动资金和技术援助。总部设在伦敦的经济政策研究中心（CEPR）像一家"没有围墙的智库"，它通过与遍布欧洲和北美的经济学家签订政策研究合同，以此构建网络进行运作。另外，1997年以来，日本国际交流中心召集"全球思想网络"（Global Think Net）会议，用以促进政策为导向的对话。

区域一级的智库网络格外引人注目，在它们那里往往体现出共同的历史境况、语言和种族上的关联，或是面临相似的跨国界的政策问题。例如，东欧和中欧的转型国家在私有化和公共部门改革方面有着共同的关切。在这些地区，智库数量的迅猛增长也推动了智库网络的发展壮大。2004 年创建的捷克开放社会政策协会（PASOS），使受开放社会研究所资助的中东欧智库网络同苏联智库的联系制度化和常规化，也体现出开放社会研究所从能力建设到政策研究的转变。①

这些网络促进了政策分析和专业科学知识的跨国化。它们打造了共用的人力资源与通信基础设施，使新的观点和政策思路得以在全球和地方区域之间迅速传输。更重要的是，网络已成为一种治理形式。智库一直以政府为典型的服务对象。然而，在一个私有化、外包和新公共管理盛行，并且私人和志愿部门在提供公共产品和服务方面的作用与日俱增的时代，公一私部门的伙伴关系使政策对话向去中心化发展。"全球公共政策网络"在跨国层面最为鼓吹这一点。② 民族国家之上的治理架构往往体制化程度更弱，而其科学政策的边界也更加变动不居。

回到前面说的神话之一，随着跨国研究网络的发展，传统上将智库作为科研和政府之间桥梁的观点受到挤压。与此同时，伴随智库在国际范围的扩散生长以及它同其他以政策研究为导向的组织间的异花传粉，智库的风格也开始出现各种混合杂交。其法律组织形式不再与其功能相适应。智

①　T. Palley, "The Open Institute and Global Social Policy", *Global Social Policy*, 3, 1, 2003, pp. 17—18.

②　S. Ionita, "The Cargo Cult of Democracy in Romania and What Local Think Tanks Can do to Bring about the Real Thing", in UNDP (ed.) Thinking the Unthinkable, 2003.

库这一标签现今已被应用到各式各样的机构，包括依附于像经合组织（OECD）这类国际性执行机构的政府研究部门，乃至野村综合研究所这样由企业创立的研究部门。

## 神话之二：智库为公众服务

智库的使命通常是"为公众利益服务"并且以其政策分析发挥"教育社区"的社会作用。事实上，许多智库的法律地位等同于慈善组织，并被要求像公民社会的"第三部门"那样为公众目标致力。在许多智库网站的主页上可以看到它们针对满足出于公众动机的愿望所做的回应。比如下面一些例子：

- 联邦教育和研究信托基金的座右铭是"为善治的争论进行启蒙"。
- 荷兰国际关系研究所，又称"克林根塔尔"（Clingendael），为政府、议会和社会提供咨询活动，旨在促进对国际事务的理解。
- 位于佐治亚州的政策研究所"致力于为不同政府部门、民间部门和佐治亚公众的各方代表提供一个进行实质性对话的论坛"。
- 埃及经济研究中心表示要秉承"公共利益的精神"开展研究工作。

上述表述只是一些例子，并且十分常见。公民社会机构自称扮演着代表公众利益的角色但鲜有智库试图证明公共辩论因其研究工作而得以"启蒙"。启蒙在他们看来只是"滴流向下"（trickledown）的，对辩论文化也只造成"氛围影响"。

有些机构并不表示要追求公共目标，它们的战略重点是政策群体以及满足决策精英的需要。比如：

- 海外发展研究所的使命是"鼓励政策及其实践并为其提供信息……"
- 欧洲环境政策研究所致力于提升对环境问题的意识，"服务受众包括国际和欧洲的机构、当地政府、非政府组织、实业界和其他参与政策辩论的主体"。

• 对位于挪威的基督教迈克尔逊研究所而言，满足公众动机排在第三位，它"协助制定政策、改善决策基础并促进对国际发展问题的公共辩论"。

为"促进理解"而工作或"为公共利益而研究"引出了这样一个问题：为谁而理解？解读这一问题需要采用一个三重层级结构的表述。

"公共领域"是"受众"，而不是被视为观念和知识的发源地，政策分析向下传导给它——作为被教育的对象并在此过程中提高觉悟。在经合组织国家中，人们习惯于在《世界报》和《经济学家》这样的优质报刊上读到机构研究报告，或者在新闻节目中看到某位智库专家就新的法案做专题探讨。这一（信息）通向公众（或选民）的路径，是由媒体介入的、自上而下的单向过程。相对而言，较少有智库建立了允许社会反馈进行互动的机制。建有此类机制的智库会采用诸如在线讨论、兴趣小组、开放日、系列会议等方式，有时甚至会与非政府组织和社区团体开展合作研究。这样做的时候，智库活动的协商性要素——注重话语的公共参与性、知识的公共获取性和经验性知识的重要性——就得以体现。①

智库保持其横向联系则会在"政策群体"范围展开。智库与媒体、非政府组织、政党、行业代表以及政府官员进行互动，在这些范围内担当知识经纪人和知识守门人的角色，从而不断重新划定科研—政策的边界。

在智库角色谱系的另一端，它更像是与决策者及其他政治空间活动者相关的供应商，向决策圈推行其思想和分析意见。在越南、白俄罗斯和中国这类政府控制程度高的国家尤其如此。

不是说机构和公众之间不存在互动，只是这种互动并不强烈。会员制的智库极少见。很少在大学里面看到有智库官员抛头露面。大部分智库位于一国首都的中央商务区，很少有智库尝试坐落于类似华盛顿"绕城高速"或巴黎"外环大道"以外的区域。智库的组织文化并非像其网站那样对感兴趣的公民开放，并使其能接触到这种文化。精英空间、考究的着装、行业术语和

---

① M. Hajer and H. Wagenaar (eds.), Deliberative Policy Analysis: Understanding Governance in the Network Society, Cambridge: Cambridge University Press, 2003.

学术辩论把普通大众拒之门外，并为政策群体划出护界。事实上，智库的角色之一恰恰是为公共讨论隔离出安全的空间，只让那些深谙政策和社会科学交流之道的人士得以进入，这其实走向了智库"桥接"功能的反面。

国际组织与智库的相互作用是一个很好的例子。智库于无形之中被赋予联合国、世界贸易组织以及其他国际组织"看门人"的角色，暗自起到阻碍非政府组织更直接地接触联合国内部人员和办事程序的作用。1999 年 5 月，时任联合国秘书长的科菲·安南（Kofi Annan）召集了一次闭门会议，寻求智库的分析意见并用以指导联合国制定决策。[1] 智库被认为能够对非政府组织向联合国提出的分析和倡议进行筛选、疏导和解释，并在意见冲突时进行调解。

智库首先是要满足有经济和政治素养人士的需要，而与其他社会成员保持着距离。机构的创建者和工作人员通常是受过良好教育又比较西化的男性中产阶级专业人士，且往往有特权背景。他们所在机构的使命——为公共政策提供信息或影响公共政策——驱使他们去同那些通常权势更大的社会精英交往。受国际组织和捐助群体资助的往往是体制化程度高的主流机构，它们的研究内容在相当程度上与它们的资金来源方的政策利益相一致。比如说，绝大部分受全球发展网络资助、处于世界银行内部核心的机构都是经济问题类智库，它们的工作人员是一批发展经济学家。[2] 此外，比如在塞尔维亚，资助方和政府就很明显地喜欢把智库和专家组织当作来自公民社会的合作伙伴并与之展开互动。[3] 对罗马尼亚智库参与欧盟准入援助项目进行的评估提出以下观点：

> 虽然许多这类项目旨在向非政府主体开放援助项目，但这些项目往往接受官方渠道的指导，即便它宣称的目的是在独立部门打造专家能力以代替政府从而对政府进行监督。[4]

---

[1] Overseas Development Council (ODC), "Dialogue with Think Tanks: A Report of A Meeting with the United Nations Secretary General", 4—5 May, United Nations Headquarters, New York, 1999.

[2] M. Bøås and D. McNeill, *Global Institutions and Development: Framing the World?* London: Routledge, 2004.

[3] Andjelkovic, 2003, p. 95.

[4] Ionita, 2003, p. 144.

非政府组织可能会因此对"研究界"形成负面印象：精英化、排外以及缺乏同普通大众的实质联系。

### 智库及其私利追求

智库有时首先感兴趣的是自身"帝国"的建设而不是倡导公众利益。这种情况在智库把获得捐赠或赢来合同作为最终目的时最明显。诸如扩张项目、筹集资金、出版更多图书、确保媒体覆盖和政治庇护这类利益对于机构的维持与发展乃至保住饭碗都是不可或缺的。

筹集资金的繁重工作、摆在眼前的管理问题，相较更长远、更真实的影响政策论辩氛围的目标而言，是更紧迫的压力。[①] "组织上的不稳定性、竞争压力和财务上的不确定性"正变得日益普遍。为寻求"物质上的压力与规范性动机之间的调和"，智库"往往会出产与对它不盲从的期待大相径庭的产品"。[②] 市场压力会增加投机行为的可能性。

个体的智库人员也会投机取巧，把这些组织当作职业发展的手段。对于那些怀有政治抱负的人士，智库是他们的培训基地，在这里他们可以操练如何处理政策问题，打磨修辞技巧，并使自己融入政策群体。一家机构可以在日后利用诸如戴维·米利班德（David Miliband）这样的成功人士（现为布莱尔政府的一名部长，此前则担任公共政策研究院的院长）；美国外交官亨利·基辛格（Henry Kissinger）曾经是外交关系协会的一名学者。智库通过培养专门分析师的方式创造人力资本——这些分析师经常在智库、大学和政府之间流动并提供服务，长期来看，这种方式的衍生效果就是智库通过以前的雇员把自己和政府机构间接地联结在一起。英国的亚当·斯密研究所就明确通过"下一代群体"来表达这样的想法："本所将充当企业界、学术界、新闻界、各专门职业界以及公共政策界下一代领袖的集聚地。"同样，依云集团也为"年轻依云"的同道们推出了一项名为

---

① R. J. Struyk, Managing Think Tanks: Practical Guidance for Maturing Organizations, Budapest: Local Government and Public Service Reform Initiative/Washington DC: Urban Institute, 2002.

② A. Cooley and J. Ron, The NGO Scramble: Organizational Insecurity and the Political Economy of Transnational Action, *International Security*, 27, 1, 2002. pp. 5—39.

"开放世界倡议"的活动。

智库需要同知名人士和职场成功人士打交道。吸引新人才必不可少。这些人才可使它们不致变得落伍，并能为新的观念和思想确立规范。因此，吸引退职的政客和升迁无望的官员来工作，不仅有益于提升该机构的声誉，还可以为他们提供一个退休后的去所。比如，法国经济学家雅克·德洛尔（Jacques Delors）与智库"我们的欧洲"（Notre‐Europe）的紧密结盟，极大地提升了这一机构的形象。

总之，智库愿意为其研究人员提供政策分析相关的职业，并为他们提供能够追求个人利益的环境。在少数情况下，"名声库"（vanity tank）现象具体呈现了智库发展中个人利益压倒公众诉求的倾向。还有的被称为"候选人库"（candidate tanks），这些组织很少拥有庞大的机构基础设施。其建立的目的是推举（雄心勃勃的）政治领导人，以便把政治公信力引向它们的政治平台。[①] 这种机构在美国最为常见，它们对自己的科研计划并不关注。

智库可能面临的另一种危险是"空心化"，具有政治委任制特点的自由民主国家尤其存在这种危险。[②] 智库工作人员显然是政府的招募对象。海外发展研究所的研究人员经常被经合组织所属的发展援助委员会（OECD‐DAC）、英国国际发展部（UK Department for International Development）或世界银行"挖走"。如果有智库工作人员被任命为新政府成员，政府换届就会削弱一些智库的实力。这就是最早在美国被关注的"旋转门"现象。然而，由于与某一政府或政党关系密切或是为某一政府或政党鼓吹所导致的智库政治化现象，被人们认定会对智库学术上的正直和信誉产生更微妙、更不利的影响。两位英国评论者认为：

> 近来智库的主要贡献是造成了这样一种印象，即英国的权力集中在一个被神秘保护起来的小圈子里，政策专家与政客、商人们在里面以一种没有工会的社团主义方式亲密往来……没有从未参与过政策相关工作的人，这种情况强化了人们对政府与被统治者的隔阂日益增大的印象。[③]

---

① Abelson，2006.

② A. Denham and M. Garnett，2004，pp. 242—243.

③ Ibid.，p. 243.

一方面，智库向公众宣称自己将促进社会受教育程度；另一方面，现在又面临许多民主国家里公民的政治冷漠。这种脱节日益严重，乃至造成政策社群的高度排他性，而智库似乎也乐于在这种环境中运转。

## 神话之三：智库思考问题

人们一般假定，智库招纳对时下大大小小的政策问题进行思考的人士，也就是说，智库是"思想机构"（thinking outfits）。关于智库是智力和科研企业的神话似乎是一种"固定观念"（idée fixe）。

还有一种"思想行动之库"（think‐and‐do tanks）的现象。也就是说，机构发起并支持社区项目的施行、政策试验、项目评价和跟踪调查等活动。有些机构还开展职业道德培训、开设在职课程、制作电视纪录片或开展能力培养。如前文所述，机构的生存是压倒一切的紧迫事项，生存问题会夺走用于"思考"或政策研究的资源，转而用于营销、宣传和公关。同样，建立同其他智库的关系网络，或是在政策群体及全球公共政策网络中建立关系网络，也会消耗智库的资源。

为思考、分析、评估政策和为决策者提供信息的努力存在不同形式，可以划分为：（1）回收、剪辑与合成；（2）"垃圾桶"式的企业化政策分析活动；（3）科学式的验证。如此分类的目的，是回到智库如何"桥接"研究与政策这个问题上，并探讨知识与权力的边界。

### 回收箱（Recycling bins）

回收、合成思想，重新演绎学术成果，使其变成更通俗易懂的样式，对忙碌的官僚和注意力集中于选民的政客来说，是一项有益的工作。治理工作带来的日常压力通常意味着决策者们工作中关注的范围较小，依赖其部属收集相关研究和数据。智库则努力为他们提供这方面的支持。

很多与政策相关的学术研究并非以适合于政府运用的方式进行。就把密集的思想或抽象的理论转化为适合媒体的"原声摘要"（sound bites）、决策者的计划蓝图和教育要素的公众易于理解的小册子或出版物而言，智库是十分有效的组织。很多学者不屑于这种工作，而大学院校并不为承担这些任务的人提供适当的制度性或职业上的激励。

对于前军方人员、前政府官员或前非政府组织领导人这类不适合被大学聘用的人士来说，智库是集纳其洞察力的载体。通过智库，我们不仅得以回收思想，而且得以回收职业人士的从业经验。[①] 回收专业经验，只是诸多无形桥接方式中的一种。不过，它提高了政策分析的价值，在许多决策者看来，它增强了智库报告的可靠性和潜在的可行性。

有部分"回收"工作是在复制。通过研讨会、协商会、学习班、政策简报、网站、书籍等不同形式和产品不断重述有关政策的消息，它们既宣传了政策研究成果，又进一步阐发了这些成果。虽然这可能被认为是复制，但是为了唤起大众和媒体的注意，重复是必要的。

智库也扮演编辑角色。面对来自非政府组织、他国政府、公司和其他机构的大量有关信息和分析，国际组织和各国政府需要知识组织和值得信赖的专业人士对之进行筛选和证实。

> 要理解免费信息对权力的影响，就必须首先理解其中大量的彼此矛盾之处。众多的信息会导致注意力的缺乏。注意力成为稀缺资源，而那些能够把有价值的信息从白噪声（white noise）当中区分出来的人士就大有用武之地。这就需要更多人员从事编辑、过滤、解释和提供线索的工作，这会带来权力。……品牌建设以及利用国际认可的能力将变得更加重要。[②]

智库也有"品牌"，它标志着在厘清冲突性证据和过载信息方面合法而且中立的手段。

于是，智库担当了回收箱的角色。为承担这一功能，政策研究机构所采取的措施各不相同。然而，仅靠对政策的研究和分析进行编辑、合成和重复并不足以"缓缓渗入"政策群体从而干预决策。智库的战略作用远不止于扮演桥梁的角色，它们也能直接参与决策过程。

---

① Abelson，2006，Chapter 5.

② R. O. Keohane，and J. S. Nye，Power and Interdependence in the Information Age，*Foreign Affairs*，77，5 Sept. Oct.，1998，p. 89.

### "垃圾桶"（Garbage cans）？

"垃圾桶"的说法由柯恩等人提出，他们认为决策是一个无章法、非理性的过程。[①] 这一说法与其他一些政策过程理论形成了对照，后者认为政策过程更多是理性的信息投入。事实上，把智库比喻成桥梁意味着某种线性关系，在这种比喻下，智库被描绘成单方向从事编辑或重塑知识活动的机构：从基础科学到应用科学，从问题到解决方案，从高深的理论家到开明的政策制定者。

"垃圾桶"模式之下的决策被描绘成一个高深莫测的、模棱两可的过程。决策者在决策过程中确定目标和选择方式。国家部委和行政部门这类机构并没有理性意义上的目标，而是在为问题寻求解决方案的过程中确立目标。从这一点来看，智库可以被理解为：

> 可能成为问题的备选问题集，能让它们在决策处境中崭露头角的议题和敏感点，对可能搞定的问题的解决方案，找活儿干的决策者。[②]

总之，问题是为证明解决方案的有效性而建构，智库通过解决方案来追寻问题。问题、议题和解决方案相互纠结在一起。

金登修正了"垃圾桶"这一概念。[③] 他认为，政治决定是政治事件、问题认定和政策建议三方面相互作用的结果。如何权衡三者重要性以及它们如何相互作用，因不同的政策环境而各有差别。在美国的司法制度背景下，此三者基本上彼此独立，各自有各自的形成方式和结论。虽然要假定存在多元化的政治图景，但毕竟金登的观点构成了一套有关议程设置的重要理论，这一理论能直接与对智库角色分析（乃至智库在决策中的"幕后"角色）关联起来。

处于政治流（political stream）中的民选或委任官员在议程设置中备受瞩

---

① 参见 M. D. Cohen, J. G. March and J. p. Olsen, A Garbage Can Model of Organizational Choice, *Administrative Science Quarterly*, 17, 1, 1972, pp. 1—25。

② Cohen, 1972.

③ J. Kingdon, *Agendas*, *Alternatives and Public Policies*, London: Longman, 1995.

目。相对照的是，智库在政策流（policy stream）中不太显眼，但它在（重新）制定可供选择的政策方案方面扮演着重要角色。由于时间和财政上总是有限，保证政策建议能长久有效对于作为政策经营者的智库十分重要。

智库推销那些在"垃圾桶"里经过长期培育的政策思想。当新问题出现而导致政策困境时，智库里的政策经营者们会从"垃圾桶"里提取政策建议以及对问题的阐释和解读。智库的政策分析往往是等待它们的"机会之窗"的成套解决方案。它们会与其他"垃圾桶"互通有无，借助专家网络构筑互助联盟。简而言之，它们引导政策流和政治流，力求二者的融合；它们也把握一切机遇（如政府换届、选举、政策危机），力求改变法律和政策。这不仅仅是重新划定科研与政治二者边界的范畴，还关涉到重新划分政治版图和对活动于其间的政治/科研行动者的操控。

政策企业有多种形式，体制化的或个人经营的。没有培养政策企业的"秘方"（recipe）或"工具包"（toolkit）。在政治流和政策流中"钻营"的政策从业者精妙地施展"语音混合"，通过个人关系、网络、媒体策略和创造性地使用强有力的政策表达，把技术性问题简化为可操控的公共政策条款。政策企业角色功能的发挥其实正依赖于此。对专家话语的管理而不是研究本身令智库在议程设置中发挥力量。政策企业是一种商定（有时是否定）专家和决策者彼此边界的重要的社会实践。当然，参与其间的智库的学术公信力和知识权威性同样重要。

### 用科学愚人耳目？

一般情况下，最有名的智库自己完成政策分析。它们被描述为"点子工厂"（idea factories）、"脑盒"（brain boxes）[①] 或"思考细胞"（thinking cells）[②]。能否思考是坚定智库权威与否的关键。这意味着权威的智库需要吸引顶尖的科研人员。最成功的智库机构所拥有的科研人员不应是在学术界默默无闻的人。所以，智库的权威性是通过各种的管理实践和学术活动的培育得来。

---

① Boucher，et al. ，2004.
② McGannand Weaver，2000.

在政策辩论过程中，智库学者的知识凭证（博士学历、在大学或政府研究机构的职业经历、效力于特别委员会或专家咨询小组）赋予他们名望和地位，而这又能够提高其建言的分量。但比较明显的是，无论知识生产还是知识交流，它们本身与政治不太相关。然而，众多的社会实践给智库产品（思想、出版物、分析意见）包裹上一层科学客观性和技术中立性的外衣。精密的计算机建模、建设性的经济理论或在权威期刊上发表的科研论文打造了能使某些知识更具说服力和可靠性的"通信编码"（communication codes）和协议（protocols）。被编码的知识不仅再生产成本昂贵而且难以获得。有些实践活动，比如同行评审和专业认证，只有拥有相关资质或掌握协议奥秘的人才能参与其中。

质量和严谨至关重要。对一家智库来说，最糟糕的莫过于被人认为是不可靠或草率的分析意见的提供者。过于强调政策企业的性质和产出易于消化的信息情报（以政策简报、媒体原声摘要、PPT 演示文件等方式），会让智库的产品把复杂的和技术性的问题做过于简单化的处理。

在满足及时性要求和向对的人提供信息之间存在紧张关系，这种矛盾可能会危及研究过程。[①] 从管理上讲，智库的管理者们往往强调学术性出版、严谨的研究方法和科学的同行评审。此外还辅之以组织策略，比如说创建学术咨询委员会，为智库研究人员提供类似大学体制的公休或教学活动，建立博士后流动站和奖学金，或主办学术协会。他们以坚决守护学术独立和学术事业来维护自身权威。无论是集体性质的还是个人性质的智库，都需要保护它们作为专业研究和分析机构的社会地位。

智库确实思考。此外，它们可以在设定有关政策研究和独立分析的标准方面发挥重要作用。这样做，能让它们在划出政策相关的"专家"和非专家的政策倡导者的界限时发挥作用。事实上，智库本身就是这一社会边界的一种组织性的表现形式。

### 结论：桥梁还是障碍？

现在回到本文开头所引述的把智库描绘成知识与权力之间桥梁的说

---

① Boucher, et al, , 2004. p. 22.

法。智库这一形象取决于科学和政治这两个概念，此二者也是根本不同的两大人类事业领域。把智库描绘为"桥梁"就是要彰显二者的区别，同时提示人们，这些组织是中性的、受公众驱动的、中介科学世界和与之分立的政治—政策世界的机构。"桥梁"这一时常出现的比喻造就了一个不真实的本体论沟壑，它横亘于理论与实践之间，以及"象牙塔"与所谓的"真实世界"之间。[①] 两个领域之间的边界保持不变，通过诸如智库这样的桥梁而联结起来，这些桥梁在决策和两边的互通有无方面都发挥着作用。

本文认为，知识和政策相互构建。在把研究转变为政策的过程中，智库并非简单的信息传达者。通过本文研究可以清楚地看出，很多智库都参与提供了概念性语言、治理范式和实证例子，它们随即成为被决策者所接受的各种假设。智库不是单独完成这些知识活动，通常是与新闻界、大学等机构中志同道合的思考者们结成联盟。借助其人脉网络和政策群体，智库有了"超边界"的性质[②]，从而能够担当中间人的角色。也就是说，它们所拥有的能力和智力资源使它们能胜任国家、地区乃至全球各层面治理事务的思想整合工作。要对进行"解码"、阐释和重新论述社会—经济现实这样的意识形态运作进行管理，居中调解者必不可少。智库不是置身于知识和权力的旋涡中间，而是表现为知识和权力的某种联结。简言之，知识和政策是彼此共生、相互依存的关系。

智库组织还根据它们在科学和政府（或社会）之间所扮演的角色来构建其叙述方式、运作流程和质量标准。考虑到智库作为专家中心的地位，其政策建议的科学性和权威性得益于它们在学术上的资质，也来自智库与政策机构和资助团体之间的关系，而这些机构和团体对于智库思考问题的神话抱有强烈的兴趣。在委托研究或资助研究中，这种兴趣需要通过独立的、理性的和严谨的分析成果（与智库的品牌直接相关）而得以满足。同样，通过对智库进行支持的法案——包括媒体使用智库专家及其成果的意愿——均依赖于智库为公众利益服务的神话。多半情况下，智库像是一条

---

① Stone，1996.

② H. Krause Hansen, D. Salskov-Iversen and S. Bislev, "Transnational Discourse Communities: Globalizing Public Management", in R. Higgott and M. Ougaard (eds), Understanding the Global Polity, London: Routledge, 2002, p. 108.

输送学术研究、科学观念和政策分析的传送带，以一种适当的独立身份在政府与社会间开展沟通工作。

由于要服务于政策话语的特定目的，描述智库时的那种本体论意义上的分野会始终存在。比起"垃圾箱"这种"乱糟糟"的模型或其他有关知识—政策联结的复杂表述方式，"神话"及其隐喻拥有更大的公共权力、媒体反响和政策吸引力。智库是学术—政治、国家—全球、政府—社会之间的"桥梁"或"纽带"，这是一种简洁而有说服力的表述，比较而言，那些无头绪的、无处不在的"联结"，我们无法将之手段化为一种政策工具。

为什么神话会继续？科学对人类而言干系重大，利益同样如此。几大神话能够继续的原因在于，对各国政府和国际组织来说，赞助所谓的独立的"思想机构"（thinking outfits），使之单向度地桥接自身与公众，是有好处的。

# 重审智库的定义、功能及其实践方式 *

哈特维希·波伊茨/文　王演兵/译　唐　磊/校

【摘要】本文重新讨论了智库的定义、功能及其功能的实践方式。本文认为，在界定是什么构建了智库的这个问题上，人们不应如主流视角那样过度关注其组织形式，而应当聚焦于其所践行的功能。本文首先提出了一个经过修订的智库定义，接着讨论了如何运用葛兰西提示的批判性方法来理解智库功能。最后，运用马腾·哈耶尔（Marten Hajer）的话语联盟概念（discourse coalition concept）去诠释作为国家外部的促变因素而起作用的智库。

【关键词】智库　葛兰西　哈耶尔　话语联盟

## 引　论

智库已经成为广受学者们研究的对象，在 20 世纪 90 年代和 21 世纪初更是如此。全球智库的数量在不断增加。① 英语世界国家的智库则是学者们关注的重点。② 人们不断地把智库解释为政策分析和（社

---

\* 本文原题：Revisiting the think‐tank phenomenon（重审智库现象），现改为今题；出处：Public Policy and Administration，2011，Vol. 26（4），pp. 419—435.

① J. McGann, The Global "go‐to Think Tanks", The Leading Public Policy Research Organizations in the World, http：//www. crisisgroup. org/library/documents/miscellaneous _ docs/leading _ think _ tanks _ in _ the _ world. pdf, 2008；N. Madoka, Introduction, in S. Kenkyu（ed.）, The World Directory of Think‐tanks（fourth edition）, Basingstoke：Palgrave, 2005, pp. viii—xx.

② D. E. Abelson, *Do Think‐tanks Matter? Assessing the Impact of Public Policy Institutes*, Montreal, QC：McGill‐Queen's University Press；Böhning, A.（2007）：*Think Tanks in den USA：Die Rolle und ihre Funktionen im politischen System*. Saarbrücken：VDM Müller,（转下页）

会）科学专业知识国际化方面的一支超国家力量。[①]自 20 世纪 90 年代以来，人们对中东欧、亚洲和发展中国家智库发展的研究越来越多。[②]

时至今日，除了少数学者以外，[③]绝大多数学者在以比较视野开展研究

（接上页）2009；P. Hart and A. Vromen, A New Era for Think Tanks in Public Policy? International Trends, Australian Realities, *Australian Journal of Public Administration*, 67 （2）, 2008, pp. 135—148；S. Katwala, Bringing Equality Back, The Role of a Think – tank, *Benefits* 17 （1）, 2009, pp. 57—63；J. McGann, *Think Tanks and Policy Advice in the U. S. Academics, Advisors and Advocates*, New York：Routledge, 2007；I. Marsh and D. Stone, Australian Think – tanks. Think – tanks Traditions, in：D. Stone and A. Denham (eds. ), *Policy Research and the Politics of Ideas*, Manchester：Manchester University Press, 2004, pp. 247—263；H. Pautz, Scottish Think – tanks and Policy Networks, *Scottish Affairs*, Vol. 58 （Winter）, 2007, pp. 57—77；p. Schlesinger, Creativity and the Experts, New Labour, Think Tanks and the Policy Process, *International Journal of Press/Politics*, 14 （1）, 2009, pp. 3—20；M. B. Teitz, Analysis for Public Policy at the State and Regional Levels, The Role of Think Tanks, *International Regional Science Review*, 32 （4）, 2009, pp. 480—494；M. Weidenbaum, *The Competition of Ideas：The World of the Washington Think Tanks*, New Brunswick, NJ：Transaction Publishers, 2008.

① S. Boucher, B. Hobbs and J. Ebele, et al. , Europe and its Think – tanks：A Promise to beFulfilled. An Analysis of Think – tanks Specialized in European Policy Issues in the Enlarged European Union, *Studies and Research*, No. 35, October, Paris：Notre Europe, 2004；R. J. Struyk, Transnational Think – tank Networks：Purpose, Membership and Cohesion, *Global Networks*, 2 （1）, 2002, pp. 83—90.

② M. Braun, M. Chudnovsky and C. Di Nucci, et al. , *A Comparative Study of Think Tanks in Latin America, Asia and Africa*, Buenos Aires：Centro de implementación dePolíticas parala Equidad y del Crecimiento （CIPPEC）, 2004；C. Goodwin and M. Nacht (eds. ), *Beyond Government：Extending the Public Policy Debate in Emerging Democracies*, Boulder, CO：Westview Press, 1995；T. Hashimoto, S. Hell and S. – W. Nam (eds. ), *Public Policy Research and Training in Vietnam*, Tokyo：Asian Development Bank Institute, 2006；E. Mendizabal, K. Sample, *Díme a quienescuchas… Think tanks y partidospolíticos en América Latin*, London：Overseas Development Institute, 2009；Neunhöffer, G. ：Die liberale Konterrevolution – Neoliberale Think Tanks in Polen. In：*Utopie Kreativ*, 126, 2001, pp. 313—323；R. J. Struyk, *Reconstructive Critics：Think – tanks in Post – Soviet Block Democracies*, Washington, DC：Urban Institute Press, 1999；United Nations Development Program （UNDP）, *Thinking the Unthinkable：FromThought to Policy. The Role of Think Tanks in Shaping Government Strategy：Experiences from Central and Eastern Europe*, Bratislava：UNDP Regional Bureaufor Europe and the Commonwealth of Independent States, 2003.

③ J. McGann and E. C. Johnson, *Comparative Think Tanks, Politics and Public Policy*, Cheltenham：Edward Elgar, 2006；H. Pautz, The Role of Think – tanks for Labour Party and SPD, *British Journal of Politics and International Relations*, 12 （2）, 2010a, pp. 274—294；K. Weaver and p. Stares (eds. ), *Guidance for Governance：Comparing Alternative Sources of Public Policy Advice*, Tokyo/New York：Japan Center for International Exchange/ Brookings Institution, 2001, pp. 89—123.

时，仍以美国为主要对象。① 坎贝尔和彼杰森开始把智库作为"知识王国"
（knowledge regimes）的一个组成部分进行系统研究。② 从各种研究成果和
决策机制来看，这些研究工作是多样化的。③ 反观欧洲大陆，我们发现，
在大多数情况下，对智库所进行的分析研究工作仍囿于本国范围之内。④
尽管有大量研究文献针对着智库以及智库对政策变化和延续所产生的作
用，但在界定究竟是什么构成了智库、智库怎么干它所干的事以及智库担
当着什么角色等问题上的争论已走入困顿。大多数的研究依赖于 20 世纪
80 年代至 90 年代所设定的定义和分类。然而，政策咨询形势的性质变化
要求我们重新审视智库现象：给政府提供外部政策咨询的机构正在日益多
元化，并且，尤为突出的变化是，若真如类型学方法论以及各类机构对自
身描述所阐明的那样，即智库、高校研究院所和管理咨询机构之间确实具
有鲜明界限的话，那么，这种界限现在已经变得更加模糊了。⑤

---

① D. E. Abelson, Do Think - tanks Matter? Opportunities, Constraints and Incentives for
Think - tanks in Canada and the United States, *Global Society*, 13（2）, 2000, pp. 215—236; J.
Braml, *US and German Think -tanks*, Baden - Baden: Nomos, 2004; D. Stone, *Capturing the Po-
litical Imagination. Think Tanks and the Policy Process*, London: Frank Cass, 1996.

② J. Campbell and O. Pedersen, Knowledge Regimes and Comparative Political Economy, pa-
per presented at the American Sociological Association Annual Meeting: Boston, M. A. , July, 2008.

③ H. Pautz, Think - tanks and Public Policy in the UK and Germany. A Case Study of the
Development of Social Policy Discourses of the Labour Party and SPD between 1992 and 2005 Unpub-
lished doctoral thesis, Glasgow Caledonian University, Glasgow. PPA 378328, 2008a.

④ D. Bohle and G. Neunhöffer, Why is There no Third Way? The Role of NeoliberalIdeolo-
gy, Networks and Think - tanks in Combating Market Socialism and Shaping Transformation in Po-
land, in D. Plehwe and B. Walpen, Neunhöffer G（eds. ）, *Neoliberal Hegemony: A Global Critique*,
London: Routledge, 2006, pp. 98—194; Gellner, W.: *Ideenagenturen für Politik und
Öffentlichkeit: Think Tanks in den USA und in Deutschland*. Opladen: Westdeutscher Verlag,
1995; H. Pautz, Think - tanks in Germany: The Bertelsmann Foundation's Role in Labour Market
Reform, Zeitschrift für Politikberatung, Nr. 1, 2008b, pp. 437—456; D. Stone, A. Denham and
M. Garnett, *Think Tanks across Nations. A Comparative Approach*, Manchester: Manchester Uni-
versity Press, 1998; M. Thunert, Think Tanks in Germany: Their Resources, Strategies and Poten-
tial. Zeitschrift für Politikberatung, Nr. 1, 2008, pp. 32—52; A. Williams, Why Don't the
Frenchdo Think Tanks? France Facesup to the Anglo - Saxon Superpowers, 1918—1921, *Review of
International Studies*, Vol. 34, 2008, pp. 53—68.

⑤ M. Kipping and L. Engwall（eds. ）, *Management Consulting: Emergence and Dynamics of
a Knowledge Industry*, Oxford: Oxford University Press, 2001; Weingart, P.: *Die Stunde der
Wahrheit? ZumVerhältnis der Wissenschaft zu Politik, Wirtschaft und Medien in der Wissensge-
sellschaft*, Weilerswist: Velbrück Wissenschaft, 2005.

作为非政府的"替代性政策咨询机构"，[①] 这些组织在一个竞争性的"田赛空间"（field‑like space）[②] 内发挥此类作用，但它们在组织结构和融资方式方面并不相同。大多数对智库进行研究的文献把功能和组织形式混为一谈，从而限制了自己鉴别智库所展示的多元化组织结构的能力。其次，这些文献过去常常采用一种批判性观点看待智库，并以这种观点分析了 20 世纪 70 年代从凯恩斯主义向"新自由主义"转变的样板——英国和美国以及美洲"新右派"的智库。而最近对智库所进行的研究，大多数带有形如普勒韦所描述的方法论特征，[③] 即"对大量从事知识和意识形态生产的私人机构、半公共机构和公共机构进行狭隘的多元化记载"。[④] 这种方法通常对智库在当代社会所担当的角色批判甚少。因此，在重温智库的定义之余，本文还试图提出一种方法，用以理解智库的功能，并试图提出一个框架，用以理解"智库如何干其所干的事"。

## 重新定义智库

智库最广为人知的一个定义是由肯特·韦弗（Kent Weaver）在 20 世纪 80 年代中后期所提出并在 20 世纪 90 年代进一步确认的。[⑤] 韦弗本人就是一名智库分析家，他以北美为背景进行论述。他对其智库初始定义做了修订，新版本将智库定义为"非政府、非营利性的研究机构，并且相对于政府以及诸如企业、利益集团和政党等社会利益团体而言，实际上具有组织自治的特点"。只要不把接受政府项目和由政府提供基本资金的组织排除在外，文献普遍接受智库作为"非政府"组织这一衡量标准。

若说第三个标准即"组织自治"在智库与其他组织之间的相互关系方

---

① Weaver and Stares，2001.

② T. Medvetz, Hybrid Intellectuals: Towards a Social Praxeology of US Think‑tank Experts, http://www.socialsciences.cornell.edu/0609/Medvetz.hybrid.pdf, 2006.

③ Plehwe, D., Walpen, B. & Nordmann, J.: NeoliberaleWahrheitspolitik: Neo‑ bzw. Rechtsliberale Intellektuellen‑ und Think‑Tank‑Netzwerke als Säulen einer hegemonialen Konstellation, Überlegungen zu einem Forschungsprogramm, Historisch‑soziale Netzwerkanalyse, 1998, S. 14.

④ 又可参见 Campbell and Pedersen，2008。

⑤ K. R. Weaver, The Changing World of Think‑tanks, *Political Science and Politics*, 22 (3), 1989, pp. 563—578.

面来说很有用处的话，那么"非营利性"即便作为在大多数国家适用于智库的一个纯粹的法律特征，这一标准也应当抛弃，而对于那些享有慈善机构地位或免税地位的智库（在英国和美国的智库均是如此）而言，则更是如此。"非营利性"标准的提出，是基于只有经济利益动机才有可能损害意见独立性这一信念，而也存在其他一些驱使智库与政府、政党或企业进行合作的动机，诸如在客户组织内部寻求（非）正式地位或获取特定的（政府性）数据集，这些动机对机构活动以及智库分析家与客户间的关系构成，但没有得到讨论。可以说，这些合作动机当中的任何一个均有可能损害智库的独立性。此外，"非营利性"标准在一定程度上掩饰了这样的事实，即一家智库之所以开展活动，是因为它被委托（得到支付）进行筹划，比如说筹划一项具体的研究，或在大多数情况下是因为它已经成功地从各种不同的渠道（通常如此）获得相关项目的资金。不管从哪种途径所得，资金都将用于所述项目，同时给智库组织的成长提供助力。因此，即使一家智库在活动中于经济利益全无所获，比如说使外部股东一无所得，它也积极地同政治、商务或第三方部门建立联系以期"获得"某些东西（组织持续发展所需的资金、联系信息、数据）。如果令资助人或其他赞助人对其产出感到失望，就可能危及其所获得的东西。因此，"非营利性"这一标准在过去被一种错误的二分法推波助澜，这种二分法把架构不同的组织区分开来，但是它们其实是在相同的环境之下实施相同的功能。一个组织是否以产生经济"利润"为目的而进行智库活动，都不应与智库的定义挂钩。处理经济（非）独立性问题一条更好的办法是运用"财务自治"这一术语替代"非营利性"这一术语。这一术语描述了智库的首要能力，即从尽可能多的途径获取项目资金或基本运作资金，以确保其运营不致依赖某一位赞助人，比方说，受到合同约束而听命于唯一一家委托机构。[①]

再看看韦弗所说的第三个特点：相较于利益集团和政府的"组织自治"。应当坚持把智库与追求单个企业或行业的狭隘利益（单一问题）的压力团体或"公关公司"同相关科研单位区别开来。尽管如此，必须承

---

① Stone et al. , 1998.

认，如果智库打算影响政策过程，则其必须寻求并接近决策者，同时又与决策者保持相对超脱的关系。难免与上述观点产生紧张和矛盾的是，一个机构如果被归类为智库，对它来说，学术自治就很重要，而学术自治来自"机构内部惯例，例如制度化的同行评审机制以及公开的调查，而非定向研究"。①

基于这一调整，理解智库的组成要素可以使研究人员在研究智库时把更多元的对于某一既定政策进程的相关机构纳入研究视野，从而公正地对待变化当中的政策咨询界的状况，不致由于前述原因而模糊智库与诸如压力集团等机构的界限。最要紧的是，在研究某一既定政策进程当中的智库活动时，必须将高校研究院所和管理咨询机构纳入研究范围。后者已经登上政策咨询的舞台，尤其从"管理主义出现及强调采用财务管理工具打造高效政府"开始更是高调亮相。②

咨询机构把公共部门视为客户，并且凭借其特有知识已经将越来越多的社会领域"殖民化"。③咨询机构之所以日益介入公共部门，其原因之一是决策者们已经受到越来越大的促使其加强公共部门改革的压力。特别是自 20 世纪 80 年代以来，改革福利国家以及促使前国有垄断企业私有化已经列入决策者们的议事日程。鉴于改革的艰难性，社会政策领域的决策者

---

① D. Stone, Introduction: Think - tanks, Policy Advice and Governance, in D. Stone and A. Denham (eds.), *Think - tank Traditions. Policy Research and the Politics of Ideas*, Manchester: Manchester University Press, 2004a, p. 5.

② D. Stone, Recycling Bins, Garbage Cans or Think - tank? Contesting Three Myths Regarding Policy Analysis Institutes, paper presented at the Conference for Comparative Perspectives on Scientific Expertise for Public Policy, Amsterdam, December, 2004b, p. 7; A. Glassman, M. Winograd, Public Sector Consultation, in L. E. Greiner and F. Poulfelt (eds.), *The Contemporary Consultant*, Mason, OH: Thomson Learning, 2005, pp. 189—207; L. Greiner, F. Poulfelt, A. Bhambri, The Changing Global Consulting Industry, in L. Greiner and F. Poulfelt (eds.), Handbook of Management Consulting. The Contemporary Consultant. Mason, OH: Thomson Learning, 2005, pp. 3—22; Kennedy Information, The Government and Public Sector Consulting Marketplace: Opportunities in the US and International Markets, Peterborough: Kennedy Information, 2004; Stöbbe - Blossey, S.: *Verwaltungsreform und Organisationsberatung: Vom Gutachten zu raktiven Moderation*, paper presented at the BDS - Tagung, Essen, 1999.

③ Rudolph, H. & Okech, J.: *Wer andern einen Rat erteilt…: Wettbewerbsstrategien und Personalpolitiken von Unternehmensberatungen in Deutschland*, Berlin: Wissenschaftszentrum Berlin ür Sozialforschung, 2004.

们一直在寻找自外而内的创新的管理方式，以克服"否决者"（veto players）的阻挠。① 政府已经发现，正如德国最近的福利改革所显示的那样，在绕过议会各委员会和社会合作伙伴方面，管理咨询机构是很有吸引力的合作伙伴。在这方面，分支遍及全球的管理咨询公司麦肯锡（McKinsey & Partners）和罗兰·贝格国际管理咨询公司（Roland Berger Strategy Consultants）为美国政府的改革起到了至关重要的作用，② 在此过程中所形成的"新公共管理"理念发挥了重大作用，这一理念还有助于扩大对管理咨询机构所能提供的专业知识的需求。

大学院校也已经以类似方式在政策咨询和专业知识市场上逐渐活跃起来。有些大学机构明确设立了此类机构，并以人员和财务独立于所在大学的身份与决策者打交道并进行相关性的活动。当然，这与大学在获得第三方资助方面所面临的越来越大的压力有关（比如说，大学本身正日益独立于政府）。人们正不断强调研究工作应当产生"与用户相关的"（user-relevant）和"可应用的"（applicable）研究成果。科研成果应当"创造不同"（make a difference），大学的这种变化与人们对研究工作的强调相一致。正是因为政府"以证据为基础的"（evidence-based）政策制定需要寻求智力的支持，从而增加了政府对专业知识的需求。但也有迹象表明，各国政府正在越来越多地介入以委托和招标形式所进行的研究。③ 在英国，关于"大学智库"，伦敦政治经济学院（LSE）就是很好的例子。该学院的经济效益中心和社会排斥分析中心对工党政府自 1997 年以来的社会政策问题，甚至对工党 20 世纪 90 年代早期和中期执政纲领的现代化都发挥了关键作用。这些中心不仅因其与财政部以及其他部门的合作而能够获得重要的政府数据，而且还被邀请调派员工作为特别顾问进入这些部门开展工作。④

为增加我们对智库的构成这一问题的理解，在对"非营利性"这一标准进行调整之后，智库的定义如下：智库是非政府性的机构；在智力、机

① G. Tsebelis, Veto Players and Institutional Analysis, *Governance*, 13（4），2000, pp. 441—474.

② Pautz, 2008a.

③ C. Hamilton, S. Maddison (eds.), *Silencing Dissent: How the Australian Government is Controlling Public Opinion and Stifling Debate*, Crows Nest, NSW: Allen and Unwin, 2007.

④ Pautz, 2008a.

构和财务上，具有相对于政府、政党以及有组织性利益集团的自治性；组建智库以影响政策为目的。智库没有正式的决策权力，并声称保持政治中立，但往往毫不掩饰其意识形态立场。有些智库本身很少从事研究，而是委托外部专家进行研究或回收利用现有研究成果，而另一些智库则具有相当雄厚的内部研究能力。此外，智库打算通过智力争鸣而非幕后游说来改变政策。它们运用公益精神和"公共利益"的修辞。它们倡导理念、鼓吹发展和保持政策网络，并向政策制定者提供专业知识。它们把其他国家政策发展的信息告知决策者们，从而促进政策学习。它们把理念开发成产品，传播给由舆论塑造者（opinion formers）所组成的"有效公众"（effective public），[①] 并与公务员、决策者、商界人士以及学者开展战略沟通。它们在不同政策领域的利益相关者之间架起桥梁，但它们并非被动的中介机构，而是为政策制定提供观念性话语的机构。[②] 它们的目标是经济收益或在其他方面获得好处，比如接触政府数据，或给他们超越竞争对手的优势。

有了这个定义之后，本文下一节将讨论智库实际实施哪些功能，以及智库究竟如何（能够）成为有效的变革动力。

## 智库概念化的新框架

本文的目的是对智库的社会功能提出一种新葛兰西学派式的理解，并将这一理解与马腾·哈耶尔的话语联盟方式相结合。对智库知识生产进行概念化抽象有多种方式，最常见的包括多元化主义和精英理论概念。前者在许多智库文献中占据主导地位，声称智库"支持和鼓励政策多元化，并且广泛参与和投入政策行动者的公民授权行动中"。[③] 在自由和多元化的民主社会里，智库凭借其政策建议在"观念市场"（marketplace of ideas）展

---

① R. Desai, Neoliberalism and Cultural Nationalism. A Danse Macabre, in D. Plehwe, B. Walpen, G. Neunhöffer (eds.), *Neoliberal Hegemony. A Global Critique*, London: Routledge, 2006, pp. 222—235.

② D. Stone, Recycling Bins, Garbage Cans or Think-tanks? Three Myths Regarding Policy Analysis Institutes, *Public Administration*, 85 (20), 2007, pp. 259—278.

③ N. Madoka, Introduction, in S. Kenkyu (ed.), *The World Directory of Think-tanks* (*fourth edition*), Basingstoke: Palgrave, 2002, pp. viii—xx; 又可参见 McGann, 2008。

开竞争，以获得对决策者们的影响力。① 一种理念之所以"获胜"，是因为它优于另一种理念。施耐德（Schneider）曾指出，智库不仅能"对政策制定过程的质量和透明度以及政治文化的培育大有助益，甚至对于开放民主程序中信任的增长也大有助益"，这是对智库典型的多元化主义的看法。②

多元化主义的说法力图解决权力不对称问题，后者给为普及思想而展开的话语竞争造成了障碍，③ 且又高估了现有智库政策主张的多样性。④ 精英理论则允许对智库进行更为严格的分析。持精英理论的人重点关注企业、军事和行政权力精英核心层之间的紧密联系。由于常常获得企业或个人所提供的资助，智库以资助者的利益为出发点进行政策研究与规划，并将其传达给决策者。精英理论提出了智库与代议制民主的兼容性问题，指责智库规避政党和"来自选票差额的"（from the margins）立法机关，并强调权力不对称的存在——因为"威胁到既得利益的观点永远不会引起人们的注意"。⑤

然而，精英理论认为，尽管实际上存在形形色色的智库，但本质上它们在运作方式和知识生产方式上，根源几乎相同。⑥ 精英理论认为，"操控国家机器的人们受限于有限而特定的社会背景、共有的精英价值观以及与社会的隔离，并由此来推断经济社会地位和政治权力之间的因果关系"。⑦ 这种思想被认为具有极小的自治意义。邓利维和奥利里批评这种理论只关注谁是精英，谁与他们互动，而不关注"他们如何行为，如何互动，他们的价值观是什么以及他们作为一个群体的凝聚力如何"。通过预设"真正的当权者"，精英理论试图重新审视被正式定义的当权者假象（fa-

---

① G. Easterbrook, Ideas Move Nations, *The American Prospect*, Vol. 15, 1986, pp. 20—25；W. Gellner, The Politics of Policy "Political Think - tanks" and Their Markets in the US - institutional Environment, *Presidential Studies Quarterly*, 25 (3), 1995b, p. 497.

② J. Schneider, Think - tanks in Visegrad Countries, From Policy Research to Advocacy, http：//www. Policy. hu/schneider/FRP. html, 2002, p. 24.

③ Fischer, F.：Die Agenda der Elite. Amerikanische Think - tanks und die Strategien der Politikberatung, In：*Prokla*, 104, 1996, S. 17.

④ Stone, 1996.

⑤ A. Denham and M. Garnett, *British Think - tanks and the Climate of Opinion*, London：UCL Press, 1998, p. 197.

⑥ McGann, 2008.

⑦ Stone, 1996, p. 30.

cade），指出"关于真正的精英们在实证研究之前就已占有知识的预设是有问题的"。[①]

　　本文支持葛兰西所倡导的观点，这一观点要比多元化主义和精英理论方法更具批判性，更有解释力。在认真对待权力关系和其不对称性的同时，葛兰西的理论也认识到概念化的作用，从而承认（社会）科学的专业知识有助于把利益冲突和分配性冲突改造为意识形态冲突。[②] 它把物质力量和政治主体性（political subjectivity）都视为意识形态实践活动中所构想的东西；并且，与结构马克思主义者（structural Marxists）所强调的经济基础占据主导地位的观点相反的是，它更看重政治上层建筑。[③] 依照新葛兰西学派的理解，思想和物质条件"总是被捆绑在一起的，但是无法彼此通约"。[④] 葛兰西学派关于霸权、话语、公民社会和"知识分子"的概念对于理解晚期资本主义社会的智库及其功能最有帮助。借用阿尔都塞（Althusser）的说法，[⑤] 智库是根植于所谓的公民社会的一种"意识形态机器"（ideological apparatuses），对既有社会秩序的认同在公民社会中得以重塑。通过日常的社会实践，公民社会组织，包括工会、宗教团体，或学校和智库，将有助于在社会群体之间维持或建立非强制性的权力关系。它们通过创造其所希望的霸权秩序的合法性话语来实施这一功能。这可以被理解为"一套政策理念和政策构建与传播的互动过程"。[⑥]

　　葛兰西认为，霸权存在于这样一个时期，即人们对于政治、知识与道德领导权少有争议，甚至绝大多数社会团体认同此领导权的情况下，由

　　① Stone，1996，p. 30.

　　② Rudloff，W.：Einleitung：Politikberatung als Gegenstand historischer Betrachtung. Forschungsstand，neue Befunde，übergreifende Fragestellungen. In：Fisch，S. & Rudloff，W.（Hrsg.）：*Experten und Politik：Wissenschaftliche Politikberatung in geschichtlicher Perspektive*，Berlin：Dunker und Humblot，2004，S. 5—33.

　　③ J. Torfing，*New Theories of Discourse：Laclau，Mouffe，and Ziizěek*，Oxford：Blackwell，1999.

　　④ R. W. Cox，Gramsci，Hegemony and International Relations：An Essay in Method，*Millennium - Journal of International Relations*，12（2），1983，p. 168.

　　⑤ L. Althusser，Ideology and Ideological State Apparatuses，in L. Althusser（ed.），*Lenin and Philosophy. And Other Essays*，London：NLB，1971，pp. 121—171.

　　⑥ V. A. Schmidt，How，Where and When Does Discourse Matter in Small States' Welfare State Adjustment?，*New Political Economy*，8（1），2003，p. 127.

"主导性基础团体"（dominant fundamental group）向"同盟团体"（allied groups）行使领导权的时期。① 而正是"在这样一个时期，社会达到理论与实践的融合或均衡"。② 因此，霸权表现为出于将多元社会力量整合为非对称的"历史集团"或"权力集团"目的而达成的联盟与妥协。③ 托尔芬（Torfing）将它解说为一个"生产新的集体身份的过程"。④ 葛兰西所关注的是那些缔造历史集团并维持霸权平衡的积极政治战略。基于这种平衡自身的不稳定性，就必须在历史集团的社会群体之间进行持续不断的重新谈判从而保持这种平衡。人们在一套政策看上去合于常情常理时对其达成共识，历史集团成员因认为这一共识对其有利而接受这一共识，反之，其他选项则只有有限的可信度。套用葛兰西的一句话来说，作为公民社会组织，智库可被理解为思想"形成、辐射、传播"的中心，这些思想不是简单地"自发地在每一个人的大脑'降生'"，而是需要场所（locations）对这些思想进行生产，使这些思想作为争取霸权平衡所展开的政治斗争当中的一支力量，并从这些场所传播出去。⑤

葛兰西还强调在因知识和觉悟（consciousness）提高而形成的政治斗争中代理（agency）的重要性。知识分子的概念因此而十分重要。研究智库时运用这一概念，意味着必须把智库视为与资本主义的崛起及特定社会阶层的出现具有必然联系的事物，而大多数学者则认为，智库首先出现在那些拥有发达的资本主义民主并持续扩张、巩固自由民主的国家。⑥ 在葛兰西看来：

在经济生产领域当中所起实质作用之原初范围形成的每一个社会

---

① A. Gramsci, *Selections from the Prison Notebooks*, London：Lawrence & Wisehart, 1971, p. 161.

② G. A. Williams, The Concept of Egemonia in the Thought of Antonio Gramsci：Some Notes on Interpretation, *Journal of the History of Ideas*, XXI (4), 1960, p. 587.

③ D. Plehwe and B. Walpen, Neunhöffer G Introduction. Reconsidering Neoliberal Hegemony, in D. Plehwe, B. Walpen and G. Neunhöffer (eds.), *Neoliberal Hegemony. A Global Critique*, London：Routledge, 2006, p. 3.

④ Torfing, 1999, p. 108.

⑤ Ibid., Gramsci, 1971, p. 192.

⑥ Ibid., Stone, 1996.

团体，与其自身一道有机地打造一个或多个知识分子阶层，这些阶层使这一社会团体具有均质性，并使之意识到其自身在经济领域乃至社会和政治领域所具有的功能。资本主义企业家为其自身创造了工业技师、政治经济学专家以及新文化和新法律制度的组织者。①

因此，智库知识分子不是哲学家，也不是"宏大叙事"的演说家——这些人就是葛兰西所谓的"传统知识分子"②——他们所关心的是政策细节和政治事务。最好把智库分析家定义为由资本主义的"有机知识分子"组成的网络的一部分，这张网络囊括了公务员、技术人员、政策专家或法律专家。他们"永远是说服者"，③他们满足社会的技术性、指导性和组织性需求。④基于这种理解，乔治娜·穆雷（Georgina Murray）和道格拉斯·帕切科（Douglas Pacheco）认为，智库在维系发达资本主义上发挥了"看门人"的作用，这部分归因于其能够在文化、道德、伦理和知识领域使其话语合法化。其他的新葛兰西学派人士分析认为，在新自由主义和凯恩斯主义霸权所从事的话语（再）生产活动中，智库是众多参与者之一。⑤亚历克斯·德米罗维奇（Alex Demirovic）也以类似语调强调，在以新自由主义方式重组国家而使用的一整套工具中，智库是其中一件：通过非正式的政策咨询实践，国家被组建起来，而由资产阶级领导的"霸权集团"重新确立了对国家的掌控。⑥

这种分析方法也不是没人指摘。有人认为，由于新葛兰西学派把智库

---

① Gramsci, 1971, p. 5.

② Ibid. .

③ Ibid. , p. 334.

④ Sassoon A. Showstack, *Gramsci's Politics*, London: Croome Helm, 1980.

⑤ 例如 R. C. Blank, *From Thatcher to the Third Way. Think - tanks, Intellectuals and the Blair Project*. Stuttgart: Ibidem, 2003; R. Desai, Second Hand Dealers in Ideas: Think - tanks and Thatcherite Hegemony, *New Left Review* Vol. 203 (January/February), 1994, pp. 27—64; A. Gamble, *The Free Economy and the Strong State: The Politics of Thatcher*, London: Macmillan, 1989; H. Overbeek, *Global Capitalism and National Decline. The Thatcher Decade in Perspective*, London: Unwin Hyman, 1990。

⑥ Demirovic, A.: Politische Beratung. Think Tanks und Demokratie. In: Wernicke, J. & Bultmann, T. (Hrsg.): Netzwerk der Macht - Bertelsmann. Der medial - politische Komplex aus Gütersloh. *Forum Wissenschaft Studien* 54. Marburg: BdWi - Verlag, 2007, S. 13—28.

定义为特定社会秩序的产物，从而把智库描绘为对资产阶级进行动员的消极工具，这样就忽视了智库所拥有的高度自治和意识形态多元化的特点。[①] 其他人则指责葛兰西学派把智库"妖魔化"了。[②] 尽管如此，可以说，新葛兰西学派的分析使人们将智库理解为一个由公民社会参与者所组成的网络当中的组织，并且这种分析重视智库在思想和物质条件上的独立性。智库的高度多元化、对政策相关问题的矛盾看法以及前后不同的政策建议，说明它们接受一系列的利益诉求来发生，共识即产生于此基础上，又有共识凝结出霸权集团。为智库所推崇的新自由主义在这里就是一个很好的例子。新自由主义表明，正是"新自由主义"出色的多样性，使其得以促成对话，并与来自不同社会团体的不同派别所组成的历史集团共同分享。[③]

## 智库如何影响政策制定的过程？

智库是否真的能够在一个既定的政策制定过程之中发挥作用？如果答案是肯定的，那又是在什么时候发挥作用？针对这些问题，有人认为，智库有可能在特定历史时刻有所作为。在极少数情况下，当某一"范式"——比如说凯恩斯主义或货币主义——的霸权地位发生动摇的时候，也就是说，如果就特定政策目标以及就体现于霸权话语当中的政策工具所达成的（几乎全体一致的）共识发生瓦解，那么，智库作为外在于国家的变革的推动者将对政策变化和政策延续能够产生重大影响。

彼得·霍尔（Peter Hall）在其关于英国福利国家变迁的研究中，对20世纪70年代和80年代国家以外的行动者的力量进行了考察。当福利政策被认为是失败的时候，决策者们不得不进行改革。霍尔将改革分为三个层级："第一级"政策变革指的是通过对现有政策工具的调整来实现在范式中确立的共同目标。当以新的政策工具来实现共同目标时，就是"第二级"政策变革。只有当整个范式被认定为失败，即这一范式再也无法触及重要的问题，并且第一、第二级的变革似乎不再足以修正那些已被理解为

---

① Stone，1996.
② Braml，2004.
③ Plehwe，et al.，2006.

功能性异常（functional anomalies）的事态时，以对政策进程的最重要条款的根本性变革为标志的"第三级"范式转换才会出现。[1] 在霍尔看来，在"公职专家基本上都负责任"的国度里，"政策变革的第一和第二级过程很好地体现了社会学习的景象"。

与此相反，第三级变革之所以发生，"并非因为国家的自发行动，而是出于对不断演化的社会争论（societal debate）的回应"。很多类型的参与者加入了这场争论：外部政策分析家、政党、有组织的利益集团、媒体、金融市场，而智库在"经济思想市场"上表现活跃。这些外在于国家的参与者激化了这一争论：每当政治以外对宏观经济政策的评论寥寥无几时，类似于"政策网络"或"问题网络"（issue network）的东西就会骤然涌出。[2] 霍尔指出，如果没有一套完整的政策目标和政策工具的协助，决策者们远比其他人更容易受到外界影响。因此，权威何在的变动［依据谁有处理危机的最好主意而定］就看似范式转换过程中的一个关键要素。[3]

一个范式是如何被视为失败的？范式转换又是如何发生的？范式转换并不过多依赖于争论的质量，而是更多依赖于竞争各派"在相关冲突中所能控制的配套资源"。[4] 智库是国家以外能够提供这些资源的推力之一。对于某些政策新的"合法化话语"的发展，它们能够做出贡献。通过把自己纳入政策网络，智库能够成为有效的意识形态工具，并将它们对意识形态话语的贡献带入争论当中。这些网络能够随时间流逝或多或少地保持稳定，并且就成员资格而言，能够从某种程度上保持其封闭性。它们通过打通进入"决策过程"的通道，促进其做出决策并执行决策，它们"促进协商或信息交换、谈判以及其他独立行动的协调，它们还促进合作，以使政策得以形成、实施和合法化"。[5]

---

① p. Hall, Policy Paradigms, Social Learning and the State: The Case of Economic Policy Making in Britain, *Comparative Politics*, 25 (3), 1993, p. 297.

② Peter Hall, 1993, p. 289.

③ Ibid. , p. 291.

④ Ibid. , p. 280.

⑤ D. Stone and H. Ullrich, Policy Institutes and Think – Tanks in Western Europe: Developments, Trends and Perspectives. Open Society Institute Discussion Paper No. 24. Budapest: Local Government and Public Reform Imitative, http: //demo. carnation. hu/lgi/publications/2003/231/DP24. pdf? sid=a676461ababc2eb9c7472d85b260615f, 2003, p. 36.

20 世纪 70 年代和 80 年代英国的新自由主义智库、[①] 90 年代中后期新工党的智库,[②] 以及 90 年代后期德国社会民主党的智库[③]就是很好的例子：它们都为政党内部的领导联盟提供了"智力伙伴关系",[④] 并为其在决策现代化中做出的努力提供支持。

网络或联盟模式种类繁多,其中备受争议的是赫尔科罗（Heclo）的"问题网络"、[⑤] 罗兹（Rhodes）和马什（Marsh）的差别化政策网络概念、[⑥] 萨巴蒂耶尔（Sabatier）的倡导联盟、[⑦] 哈斯（Haas）的认知社区、[⑧] 埃文斯（Evans）和戴维斯（Davies）的政策转移网络,以及哈耶尔的话语联盟[⑨]。通过假定网络经由利益相关者之间的斗争影响政策结果和限制政策议程,政策网络概念的主要贡献在于提供了有助于理解政策变化和政策延续的（有关治理的）理论。

从对政府的分析到对治理的分析这一转换,意味着经济—社会发展正越来越多地受到嵌入在合作性网络中的中间人的影响,而非仅仅受到身处科层制集权国家的中间人的影响。[⑩] 政策网络理论对研究智库很有益处,因为它把智库作为政策网络参与者进行分析,并且提醒读者注意那些被称

---

① R. Cockett, *Thinking the Unthinkable*, *Think-tanks and the Economic Counterrevolution 1931—1983*, London：Fontana, 1995.

② Pautz, 2010a.

③ H. Pautz, The Role of Think-tanks in the Modernisation of the SPD, *German Politics*, 19（2）, 2010b, pp. 183—199.

④ Denham and Garnett M, 1998.

⑤ H. Heclo, *Modern Social Politics in Britain and Sweden*, New Haven, CT：Yale University Press, 1974.

⑥ R. A. W. Rhodes and D. Marsh, New Directions in the Study of Policy Networks, *European Journal of Political Research*, Vol. 21, 1992, pp. 181—205.

⑦ p. Sabatier, Knowledge, Policy Oriented Learning and Policy Change：An Advocacy Coalition Framework. *Science Communication*, 8（4）, 1987, pp. 649—692.

⑧ E. B. Haas, Do Regimes Matter? Epistemic Communities and Evolving Policies to Control Mediterranean Pollution, *International Organization*, 43（3）, 1989, pp. 377—403.

⑨ M. Hajer, Discourse Coalitions, The Case of Acid Rain in Great Britain, in F. Fischer and J. Forester (eds.), *The Argumentative Turn in Policy and Planning*, London：University College Press, 1993, pp. 43—76.

⑩ J. Greenaway, B. Salter and S. Hart, How Policy Networks Can Damage Democratic Health? A Case Study in the Government of Governance, *Public Administration*, 85（3）, 2007, pp. 717—738.

为"中空国家"（hollowed-out state）的变化产物，[1] 在此类国家中，政策网络所提供的是"无政府的治理"。[2]

在此之后，马腾·哈耶尔所提出的话语联盟这一理念，被认为可与新葛兰西式的框架相结合来理解智库。上文已对新葛兰西式框架略有论述。哈耶尔并非将其理念建立在葛兰西学派的方法之上，有人认为哈耶尔是在葛兰西之后的理论家们（如哈贝马斯和福柯）的基础上建立他的话语联盟概念的——通过坚持认为基于语言的冲突是"为改造'流行心态'（popular mentality）和传播哲学创新而进行的文化斗争"。[3] 恰如雷纳特·霍勒布（Renate Holub）所说的，葛兰西和福柯都认为，"权力和统治在同意接受它们的被统治者范围内所起的作用，产生于社会关系系统和子系统内部，产生于相互作用，产生于使人们知悉日常生活实践的微观结构"。[4]

哈耶尔的政策网络概念主要应用于与环境政策变化相关的文献，[5] 它也适合用来分析智库活动，因为话语构建是一种论争性的争斗，这种争斗的最后结果是某一种话语占据论辩的主导地位，并在（国家）实践中制度化，即取得霸权地位。[6] 为了对现实进行解释，该话语斗争的各方参与者通过（比如说）智库所提供的资源寻求智力支持。在话语联盟理论框架的视野下，正是"话语构建的'生涯'"成为研究对象。[7] 如果复述一下哈耶

---

① B. Jessop, From the Keynesian Welfare to the Schumpeterian Workfare State. Lancaster Regionalism Group, Working Paper, 45, Lancaster: University of Lancaster, 1992.

② R. A. W. Rhodes, The New Governance: Governing without Government, *Political Studies*, XLIV, 1996, p. 652.

③ D. Levy, D. A. Egan, Neo-Gramscian Approach to Corporate Political Strategy: Conflict and Accommodation in the Climate Change Negotiations, *Journal of Management Studies*, 40 (4), 2003, p. 807.

④ R. Holub, *Antonio Gramsci: Beyond Marxism and Postmodernism*, London: Routledge, 1992, p. 199.

⑤ D. R. Browne, R. Keil, Planning Ecology: The Discourse of Environmental Policy Makingin Los Angeles, *Organization Environment*, Vol. 13, 2000, pp. 158—205; H. Bulkeley, Discourse Coalitions and the Australian Climate Change Policy Network. Environment and Planning C, *Government and Policy*, 19 (6), 2000, pp. 727—828.

⑥ M. Hajer, *The Politics of Environmental Discourse: Ecological Modernization and the Policy Process*, Oxford: Clarendon Press, 1995, p. 61.

⑦ M. Hajer and S. Kesselring, Democracy in the Risk Society? Learning from the New Politics of Mobility, *Environmental Politics*, Vol. 3, 1999, p. 2.

尔对环保政策变化以及对其所负有责任的参与者的研究的话，一言以蔽之，政策问题在现有体制安排看来显得异常的程度，取决于这些问题如何以对话方式在话语联盟的体制背景下得到解释。[①] 从政策分析的"争论性拐点"的角度来说，弗兰克·菲希尔（Frank Fischer）指出，"政治决策的基础，是理解为创建和控制"智库参与其中的"共享性社会意义系统所展开的话语斗争"。[②]

什么是话语联盟，它是怎样构成的？"话语联盟是一组故事情节（storylines）的组合，说出这些故事情节的参与者，以及符合这些故事情节的做法，都围绕某一话语而组织起来"。[③] 故事情节这一理念是哈耶尔所提出概念的中心。这是一种语言学机制，话语联盟围绕这一机制组合起来，这一组成过程是"一种生成性叙述，使得参与者利用各种话语类型给具体或社会现象赋予意义"。[④] 话语联盟成员在对威胁、危机或事件解读方面的共同看法构成了"所述政策问题的本质"，从而将这一话语联盟团结起来。[⑤]

由于大多数政治参与者没有使用已理解政治性或社会性世界的已成熟理论，所以故事情节因其"凝聚大量与规范性假设和价值观相混合的事实性信息"而简化了政策问题，联盟在此过程中得以创建。[⑥] 如果故事情节被某一话语联盟的参与者们接纳和开发，那么这些故事情节可以通过对意义进行重新排序而产生政治变革。哈耶尔以"酸雨"这一故事情节为例，围绕这一故事情节指出话语联盟在英国和荷兰被聚集起来。[⑦] "激活社会国家"（activating social state）这一故事情节是由在德国推动社会民主主义福利国家现代化的人士部署并由智库分析家等政策顾问开拓出来的。[⑧] 话语联盟可以包括数量庞大、形形色色的参与者，并非必须通过聚集在一起才产生作用，并且在成员之间互不相识时也可以进行跨界行动。话语

---

① Hajer, 1995, p. 4.

② F. Fischer, *Reframing Public Policy. Discursive Politics and Deliberative Practices*, Oxford: Oxford University Press, 2003, p. 13.

③ Hajer, 1993, p. 47.

④ Ibid., p. 56.

⑤ Ibid., p. 247.

⑥ Ibid., p. 87.

⑦ Ibid..

⑧ Pautz, 2010b.

联盟概念"注重通过现有机构组织相互作用的方式营造一种氛围，通过这种氛围，利益和价值观被不断定义，机构组织被不断改造"。[①] 它们对某一政策问题共识越多，制度化程度就越高，它们发展出话语霸权的可能性就越大。

## 结　论

本文通过以下三步重温了智库现象：第一，完善了智库的定义；第二，以新葛兰西学派的观点讨论智库的功能；第三，提出话语联盟的概念，并通过追踪智库在话语构建"生涯"当中所担当的角色，用这一概念解释智库如何产生作用。文章依照智库的功能而非形式来定义智库，从而廓清以影响决策者为目的的产生专家话语（expert discourses）机构之间模糊的组织界限。作为一种执念，"非营利性"对"营利性"的智库研究二分法已被抛弃，因此，高校研究院所和管理咨询公司可以纳入对智库研究的范畴当中。

当然，这并不意味着任何提供政策咨询的机构就一定是智库：恰如本文所强调的那样，仍然应当区别对待游说集团、公关公司和政府政策。新葛兰西学派通过其所主张的霸权、公民社会和智力等概念背后蕴含的观点，对于批判性理解智库这一与资本主义自由民主具有实质性关联的组织，是一种适合的研究框架。话语联盟这一概念专注于话语与其所具有的描述政策过程的潜能之间的关联性，对于解释智库如何为政府和诸如政党甚或跨国公司等其他组织（尤其在范式危机出现时）担当相关政策参与者很有用处。此外，该概念对于说明合作性网络对政策制定已产生影响，以及说明诸如智库以及其他非官方参与者等机构已获得更多机会接触决策过程，都很有用处。通过强调智库能够以中间人角色、观念提供者角色、权力层级结构构成者角色以及特定历史臆测者角色而发挥作用，以及强调对政策问题和政策解决方案所进行的解释过程之中对话的重要性，该理论框架将有助于重新引发相关问题的辩论，并在"多元主义转向"（pluralist turn）基础上将之引入一个更具批判性的方向。

---

① Bulkeley, 2000, p. 734.

为廓清智库的功能而在定义和方法上所做出的改进使我们了解到，如果各种组织只是为了在政策和政治问题辩论当中给自己找到一个位置而使用"智库"这一术语，并没有什么意义。但如果一个组织拥有明显的历史根源，并能经受起社会变迁和政治动荡的风浪而继续存在，则智库这一术语能给它带来辨明的力量。智库，会以多种多样并且变动不居的组织形式，继续在由对专业知识的需求与日俱增的团体所组成的合作性网络中发挥作用。

# 智库政策专家:角色构建及其话语策略[*]

托马斯·梅德维茨/文　　王演兵/译　　韩侃瑶/校

【摘要】本文采用深度访谈、民族志观察和档案记录来检验与智库相关的政策专家的自我理解。笔者认为政策专家通过一系列习惯用语（学院派学者的、政治助手的、企业家的和媒体专家的）构建出一种独特而又刻意的专业身份。政策专家角色的实质在于不断地努力平衡与协调同这些习惯用语相关的要求之间的矛盾。对政策专家混合性的"职业心智"（professional psyche）的分析，为深入智库的客观社会结构提供了一个有效的切入点。

【关键词】智库　知识生产　政策专家　知识分子　美国政治

在过去的40年当中，一种名为智库的组织在日益生长，知识界对比的宣告已成为美国公共争论的固定内容。在美国，智库的数量大约翻了两番[①]，就职于这些机构的公共政策专家（以下简称"政策专家"）则在这一增长过程中承担了更为明显的政治角色。政策专家通常在国会提供证词[②]，也作为新闻媒体学者发出声音[③]，还为即将走马上任的总统的政府内阁草拟过渡期间的施政手册[④]。然而，尽管美国智库和政策专家的数量和知名

---

　　[*]　原文题为"'Public Policy is Like Having a Vaudeville Act'：Languages of Duty and Difference among Think Tank – Affiliated Policy Experts"（"公共政策就像杂耍表演"：关于智库政策专家职责与差异的用语），现改为今题，原文出处：Qualitative Sociology, 33, pp. 549—562。

　　①　Rich, 2004.

　　②　Rich & Weaver, 1998；McCright, A. M. , & Dunlap, 2003.

　　③　Rich & Weaver, 1998；Alberson, 2002.

　　④　Feulner, 1980.

度日益增长,但是社会科学家却鲜少对其有所关注,致使一些基本问题悬而未答。

本文讨论了一系列相关问题:智库内的专家是如何理解和探讨他们自己的角色的?[1] 他们把什么样的风格、技能和情感视为其指责的关键要素?他们相互区分的主要边界是什么?笔者认为,因为在何为一名政策专家这一问题上缺乏一个历史性的定义,所以这些智库专家们就将现成的文化资料混合起来并生造出一个定义。这些文化资料由更成熟的机构提供,他们靠这些机构来获取自己的资源和信誉。政策专家特别借重四个习惯用语来描述自己的角色:1)根据公认严谨的界定标准和认知的自主性来产生权威知识的学院派学者;2)熟悉特定的秩序规则、程序细节以及选举型政治的时间节奏的政策副手;3)必须在竞争激烈的市场中作为高效营销人员的企业家;4)同时必须是能以一种既使公众容易接受又以容易令人信服的形式传播知识的媒体专家。虽然每个习惯用语都揭示了政策专家角色的一个重要向度,但我认为,政策专家们职业身份的实质正在于对上述相互存在矛盾的诸功能进行不断平衡与调和的尝试之中。

我的讨论分为两个部分。在第一部分,我将会介绍上述四个习惯用语如何指导和制约政策专家的自我理解。我认为,上述四个比喻中的每一个,都既是一个比喻,同时也是对政策专家应有风格和方式的一系列真实的表现。第二部分将政策专家气质的混杂性(dispositional hybridity)视为观察智库客观社会结构的一个窗口。在这里,我认为,政策专家中常见的混合性职业立场是出于智库处在学界、政界、商界和媒体界四者的中间地带。

### 作为学院派学者的政策专家

从象征符出发政策专家构建起混合性的自我描绘形象,这个象征符

---

① 我的分析是基于对智库以及与其相似机构的代表所作的 43 次正式访谈,所收集的十几份手稿收藏的历史档案记录,以及对多次由智库发起的事件所进行的民族志方面的实地考察。访谈对象包括智库的创始人、高层管理人员、普通研究人员和工作人员,以及经常办理智库工作的人士,如国会的工作人员、报纸和杂志的记者以及慈善基金会的管理人员。历史档案记录包括组织机构的历史资料、个人信件与回忆录、使命陈述、履历和自传资料以及与智库成立过程及决策过程相关的资料。

就是对学术生产的一种习惯表达。政策专家在讨论自己角色时常常借用大学学者的形象，政策专家应当基于严格的实证数据积累知识，并以出版书籍和文章为目的。他应当具备聪明的头脑、敏锐的分析能力、先进的学术训练以及超脱于党派偏见和政治与经济羁绊的自由。① 正如布鲁金斯学会主席 2004 年对《华盛顿邮报》（*Washington Post*）所说的，"我们付出实实在在的努力以使我们的政策（分析）具有客观性，在我们发现重大问题并寻求其答案时，我们就把其他无关紧要的事情搁在一边，即搁置任何意识形态或党派偏好，不让它们以任何形式扭曲我们的工作成果"②。

这一学术性惯用语常常从当事人延伸到组织：如果政策专家像一名学者，那么智库也会像一所"没有学生的大学"。③ 确实如此，很多智库将其专家团队称为"学者"、"研究员"，而不顾他们的实际背景或文凭。许多机构也按照大学的教授制度来授予其职员职位。比如，美国传统基金会的"郑周永政策研究"席位（Chung Ju - Yung Fellow for Policy Studies），布鲁金斯学会的"布鲁斯和弗吉尼亚·麦克鲁尼经济研究"（Bruce and Virginia MacLaury Chair in Economic Studies）席位，美国企业研究所的"约瑟夫·J. 和维奥莱特·雅各布社会福利研究"席位（Joseph J. and Violet Jacobs Scholar in Social Welfare Studies）。其他智库则明确将自己比作为大学，或将其知识作品称为"学术工作"。如，1997 年卡托研究所开设了一个被称为"卡托大学"（Cato University）的分支机构，这一机构为胸怀抱负的自由主义者举办教育研讨会。④ 最后，包括布鲁金斯学会的一些智

---

① 我使用代词"他"（him）这个单词并非出于文体目的，而是为了体现智库界由男性主导的成分架构。比如，在 2001 年，《华盛顿邮报》（*Washington Post*）专栏作家莫林和迪恩（2001）就针对七大智库（城市研究所、战略与国际研究中心，布鲁金斯学会、传统基金会、卡托研究所、美国企业研究所和政策研究所）当中政策专家的性别失衡问题做过报道。总结来看，数据显示，以专家工作人员身份在这七家智库进行工作的人员当中，279 人为男性，占 67.9%，而女性为 132 名，占 32.1%。其中仅有一家智库即政策研究所的女性政策专家人数超过男性，其比例为 11 比 6。性别比例最不平衡的智库是美国卡托研究所，有 35 名男性，而女性只有 1 名。

② 《华盛顿邮报》在线聊天，http://www.washingtonpost.com/，2004 年 9 月 14 日检索。

③ 参见如韦弗（1989）和托尔钦（Tolchin, 1983），其中有布鲁金斯政策专家赫伯特·考夫曼（Herbert Kaufman）的观点，"这是一所没有学生的大学。"

④ 参见 http://www.cato - university.org/，2006 年 6 月 15 日检索。

库拥有带有".edu"后缀的互联网网址,并且,至少有一家智库——兰德公司,具有授予学位的资质。[1]

如下文采访摘录所示,政策专家也在个人访谈中使用学术生产中的用语:

> 问:在贵机构董事会会议的讨论中,有哪些主要的考虑?

> 答:我们的董事会想知道我们是否在出版优质的学术研究成果以及这样的成果能否把美国建设得更好。[2]

> \* \* \*

> 问:贵机构必须拥有什么形式的专业知识?

> 答:……你不可能一直都能成功销售肤浅的思想,所以你同样必须进行认真的分析……这样你的工作才值得信赖,才能得到学术领头人和政策领导人的承认和重视。[3]

> \* \* \*

> 问:就政策制定的过程而言,好的研究成果的标志是什么?

> 答:好的研究就是好的研究,无论其是否是以政策为导向的。它是透明的,也是可复制的。[4]

> \* \* \*

詹姆斯·魏德曼(James Weidman):"布鲁金斯学会有一个非常……怎么说呢,它就像一所大学。不管是就其视野范围而言,还是其观点范围而言。始终如一的一点是布鲁金斯学会的员工具有最高水准。这些人具有所有能够使自己被视为一名专家的标识。"[5]

---

① 弗雷德里克·S. 帕迪兰德研究生院(Frederick S. Pardee RAND Graduate School)颁授政策分析学位。这一组织将这一政策分析专业描述为"应用研究领域的一个复式学科,意在着力通过研究解决疑难性政策问题"。参见 http://www.prgs.edu/curriculum,2006 年 7 月 31 日检索。

② 作者 2003 年 11 月 24 日对美国卡托研究所戴维·波阿斯(David Boaz)所做的访谈。

③ 作者 2003 年 7 月 28 日对经济战略研究所克莱德·普雷斯托维茨(Clyde Prestowitz)所做的访谈。

④ 作者 2003 年 6 月 26 日对传统基金会詹姆斯·魏德曼(James Weidman)所做的访谈。

⑤ 作者 2003 年 11 月 22 日对世纪基金会格雷格·安里奇(Greg Anrig)所做的访谈。

如果考虑到最早智库的成立是建立在沟通学界与政治界的鸿沟这一明确目标下的话，那么政策专家采用学术生产中的习惯用语这一事实也就不足为奇了。① 比方说，布鲁金斯学会最初的使命声明当中的一部分指出，"在布鲁金斯学会举行的会议、发行的出版物以及举办的其他活动中，其将起着桥梁作用以沟通学术研究与政策制定，这既让决策者能注意到新的知识，也让学者能对公共政策问题有更深入的见解。"② 但不那么明显的是，事实上，当政策专家在谈到自己角色的其他侧面时，他们总是积极地将其自身与学者的相似之处简略带过。

### 作为政策助手的政策专家

第二个职业责任的说法并不把政策专家设想为学者，而是将其设想为政策助手，其主要义务是熟悉用以指导美国政治界中明确的秩序规则、程序细节、时间节奏以及互惠规范。在这个比喻当中，政策专家的本质特征包括在"热点"政策问题出现之前进行预测的能力，以及快速整理出契合这些问题发展的有用报告的能力。与国会中的助手一样，政策专家应当掌握立法和行政机构运作的详细知识，并且熟知政策辩论用语。过去的政治经验是一笔宝贵财富，衡量一份好的政策报告的标准是，它更多关注其在决策过程当中的功能性而不是其学术严谨性。事实上，"过于学术化"是一种致命的缺陷。③ 正如美国东北中西部研究所执行董事所阐释的，"你必须……懂得如何（使一个思想）通过神秘的政策宫殿，即立法机构和行政机构"：

> 问：那么都应该考虑哪些东西？
>
> 答：要考虑的太多了。谁是哪一个（国会）委员会委员？谁的资历更高？谁在制定其委员会的政策议程？要联合哪些利益共同者来支持你的提

---

① Critchlow, D. T., 1985；Smith, J. A., 1991a.

② 参见《美国布鲁金斯学会》（2007）等文献资料。

③ 关于20世纪80年代美国企业研究所在智库界地位的下降，传统基金会研究员李·爱德华兹（Lee Edwards）报道说，"他们［已经］变得更加热衷于讨论问题，而不是热衷于拥有自己的思想观点了。他们已经陷入一种习惯，进行又大又长的或者臃肿的研究工作、书籍撰写，如此等等。并且他们的作品可能也有点过于科学性"。作者2003年7月8日对传统基金会李·爱德华兹的访谈。

议才能使你的提议更容易被那些管理此问题的当权的相关委员会所接受。

问：打造联盟？

答：是的，打造联盟。某种程度上也就是拉票。在这一天结束时，在一个特定的小组委员会，你会否带着赞同票离开？你即便不总是这样但也常常得想，"这个提议在国会中能通过吗？"[①]

一位政策专家认为，"以前在政府就职过的经历真的很有用，我觉得，'他是前驻苏联大使'或者'他是前副国务卿'会带有某种光环。你懂的。即使那是 20 年以前的事情，即使那时你在那件事情上除了装腔作势地评论过几句并无任何建树这都并不重要，你只要是'前某某'就够了。你知道的，人们只需要一个头衔，而且它确实管用"[②]。

根据这一比喻，政策专家通过将自己定位为政策制定过程中的有效参与者而取得成功，比如通过提供立法证词、向国会议员提供简报或为候选人和政客撰写"谈话要点"备忘录，开拓通向政治人际关系网的途径以及保持总是在日新月异的政策发展中走在前面是政策专家的"必修课程"。布鲁金斯学会的一名研究员谈到，好的政策专家"总是尽力保持与当下一致，我的意思是，致力于（与政策辩论）相关的事"[③]。美国经济战略研究所所长也有类似的阐释，"你必须与（政策）发展保持一致，要抓住机会利用这一发展并回应它，你可以通过撰写和发表文章来实现，也可以将证词呈上国会……你必须清楚你所应付的问题以及在政策领域中还有哪些对手"[④]。如果一个政策家未能进行与政治辩论具有明显相关性的研究工作，那么他可能会被边缘化，并危及他们吸引媒体关注和财务支持的能力。

## 作为企业家的政策专家

第三个职业责任的说法没有将政策专家设想为学者或政策助手，而是

---

① 作者 2003 年 7 月 10 日对东北中西部研究所理查德·曼森（Richard Munson）的访谈。

② 作者 2003 年 6 月 30 日对《国家杂志与外交关系委员会》（*National Journal and Council on Foreign Relations*）布鲁斯·斯托克斯（Bruce Stokes）的访谈。

③ 作者 2004 年 2 月 11 日对布鲁金斯学会爱丽丝·里夫林（Alice Rivlin）的访谈。

④ 作者 2003 年 7 月 28 日对经济战略研究所克莱德·普雷斯托维茨（Clyde Prestowitz）的访谈。

将其设想为身处"思想市场"（marketplace of ideas）中的企业家。在这个比喻当中，其核心目的是把一个人的智力成果（intellectual wares）兜售给三类消费者：1）立法者通过将思想纳入政策的方式来"购买"思想；2）财政捐助者在一定程度上对思想的购买更加具原初意义，因为这种购买涉及向智库支付金钱；3）记者象征性地通过直接引用和间接引用作者的文章来购买智库研究成果。在这个比喻中，一个好的政策专家必须具备一名成功市场营销人员的属性：即"人际交往能力"（people skills），喜爱自我推销，工于重新包装思想以便增加自己的吸引力。这个商业化的比喻通常从参与者延伸到组织，如争夺市场份额的企业；有人说，智库在一个拥挤不堪的"思想市场"当中彼此展开竞争。

政策专家总是借用营销术和商业交易的概念来描述他们所处的环境，及其赖以成功的特性。比如，在被问到一名良好的政策专家所具有的特点时，美国经济战略研究所创始人暨所长说道：

> 你必须是一名推销员。你必须简明扼要地、令人信服地、饶有风趣地陈述你的观点，并且你必须得精力充沛。你必须具有推销员所说的"达成交易的能力"。你不仅要作产品展示，而且要促请客户签下订单。这里所说的订单可能是捐款，可能是一个法案，也可能是买下你正试图出售的政策点子。但无论如何，你必须有能力促成并拿下这一订单。①

埃德温·福伊尔纳（Edwin Feulner）是传统基金会总裁，他在反思成功智库的秘密时说道："关键因素是领导这家智库的人……他必须具备足够的企业家素养，能去看到独特的市场需求，也要具备足够的推销员素养去说服他人（捐款人、撰写文章的教授、政策制定者和新闻工作者）来倾听他和他员工的声音。"② 在 1985 年发表的一篇演讲中，福伊尔纳使用了

---

① 作者 2003 年 7 月 28 日对经济战略研究所克莱德·普雷斯托维茨（Clyde Prestowitz）的访谈。
② 《华盛顿邮报》网上聊天，http://www.washingtonpost.com/，2004 年 9 月 11 日检索。福伊尔纳接着解释他的组织在这些方面的迅速崛起，"如果一名企业家以他人所需作为自己的市场，他一定会成功。这就是全部道理。"

同样的比喻："我们需要一整个机构来帮助宣传一个观点——营销一个观点……宝洁公司并未仅以一次报纸广告或电视广告的方式推销它的佳洁士牙膏。相反，为了让自己的产品在消费者的心中永葆新鲜，它每天都一再地销售它的牙膏。［智库］大致也通过相同的方式推销自己的思想。"（福伊尔纳，1985）

一位为好几家智库工作过的资深人士通过区分一名良好的政策专家和一名只是好的思想家而拓展了这个比喻的含义：

> 有这么一些人，他们是极好的思想家，极好的作家，但是他们却对推销自己方面感到很不自在。但是［在智库中］需要的是却是善于自我推销的人员。我认为，在这个行业中，一些最优秀的工作者恰好是那些不知廉耻的自我推销人员……他们必须想把自己的思想兜售出去。他们必须给新闻打电话，挤进电视作秀节目，熬夜撰写额外的专栏文章。这些神经兮兮的人往往是智库最好的员工人选。而那种说"嗯，关于这点思想，我要说的都已经说过了，现在我想去做点别的了"的人，并不能取得同样的成功。①

用一家智库的主管的话来说，政策专家应该"创新"，并且总是有能力"在某一观点上想出某种新的转折或者寻找新的视角"。② 推销用的习惯用语并不新奇，因为它的意蕴早在 20 世纪 80 年代广为使用的"政策企业家"（policy entrepreneur）这一表达中体现出来了。③ 虽然这一意象更多地表现了对政策专业能力的保守视野，而不是进步的，但其使用

---

① 作者 2003 年 6 月 30 日对《国家杂志与外交关系委员会》布鲁斯·斯托克斯（Bruce Stokes）的访谈。

② 作者 2003 年 7 月 10 日对东北中西部研究所理查德·曼森的访谈。

③ 最早将这一术语用于大型报纸的是霍尔（Hall）(1983)。对这一术语引人注目的一次使用是罗滕伯格（Rothenberg）(1987) 撰写的介绍政策专家帕特·乔特（Pat Choate）的《思想商人》(*The Idea Merchant*)：乔特是华盛顿众所周知的"政策企业家"，是一家由学者和作家组成的小型社团的成员，这些人的文章、演讲，以及冗长的关系网文件（Rolodex files）有助于国家政治议程的制订。美国罗斯福政策研究中心是一家自由派智库，其成员威廉·A. 高尔斯顿（William A. Galston）说，"政策企业家类似于私营部门的企业家。他创建合资企业、发明产品概念，然后拿出去出售"。高尔斯顿补充说，"帕特·乔特以政治资本进行工作，而不是现金"。

范围并不局限于右翼保守人士。例如，进步记者和美国进步研究中心的一名研究员埃里克·奥特曼（Eric Alterman）曾在一次访谈中使用了这个比喻：

　　问：在没有更好的术语的情况下，你能告诉我要成为一个成功的智库专家，有没有一套技能是必需的？

　　答：嗯，那就是某种公共政策企业家的个性……基本上也就是说你得是一个套近乎的高手。如此而已。

　　问：和记者套近乎？还是和政治人物套近乎？

　　答：和所有人。我的意思是，很多学者都非常不善表达，与软科学（人文社科）领域相比，在硬性科学（自然科学）领域尤其如此。你懂的，他们只知道写文章，羞涩而又横冲直撞。但［在］智库里面，你最好合群一点，而且不羞于推销自己。

## 作为媒体专业人士的政策专家

与前面三个习惯说法相比，第四个比喻出现时间更晚，也没有那么重要，它强调政策专家与传媒专业人士之间的相似之处。在这一说法之下，政策专家必须展现以通俗易懂的语言写作的技巧，以及以类似于新闻稿件或报刊文体的形式撰写篇幅短小、结构紧凑的文章的意愿。按照一位受访者的话来说，政策专家必须"意识到即将具有新闻价值的事情"。[1] 他们应当"有能力将他们技术性的复杂思想整合成让人非常容易理解的形式——换句话说，一听就懂，如果你愿意这么说的话"。美国经济战略研究所所长克莱德·普雷斯托维茨（Clyde Prestowitz）这样总结道："处理好与公众的关系以及与媒体的关系，或者说精于传媒之道（media savvy），是从事这个行当一个非常重要的方面。"[2] 另外一名政策专家指出："对于传媒界和智库界来说，同样一个要点是，要成为一名成功的智库专家（think

---

① 作者 2003 年 7 月 10 日对东北中西部研究所理查德·曼森进行的访谈。
② 作者 2003 年 7 月 28 日对经济战略研究所克莱德·普雷斯托维茨进行的访谈。

tank person），你得有能力以非专业人士能够读懂的方式进行写作……这是一个事关以口语化的字句把复杂的东西写得通俗易懂的问题。"①

当被问到描述一个良好的政策性论述时，一名政策专家说：

> 首先，它必须是明白易懂的。它必须简单扼要而且容易被人们领会。我们并不倾向于做大型的重要报告……总体而言，我们所完成的文件少于十页，并且我们的叙述要点也就一页。我们所写专栏文章的字数也只有750个单词。我们之所以把这些文章控制在报刊专栏文章的长度，是因为我们希望人们能够真正阅读、消化并运用它们。因此我认为，我们试图推出的作品，最重要的特征是它非常容易获得，同时又充分尊重了当下人们信息超负荷和时间有限的情况。②

对于一些政策专家而言，在电视节目中令人舒适的表现以及所展现的滔滔口才与他们良好的写作能力一样，是珍贵资产。如华盛顿竞争企业协会一名研究员所解释的，"接受广播采访，特别是电视访谈，你的身体语言十分重要。实际上，身体语言即便并不比你所使用的言辞更为重要，也是同等重要的。（华盛顿竞争企业协会主任）弗雷德·史密斯（Fred Smith）先生就非常精于此道。他精力充沛，妙语连珠；节目制作人都很喜欢他，所以他经常出现在电视节目上。当然，他做广播采访也做得很好。但是，他精力充沛——他真的适合上电视。这是他的拿手好戏"③。

对传媒模式的使用反映了自20世纪70年代以来智库界的重大倾向之一。尽管曾经羞于与媒体交往，但现在许多智库已经做出转变。它们雇用传媒专家，保留媒体监测部门，并且奖励在报刊上发表专栏文章以及在电视节目当中抛头露面的研究人员。④ 随着宣传重要性的增加，政策专家们

---

① 作者2003年11月21日对美国进步中心埃里克·奥尔特曼进行的访谈。
② 作者2004年7月27日对美国进步中心马克·阿格奈斯特（Mark Agrast）进行的访谈。
③ 作者2003年12月16日对竞争企业协会乔迪·克拉克（Jody Clarke）进行的访谈。
④ 这一转变的一个显著标志出现在20世纪90年代。当时，美国布鲁金斯学会曾经厌于新闻媒体的关注，斥资80万美元在自身的处所修建了电视演播室。作者2003年7月16日对布鲁金斯学会斯蒂芬·赫斯进行的访谈，以及2006年3月28日对布鲁金斯学会埃德·伯基（Ed Berkey）进行的访谈。

发展出非常精细的分类来对新闻媒体界进行评估。当被问到引用或出版其作品最为理想的传媒载体时，几乎每个人都有话可说，正如下面的访谈片段所展示的那样：

> ［在］平面媒体［当中］，最好的载体是《纽约时报》。而如果你是一名经济学家，那就是《华尔街日报》。《华盛顿邮报》适合于在华盛顿当地所进行的宣传报道，包括国会和政府的宣传报道，但是《华盛顿邮报》没有《纽约时报》和《华尔街日报》那种全国性的影响。①
>
> \* \* \*
>
> 美国的《华尔街日报》或者英国的《金融时报》（*Financial Times*）。在贸易或预算［问题］上，这些是你想接触的报纸。《新共和》（*The New Republic*）杂志或者《旗帜周刊》（*The Weekly Standard*）杂志则是更有针对性的周刊，其中一家比较自由化，另一家则比较保守，但两家媒体都有我们的朋友。②
>
> \* \* \*
>
> 如果你想让你的文章引起人们的讨论，那么它最好发表在《华盛顿邮报》、《泰晤士报》或者《华尔街日报》上。如果是杂志，那么最好是《新共和》杂志和《大西洋月刊》（*The Atlantic Monthly*），其次我认为是《旗帜周刊》和《国民评论》（*National Review*）……至于《哈珀斯》（*Harpers*），我想可能有点儿不靠谱了。《大西洋月刊》……它比哈珀斯好那么一点。③
>
> \* \* \*
>
> 答：安迪·科胡特（Andy Kohut）是我所在的皮尤研究中心的老板，他令人难以置信地对公共广播电视台（Public Broadcasting Service，PBS）的《吉姆·莱勒新闻秀节目》（*Jim Lehrer Show*）钟爱有加。这是真的，他们会给你五到七分钟时间发言，或者如果你有相反意见他们无论如何也会给你45秒的时间。真的，有思想的人会看这个

---

① 作者 2004 年 2 月 11 日对布鲁金斯学会爱丽丝·里夫林进行的访谈。
② 作者 2003 年 11 月 26 日对经济发展委员会查尔斯·科尔布（Charles Kolb）进行的访谈。
③ 作者 2003 年 11 月 24 日对美国卡托研究所戴维·波阿斯（David Boaz）进行的访谈。

节目······

问:你上过全国公共广播电台（National Public Radio，NPR）的《卖场》(*Marketplace*) 节目吧。

答:是的，我上过《卖场》。但是，上这个节目基本比不了上《万物博览》(*All Things Considered*) 这档节目。你知道的，这个节目观众更多，而且你会有更多的时间，不过话说回来，还是因为它的观众有思想。[它]之所以有帮助，一部分是因为全国公共广播电台拥有令我惊讶的收听人数。你知道的，那是一群严肃的人（serious people）。[①]

## 作为矛盾角色的棘手综合体

厘清政策专家赖以达成其独特的自知之明（self‐understandings）的这些用语，是一种富有价值但又具有潜在欺骗性的分析行为。之所以这样认为，是因为很少有政策专家满足于仅仅选择上述模式当中的一个。相反，他们共享一种职业气质（professional ethos），这种职业气质建立在掌控和兼顾所有四种模式这一目标之上。在绝大部分政策专家的话语当中，对彼此完全不同的风格进行整合的重要性也是一个无所不在的主题。例如，下面这段对话是一名布鲁金斯学会的研究员在介绍所在的组织如何招募新的职员时所说的:

问:如果你所在的布鲁金斯学会要雇用一名新的学者，那么，良好的政策研究人员的标志是什么呢？你们想寻找什么样的人呢？

答:在书面作品方面有着良好的表现记录，通常是这样。

问:写作，比如说专栏文章，或在学术刊物发表的作品？

答:这两种书面作品都是。布鲁金斯学会将会寻找某个已经就某方面撰写了一本非常好的书或一系列非常好但又不过分学术化的期刊文章的人。但是，如果这个人已经有了一些专栏文章什么的，那么我

---

① 作者 2003 年 6 月 30 日对《国家杂志与外交关系委员会》布鲁斯·斯托克斯进行的访谈。

们就会优先考虑。如果这个人是一名良好的演讲者和主持人，那我们也会优先考虑。①

竞争企业研究所所长就政策专家在兼顾多重角色时所遇到的困难打了一个生动的比方：

> 多年以来，我一直打这个比方，我认为公共政策专家就像是一个表演杂耍节目或者类似玩意儿的人。你走上舞台，抛抛接接又哼哼唱唱的，还要保持身体平衡。然后跑到舞台幕布后面，又跑到观众中间，并且疯狂地喊叫。然后你又跑回舞台，继续抛抛接接。然后你又跑回来，又疯狂地喊叫。如果你表演得恰到好处，那么其他人突然开始喝彩，然后就是，你已经成功了。②

然而，仔细琢磨起来可能在开始时作为四重身份出现的结构——或者说一种同时对四个方面（学术、政治、企业和媒体）的权威的追求——在最后变成了一个双极结构。之所以如此，是因为相比于可同对学术奉献的追求相调和的任一习惯说法而言，与四个习惯说法之三相关的目标——即政治性融入、筹款和宣传——会更容易达成彼此的一致。举例来说，政治性融入往往是一名政策专家提升其媒体知名度的福音，这又会反过来积极促成他的或她的筹款能力。另外，在更多的时候，学术严谨性这一目标的实现需要对盈利压力进行某种疏离，需要某种抵御政治审查的自由，以及在进行自我宣传方面的漠不关心。因此，覆盖于为打造政策专家角色所建的四角架构（four - corneredstructure）之上的，是一对主要的对立状态，其一方是知识信誉（intellectual credibility），另一方是世俗权力（temporal power）。

大多数政策专家自然不能真正平衡好这两大需求，这首先是因为这两大需求当中的任意一个都需要进行大量的社交学习，其次是因为它们所要求的各项感知能力趋向于彼此对立。正如美国政策研究所所长所感叹的：

---

① 作者 2004 年 2 月 11 日对布鲁金斯学会爱丽丝·里夫林进行的访谈。

② 作者 2003 年 12 月 16 日对竞争企业协会弗雷德·史密斯进行的访谈。

"在绝大多数情况下，这些技能并不全部汇集到同一个人身上……所以，我相信，我们所雇用的几乎每一个人，要么在这一个方面强一些，要么在那一个方面强一些。"① 政策专家内部因此出现分化，这与记者布鲁斯·里德（Bruce Reed）所持的反对观点相一致：

> 揭去工作职称和党派标签，你会在华盛顿发现两种人：政治仆从和政策书呆子。仆从之所以来到华盛顿，是因为他们在其他任何地方都会无聊之极。而书呆子之所以来到这里，是因为在其他任何地方我们都不能使如此多的书呆子无聊之极。这种界分的延伸远远超出了政治运动和咨询公司的仆从庇护所，以及智库在杜邦圈（Dupont Circle）的书呆子聚集区。有些记者是书呆子，但大多数都是仆从。有些专栏作家是仆从，但大多数都是书呆子。所有国会议员都冒充书呆子，但许多人是作为仆从而当选。游说者是冒充书呆子捞钱的仆从。《华盛顿月刊》、《新共和》乃至整个政治博客圈主要由假装是仆从的书呆子组成。"热线"（The Hotline）是专门针对仆从而设的，而《国家期刊》（*National Journal*）则是专门针对书呆子的。电视连续剧《白宫群英》（*The West Wing*）② 是专门针对书呆子的，而"K 街"（K Street）③ 则是仆从所待的地方。作为一个在仆从人群中工作的书呆子，我得出的结论是，在华盛顿待了 20 年之后，共和党和民主党之间

---

① 作者 2003 年 8 月 26 日对政策研究所约翰·卡瓦纳（John Cavanagh）进行的访谈。一个值得注意的相近的说明是，世纪基金会的副总裁格雷格·安里奇（GregAnrig）解释说："真的很难找到既非常聪明、非常博学，（又）有能力为非专业人士进行有效而清晰的写作，并且能够通过和媒体交谈向人们提供完好的新闻噱头的人。"而学院派学者对事务的关注往往过于狭窄，"（国会）山上的人……在沟通能力以及以完好的新闻噱头进行对话方面，似乎更有技巧。但是，相对来讲，不重要的一面是他们来头的分量。总体来讲，他们通常没有博士学位。除了使脑中之物'更快周转'之外，他们尚没有开发出某种专业知识。"作者 2003 年 11 月 21 日对世纪基金会格雷格·安里奇进行的访谈。

② 译注：一部以政治为题材的美国电视连续剧，其场景设定在美国总统官邸白宫的西翼。

③ 译注：即通常所说的"游说一条街"，北连乔治城，东通国会山，云集了大批智库、游说集团、公关公司、民间组织、大牌律所和国际总部，世界银行与国际货币基金组织也在此落户。如果说纽约"华尔街"是国际金融中心，那么华盛顿"K 街"可谓风云变幻的国际政治中心，一向被认为是企业利益影响政治决策的象征。

的差别与两个部落之间的差距比较起来根本算不了什么。①

这么说来，"书呆子"是更具有学术关联性的政策专家，或具有政策研究技能和文凭证书的人士，而"仆从"则相反，他们是那些进入这一竞争中却不具有许多接受教育的文凭证书的人士，但他们往往更为紧密地与政治、经济和媒体的权力中心联结在一起。

然而，政策专家们努力在两者之间的狭窄缝隙中行走。个体政策专家的"职业心智"充满了知识权威与世俗权威之间的冲突。"我们有着两副面孔，同时朝着两个方向。"布鲁金斯学会的一名研究员说。② 其他政策专家描述他们因为工作需要而被迫在两个相反的方向上摇摆。如一些智库鼓励其研究人员为政治家和公职候选人提供咨询，甚至要求他们把这些咨询活动和他们在正式组织的职责分离开来。布鲁金斯学会的研究人员被允许"在正常工作时间之外、不使用布鲁金斯学会的资源，并且以个人身份"向候选人提供咨询。而美国企业研究所则说，它的"学者和研究人员确实经常在政策问题和其他事务上持有立场，包括明确倡导或反对立法……[但是]当具体行事的时候，他们是为自己说话，而不是为美国企业研究所、受托人、其他学者或雇员说话"③。美国政策研究所具有同样模棱两可的立场，它声称，它"固然与政治党派和政治运动分不开，但是它的工作又独立于政治党派和政治运动"④。美国进步中心一名研究员描述了一个人

① 《华盛顿月刊》、《新共和》以及《国家期刊》都是政治类杂志，"The Hotline"是《国家期刊》的"博客观测"（blogometer），一种政治类网上博客的每日摘要（参见 http：//blogometer. nationaljournal. com/，2006 年 7 月 31 日检索）。《白宫群英》是 1999 年至 2006 年在美国全国广播公司（National Broadcasting Company，NBC）播出的一档电视连续剧，"K 街"是家庭票房（Home Box Office，HBO）电视台播出的一档昙花一现的电视连续剧。

② 作者 2003 年 11 月 19 日对布鲁金斯学会亨利·亚伦进行的访谈。亚伦提到了布鲁金斯学会在学术辩论和政治辩论当中的双取向。他进一步讲道，"我想说的是，朝向学术界的那一面的相对重要性已经减弱。它的发展并不均衡。我们仍然推出一份杂志，名为《布鲁金斯学会经济活动论文集》（Brookings Papers on Economic Activity）……但大部分员工在这里所进行的其他活动，少有冲着为在大学申请一份工作而进行。不过，如果他们为了这一目的而进行活动，也会毫不逊色"。

③ 布鲁金斯学会的网站，http：//www. brookings. edu/index/aboutresearch. html，2007 年 5 月 24 日检索；美国企业研究所的网站，http：//www. aei. org/about/filter. all/default. asp，2007 年 5 月 24 日检索。

④ 这是我所强调的一点。美国政策研究所网站，http：//www. ips - dc. org/overview. htm，2007 年 5 月 24 日检索。

把自己定位于多重性社会世界(multiple social worlds)中时所感受到的阈限:"在新闻界、学术界、智库界和政治界这几大世界中,没有任何一个世界能够让我完全满足,我个人存在于由这几个世界所汇集的节点(nex-us)所组成的某种理想世界(never - never land)当中。"①

因此,某种浮士德式的品质标志着政策专家们的使命。歌德悲剧当中的这个主角,在一股贪得无厌的欲望的役使之下学习一切所能知道的东西,政策专家们亦是如此。他们所面临的任务在最好的情况下只是烦琐累赘,在最坏的情况下则是毫无完成的可能性,这一点在曼哈顿学院所宣示的目标上表现得十分清楚。这个目标是"把知识的严肃性与实践的智慧同知识营销与重点宣传结合起来"②。由于上述的"三对一"模式,政策专家对学术世界所秉持的立场往往具有特殊的矛盾心态。这一立场通常开启于一份亲密关系的声明。比如说,许多政策专家往往通过强调与研究型大学的关系来赞誉他们自己的组织。一名研究员在美国企业协会说,"学术自由在这里拥有真正的保障,就像一家良好的学术机构所享有的保障一样"③。如今,声明自己与学术界的亲密关系的行为已经让位于另一种行为,即批评"象牙塔"式的秘传主义以及对大众的脱离。传统基金会的一名前副总裁说:"有许多(学术)学科看起来非常自娱自乐。我想说,它们自娱自乐,近亲繁殖,并且不很有趣。它们并不增加什么东西,也没有多少智慧来让学科以外的人得到什么好处。"④

政策专家针对学院派学者的批判有两个方面。首先,空洞或僵化地显摆在方法论方面的成就损毁了学术性的社会科学。比如说,许多政策专家认为,他们的学术同行所青睐的统计建模技术对实际决策的讨论毫无贡献。一名政策专家认为,"这些经济学家喜好建立自己的模型,而这些模型与现实世界毫无联系,这也是我认为智库之所以崛起的一个原因。[智

---

① 作者 2003 年 11 月 21 日对美国进步中心埃里克·奥尔特曼进行的访谈。

② 曼哈顿学院网站,http://www.manhattaninstitute.org/html/about_mi.htm,2007 年 5 月 24 日检索。

③ 作者 2004 年 6 月 15 日对美国企业研究所诺姆·奥恩斯坦进行的访谈。

④ 作者 2004 年 3 月 16 日对慈善圆桌会议(Philanthropy Roundtable)亚当·迈耶森(Adam Meyerson)进行的访谈。

库］更热衷于探讨真正的世界是什么"①。另外一名政策专家也提出了类似的观点："在经济学领域，他们在经济建模上投入巨大。我不得不说，我只是觉得这是浪费时间，因为你想从一个经济模型当中得到的任何东西，我都可以展现给你。问题是，它是不是真的在探讨关于这个世界的任何东西呢？……对我来说，它是绝对无意义的。它只是一种仪式，通过这种仪式让人占着位置。"② 奇怪的是，政策专家对学者第二方面的批判，与上述对统计建模的批判基本相同。这一方面的批判认为，人文和社会科学中的话语（理论）转向促进了过度抽象的理论与相对主义式的思考。传统基金会的一名研究员解释他的观点时说：

> 我觉得（传统基金会建立之初）所发生的事情是，教授们的研究成果已经变得越来越晦涩难解，并且变得自娱自乐，这是他们受当时各种流行的时髦理论影响所致。无论是福柯的理论，还是德里达的理论，以及所有其他家伙的理论。你看，他们说，"无物为真，万物相对"。这可不是一名政治人物想要的东西。他所寻找的，是某个特定问题的答案，而不是"嗯，好啦，这个没有答案。"

从许多政策专家的角度来看，正式建模技术的发展以及人文和社会科学中的话语（理论）转向是秘传主义这一硬币的两面。

大部分政策专家当然知道（来自学术界）的反指控，这些反指控说他们是"失败的学者"，说他们对大学的否定更多源于自满情绪或者戒备心理，而并非出于对学术研究的忠实评价。例如，对于学术界认为他们的工作缺乏严谨性的这一看法，他们耿耿于怀。作为回应，他们当中很多人强调他们在智库工作期间所获得的特殊技能。如美国企业研究所的一名研究员之前是一名政治学教授，他回忆了自己所掌握的、撰写报刊专栏文章所需要的非常娴熟的技巧，"这是一种后天习得的技能，大多数学者是很难掌握。如果你曾经撰写期刊类文章，或者撰写著作，你就没有让你自己意

---

① 作者 2003 年 11 月 24 日对美国卡托研究所戴维·波阿斯进行的访谈。

② 作者 2003 年 6 月 11 日对经济和政策研究中心迪恩·贝克（Dean Baker）进行的访谈。

识到必须把文章限制在狭小的篇幅之内的自制力"①。

这名受访者说，相对于学术类写作而言，撰写报刊专栏文章"难度更大。它需要更多的内在自制力。……你没有那种奢侈去四处蜿蜒漫漫而谈。你必须专注和精确"。

许多政策专家也强调自己与政策制定具有更大的相关性，包括相对于学术研究而言，其政策研究在即时性方面更加贴近政策制定这一事实。如针对"在这里，良好的研究的标志是什么？"这样一个问题，美国加州联邦政策研究所②所长回答说："及时性。它不只是意味着看到问题，还意味着迅速解答问题。我觉得此处体现价值的地方，是有能力迅猛地解决问题。在这方面，这里的工作人员真的很棒。"③ 一名曾在几家智库效力的资深人士持有同样的看法，"政策过程是实时发生的，所以，如果在法案再授权之后才拿出一份真正管用的研究成果，那么对于真正从事政策过程的任何人而言，它根本毫无用处。所以，智库应当意识到的一个问题就是政策日程"④。即便他们远离漫长的学术生产周期，但是政策日程在一些政策专家头脑中才构成了"真正的时间"，这一事实显示出了他们倾向于政治领域的即时性。

学者与政策专家之间的另外一点区别就是他们各自的用语。美国进步中心的一名研究员解释说，"在学术生活当中，有那么……一伙人，他们学会了某种沟通方式，在他们自己一伙人内部非常管用，但是要对它进行转换，以融入华盛顿的氛围，或者融入更为广泛的国家政策场景，却并不容易"⑤。正如美国世纪基金会一名副总裁所指出的那样，"学者们被迫专

---

① 作者 2004 年 6 月 15 日对美国企业研究所诺姆·奥恩斯坦进行的访谈。

② 译注：原文表述为 California Institute，经译者查证，全称实为 California Institute for Federal Policy Research。

③ 作者 2003 年 7 月 21 日对加州理工学院梯姆·兰斯德尔（Tim Ransdell）进行的访谈。

④ 作者 2004 年 6 月 3 日对美国马里兰大学（University of Maryland）威廉·高尔斯顿（William Galston）进行的访谈。反避税活动家罗弗·诺奎斯特（Grover Norquist）以相似术语着重谈到了学术性即时性与政治性即时性之间的差异：

问：良好的政策报告的标志是什么？

答：及时性。立法不时变动。某所大学所做的一项关于法国大革命影响的研究在今年是引人关注的。它在五年之内将是引人关注的。而一项关于某桩立法为什么会对经济产生或好或坏影响的研究仅仅在这项立法将被提交讨论和表决的事实框架之下会是引人关注的。

作者 2004 年 8 月 2 日对美国进步中心埃格罗弗·诺奎斯特（Grover Norquist）进行的访谈。

⑤ 作者 2004 年 7 月 27 日对美国进步中心马克·阿格纳斯特进行的访谈。

注于极其狭窄的范围……［并且］，如果身处力求保有职位的环境之中，那么他们就没有动力从事其他更具广泛政策导向性的工作"①。相比之下，政策专家必须操控政治辩论的话语。正如布鲁金斯学会主席所指出的，"智库和大学之间的区别之一在于，我们并不从事较多的'纯'研究工作，也就是说，我们强调，研究应当与决策者相关，并且应当对他们有用"②。

既然他们所致力打造的上述四大风格存在不对称的格局，并且这种格局出现了内在冲突，那么政策专家们为什么不干脆一道放弃他们的学术模式呢？他们为什么不仅仅专注于政治模式、企业家模式或媒体模式呢？毫无疑问，答案在于学术生产的习惯用语不但为政策专家们提供了不可或缺的政治权威，而且为他们提供了将其与游说者、活动家以及政治助手分离开来的手段。没有这一层联系，政策专家们就会遇到一种风险，即他看起来与他们在 K 街或国会山的表亲们过于相似，而在物质资源和政治门道方面，这些亲戚必然使他们黯然失色。总之，虽然政策专家们的学者成分兴许难于与他们的其他风格相协调，但对于整体战略而言，这一成分是至关重要的。宣示自己精通学术，是自己绝缘于政治性和经济性羁绊的信号，而对这种信号进行宣示，是任何知识分子的权威的标志。

## 结　论

既通俗又学术的作品使智库所属的政策专家在两个完全不同的形象之间徘徊。一方面是"真正的知识分子"的形象，这是每当政策专家被召去国会做证的时候或者每当记者把他们的观点与学院派社会科学家的观点放在一起的时候，所调用的一幅图像，从而表明它们的同等性。有人一时兴起，把政策专家归类为"公共知识分子"，我们可以从中看到其所反映出来的同样的想法。例如，2006 年《经济学家》（Economist）杂志在一篇题为《公共知识分子在美国兴盛蓬勃》的文章当中援引说，存在"受到奢侈资助的智库，仅仅在华盛顿一个地方就远远超过 100 家"，以此来支持自己

---

① 作者 2003 年 11 月 21 日对世纪基金会格雷格·安里奇进行的访谈。

② 《华盛顿邮报》网上聊天，http://www.washingtonpost.com/，2004 年 11 月 14 日检索。

的看法，认为在"在当今公共政策界……美国正是知识分子的热土，而欧洲则成为没有知识分子的地方"①。政策专家作为知识分子的形象也在学术文献中体现出来，在多元主义传统当中所展开的研究工作尤为如此，这通常肇始于通过定义上的许可来赋予智库以"自主"。②

另一方面则是流布广泛的观念，认为政策专家其实就是"政治佣兵"，或者在本质上就是穿着伪装的游说者。克里斯托弗·巴克利（Christopher Buckley）的讽刺小说《谢谢你抽烟》（*Thank You for Smoking*）通过对一家看似智库的组织进行了讽刺性描写捕获了这一想法。在小说当中，这家名为烟草研究学院的组织为了烟草产业的利益而充当全无廉耻的马前卒——这篇小说的主角尼克·内勒（Nick Naylor）是一名富有魅力但是声名狼藉的公共关系高手，他吹嘘自己有能力为任何主张进行辩护，无论这种主张多么站不住脚。人们也从媒体报道中在政策专家身上发现了相似的人物形象，如国家公共广播电台的系列节目《影响之下》（*Under the Influence*），其标题就暗示了政策专家的特点，即谄媚与脑残的结合体。最后，在学术话语之中，精英理论传统式——肇始于怀特·米尔斯（C. Wright Mills）——的研究产生了一幅与政治佣兵的想法十分一致的政策专家画像。③

本文对政策专家的探讨，超越了政策专家是"佣兵"或"知识分子"这种错误的二分法。笔者认为，政策专家必须不断努力，在几大相互矛盾的功能之间做出平衡和调适。由于他们作为知识分子的合法性依赖于一种能力——即标示自己的自主性，所以他们必须不断宣示自己与学术生产的关联，即便他们在淡化其角色的其他方面的时候也必须如此。因此，一方面，如果把政策专家所扮演的角色当中的学术性这一面向视为"简直就是一种伪装"而弃而不顾，那将使问题过于简单化；另一方面，我们也不能忘记，他们的学术生产，总是在方方面面受制于一套深刻的政治性和经济性的制约因素。

---

① 《思想之战》（*The Battle of Ideas*），载《经济学家》2006 年 5 月 23 日。另外，拜伊认为，就特征而言，传统基金会"本身就像是一所大学"。（Bai, 2003）
② 对此所做的批判见梅德维茨（2011）。
③ Dye, T. R., 1978; Peschek, J. G., 1987; Domhoff, G. W., 1999.

# 智库发展的国际趋势和澳洲现实*

保罗·哈特　阿里阿德涅·弗罗门/文　肖君拥/编译

【提要】"智库"是随着 1940 年代以来的政策科学运动建立并巩固起来的，这些机构专门致力于产出研究型政策论据，并将这些论据应用于政策制定的过程中。半个世纪后，智库这一政策科学运动所展开的项目饱受批评，并突变为各种政策分析哲学。科学型政策（science - based policy）所享有的特权仍未消失，它目前正在"证据型政策"（evidence - based poli-cy）的旗号下重新兴起。现在越来越多的组织自称为智库，或者贴上智库的标签。在后实证主义时代和日益失去边界、高度网络化社群的今天，成为"智库"又意味着什么？本文在国际文献中对全球智库的最新发展进行了梳理，并重点介绍了澳大利亚智库状况。

【关键词】智库　政策影响　政策关联性

"智库"容纳着一系列的异质性含义。经典的、实证主义的观念与后实证主义甚至后现代观念对"智库"的理解各有不同。古德曼（Good-man）是经典学派的代表人物，他视智库为"思想工厂"，认为智库就是"对具体问题进行研究，鼓励人们发现解决这些问题的办法并促进科学家和知识分子在追求这些目标的过程中彼此互动的组织"。换言之，智库是研究驱动的实体，在应用知识生产活动的最前沿进行操作。政策导向的智库"明确地关注政府的政策，并且通常以改善这些政策或打造可行的替代

---

* 本文原题"A New Era for Think Tanks in Public Policy? International Trends，Australian Real-ities"（智库处在公共政策的新时代吗？国际趋势与澳大利亚的现状），现略改为今题，原文出处：*Australian Journal of Public Administration*，67（2），pp. 135—148。因原文较长，译文略有删节调整。

品为其目的"①。里奇（Rich）强调智库的政治本质，认为智库的主要目的是在政策过程之中产生影响，智库是"独立的、无利益诉求的非营利性的组织，其产品是专业知识和思想，也主要依靠这些来获取支持并影响政策制定过程"②。其他学者，如斯通（Stone）强调，智库也从事一些远远超出这种传统图景的活动。通过引用基欧汉（Keohane）和奈（Nye）的论述，她认为，"智库"是一个非正式的"品牌名称"，它能够为组织提供可靠的"编辑及验证信息"③。换句话说，它们是"信任关系当中的第三方审查者"，研究（思想的自主生产）不再是核心业务的一部分；它是关于"编辑"和"验证"信息的工作。就知识在政治事务和公共政策当中所扮演的角色而言，后现代主义强调知识所固有的可质疑性，以特别的、可质疑的方式"构建"政策问题的重要性，并共享特定政策叙述的"话语联盟"④。

　　智库是什么或者应当是什么，在此问题上完全接受某一个特定的定义既不可能也不可取。斯通和德纳姆对智库传统所进行的全球性调查就显示了这一点，该调查结论突出了国家机构的重要性以及组织和处理"政策知识"的轨迹⑤。鉴于此，采用一个临时性定义，例如"政策导向的知识密集型思想生产者和处理者"，也许更加有效。在此基础上，我们就可以辨别出一些智库种类，并且凭借经验确定它们在所有政治组织或者政策领域的角色定位和重要性。其中最普遍的是下述的一些智库种类⑥：

---

①　Goodman，J. C.，2005，"What is a Think Tank?" URL：〈http：//www. ncpa. org/pub/special/20051220 - sp. html〉.

②　Rich，A. 2004. *Think Tanks*，*Public Policy and the Politics of Expertise*. Cambridge University Press.

③　Stone，D. 2000. "Think Tank Transnationalisationand Non - Profit Analysis，Advice and Advocacy." *Global Society*，14（2）：153—172.

④　Fischer，F. 2003. *Reframing Public Policy*：*Discursive Politics and Deliberative Practices*. Oxford：Oxford University Press. Hajer，M. A. and H. Wagenaar，eds. 2003. *Deliberative Policy Analysis*. Cambridge：Cambridge University Press.

⑤　Stone，D. and A. Denham，eds. 2004. *Think Tank Traditions*：*Policy Research and the Politics of Ideas*. Manchester：Manchester University Press.

⑥　Braml，J. 2006. "U. S. and German Think Tanks in Comparative Perspective." *German Policy Studies*，3（2）：222—226. McGann，J. and R. K. Weaver，eds. 2000. *Think Tanksand Civil Societies*：*Catalysts for Ideas and Action*. New Brunswick：Transaction.

• 学术性智库：这是大学或其他中立型组织（捐赠导向型）机构，它们主要致力于开展和传播科学研究，并在公共政策探讨方面做出贡献。澳大利亚的洛伊研究所（2003 年成立）就是一个以捐赠为导向的独立性智库，它专注于研究贸易和外交政策方面长期性、战略性的问题。

• 政府智库：这类智库是内设的研究与战略部门，或者是由政府全额资助但又保持自治的政策研究机构。大多数政府都设有这种实体，它们相对而言资源充沛，并有稳定的财务预算，这往往是其他类型的智库所不具备的。这种优越条件的代价是承受非真正独立的研究（因此它们并不倾向于解决可能与现政府产生争议的问题）。实践中，政府智库的实际独立性以及法律地位方面存在很大差异。以澳大利亚为例，这类智库包括澳大利亚战略政策研究所、健康与福利研究所、家庭研究所以及生产力委员会。在开展研究方面，它们都享有较高程度自主权。其研究报告被视为对知识和政策制定做出的贡献，但同时在设置战略性优先事项和年度工作计划方面，它们在一定程度上受到政府的影响。

• 合同研究型智库：大量的政策研究专家从事"依照需求"但无利益诉求的研究工作，比如，私人咨询公司的非营利性同行所从事的研究工作。许多大学就包含有这种实体，它们当中有一部分由政府资助而设立，同时也在学术圈内外获取资金。比如，澳大利亚社会政策研究中心设在新南威尔士大学，是公认的出产学术研究成果、促进政策辩论的机构，但其大多数资金并非来自这所大学，而是来自竞争性政府研究合同。

• 政策推动类智库：这是一类由意识形态驱动的、与政治党派具有财政上和/或组织上关联的机构。这些机构往往化至少与思想生产同样多的力气致力于思想的传播与营销。澳大利亚政党科研院所，包括澳大利亚工党的奇夫利研究中心、自由党的孟席斯研究中心和国家党的佩吉研究中心，都属于这一类智库。例如独立研究中心、公共事务研究所、悉尼研究所和澳大利亚研究所等智库，皆具有正式的独立身份，但在事实上服务于政党事务。

在过去几十年间，智库行业出现了飞跃性的成长。麦克·甘和韦弗解释了促使智库在数量、地理分布（很多智库在经合组织以外的国家）以及业务总量方面都出现这种迅猛增长的潜在趋势①。这些趋势包括：去殖民化时期，国家数目的大量增加以及随之而来对政策建议存在需求的客户数目的大量增加；后独裁时期社会中的政权更迭，这些因政权更迭所创立起来的国家往往确实百废待兴；使用智库的双边和多边捐助者数量增加，它们使用智库的目的在于鼓励受援国采用良好的治理措施；技术变革以及社会变化产生了对"可用知识"的需求，以应对新的政策挑战（机会）；通信技术的突飞猛进，使得人们有能力迅速进行知识生产和知识传播。

经典性智库是这样的：某人汇集一群高素质的专家——他们最好来自一系列不同的学科——并且要求他们把注意力集中在一系列与社会有关的问题（主题）之上；这些专家展开调查，集思广益，提交论文，给出准确无误、令人信服的政策建议；这些产品都被纳入决策层。在这一模式之下，一家智库的成功与失败，取决于以下三个因素：

（1）工作人员的研究水平；

（2）将以研究为导向的政策论述传播给非专业读者（观众）的能力；

（3）在知识质量和诚信方面所享有的声誉。

近年来在总结什么是"集合专家"（gathering experts）上出现了有趣的变化。在经典的智库模型下，聚集意味着将人们集合到某一组织体。美国、英国、北欧、德国和荷兰的典型智库都有一座庞大的建筑，数目庞大的正式工作人员以及正式的官僚知识分子科层构架。这意味着数目庞大的财务预算，确保预算是智库管理层的一项关键任务。新一代智库的运作模式有所不同，由于互联网的运用，它们有能力避免融资有限所带来的不良影响。它们是半虚拟组织：拥有数量（很）少的正式员工，这些员工管理着范围广泛的网络，该网络由专家、资金提供人、合作伙伴和客户组成。在某种程度上，这些"虚拟"智库免费搭乘了大学的便车。大学是它们招聘项目研究人员的主要场所，对于它们所聘用专家的时间长度和声誉等级，它们要么根本无须为之付费，要么仅仅基于一份短期合同进行付费。

---

① McGann, J. and R. K. Weaver, eds., 2000, *Think Tanksand Civil Societies: Catalysts for Ideas and Action*, New Brunswick: Transaction.

与三大成功要素的经典模型形成鲜明对比的是：这种新型智库已经不再关心生产，而是对研究进行定位；它已经不再为了营销某人自己的思想观点而去"举债经营"，而是尝试有效的经纪，即在政策思想市场上组织供货商和消费者彼此互动，并且将之联结。不过，新兴模式并没有真正取代古典模式。总会有那么一个角色，需要有古典风范的政策知识分子和应用科学家群体去扮演。由知识经纪人所组成的新式智库机构，经纪人并不总是从事思想生产，而是促进思想生产，并且特别善于组织活动和论坛，让思想在这些活动和论坛中演化并开花结果。新式智库类似于英国的政策企业家的形象，或者与卢克斯所描述的权力第三张面孔相似，它们注重政策问题争论的条款、时间和地点，并且是思想和话语的首要管理者，从而点出了这一趋势的关键①。

奥斯本所描述的智库图景，就是一幅守旧的杜威实用主义式的图景：知识经纪人不应寻求（实证主义）政策专家那种经典意义上对当权者的如实相告，而应当寻求"有所作用的思想，特别是那种'作为媒介的'（vehicular）思想，而非'深奥玄妙的'（oracular）思想"②。对于后实证主义观点而言，用以衡量最终成功的标准，与诸如实质性专业知识、学术声誉等没有什么关系。相反，它所关注的重点是它们在相关政策子系统当中的话语影响力，特别是对关键的政策制定者和作为利益相关者的精英人士等的影响力。

就许多方面而言，智库界与其他新兴的现代职业并没有什么不同，从大范围看，扁平化、跨界化、契约化、加速化，以及关注范围缩短等现象越来越多。因此，需要越来越多的"连接"（connectivity）、经纪和调适③。这意味着智库高层们正在转移对优先事项的平衡。他们现在要做的，应当是严肃考虑建设自己用以管理复杂网络和政策流程的专业知识，而不是出于知

---

① Warpole, K. 1998, "Think–Tanks, Consultancies and Urban Policy in the UK", *International Journal of Urban and Regional Research* 22 (1)：147—155. Osborne, T. 2004. "On Mediators：Intellectuals and the Ideas Trade in the Knowledge Society." *Economy and Society*，334：430—447.

② Osborne, T. 2004, "On Mediators：Intellectuals and the Ideas Trade in the Knowledge Society", *Economy and Society*，334：430—447.

③ Mulgan, G. 1997. *Connexity：How to Live in an Interdependent World*. London：Chatto and Windus.

识生产的目的而使某个人能力最大化。

## 智库的政策相关性

智库真的能够对其所在或所交往政府的政策能力有所作为吗？该问题的答案，在较大程度上取决于某人对"知识传播"所持有的看法。智库文献在此有所划分。其中一个理论派别已经接受了魏斯（Weiss）关于"启示"的观点，即认为知识并不直接与政府方面的参与者或公共政策相契合。它只是逐步渗透，并且常常以一种迂回的、不可预知的方式进行渗透。"人们所想要的重要公共政策的变化需要通过有意愿的长期投资实现。"[①] 这种观点具有广泛的适用性，无论他们是兜售其思想的利益集团的游说者，或者是被科学推动前进的独立智库。另一种观点认为，政策思想市场与其他许多货物市场一样，富有竞争性并充满活力和机会。衡量智库成功的关键标准应当是智库思想被政党以及官方所采用。在充满机会主义式认知的政治领域，为教育那些政策制定者而进行耐心的尝试似乎难以成功。智库需要有能力围绕政策参与者的急需提供鲜活、引人注目的对策方案，从而"捕获"政策参与者的"芳心"。就如奥斯本所言，对于思想，人们在乎的是它们是否"管用"，并不在乎它们是否"是真的"[②]。合同研究型智库和政府智库尤为需要明确的证据来证明自己对政策困境施加直接影响的工作能力，而其他两类智库可能在一定程度上有所不同。

对智库所产生的影响进行实证研究是很困难的。在这方面最前沿的探索是由阿伯尔森（Abelson）[③] 和里茨（Rich）[④] 做出的，后者尤其突出。里茨重点关注美国的情况，针对智库影响力衡量的问题，他揭示了一个有趣的悖论：在政策制定者看来，那些被大众媒体所广泛引用的智库，并不具有特

① Goodman，J. C. 2005，"What is a Think Tank?" URL：〈http：//www. ncpa. org/pub/special/20051220 - sp. html〉.

② Osborne，T. 2004，"On Mediators：Intellectuals andthe Ideas Trade in the Knowledge Society"，*Economy and Society*，334：430—447.

③ Abelson，D. E. 2006. *A Capitol Idea：Think Tanks and US Foreign Policy*. Montreal：Mc Gill Queens.

④ Rich，A. 2004. *Think Tanks，Public Policy and the Politics of Expertise*. Cambridge University Press.

别的影响力。这就很容易把在公共活动领域当中的高能见度与在真实权力走廊当中的高影响度混为一谈，而实际上，真实权力走廊所适用的供求法则和效用理念与大众公用媒体领域所通行的法则和理念并不相同。开展一些宣传活动并创造思想产品是智库能够使资助者的想法和目标在社会政策中构成影响（从而持续获得资助）的一个必要条件。然而，要产生政策影响，这肯定不是一个充分条件。里茨的研究进一步表明，智库必须在政策周期的早期介入。在政策议程设置的时期，它们在设定议程以及确定优先议题方面有很大影响力。相反，如果它们在议题已经确定以及在政策工具设计方面进行政策辩论时介入，那么它们就会面临更大的风险，即被利益团体延聘或压制。

## 澳大利亚智库发展与政策影响

智库在澳大利亚公共政策当中所担当的角色如何？我们对其 2007 年情况的描述（如表 1 所示），揭示了澳大利亚存在相当数量的智库，它们在政治上是多元化的。如前所述，我们采用了智库的四种分类：学术的、政府的、合约的和政策推动的。需要注意的是，该表不是澳大利亚所有智库详尽的清单，它只是一个纯粹的列举说明式的表，其目的在于表明，如今在澳大利亚存在着范围广泛的智库类型。而当把范围更为广泛的智库参与者包含在内时，则意味着我们的研究结果并不完全支持马什和斯通的观点，他们认为在澳大利亚，"智库不但规模较小，而且是相对并不重要的组织"，并且它们并没有"像美国那样已经整合成为一个强大的政策咨询行业"[①]。在美国，对智库来说，数百万美元的预算是平常的事情。若以美国的情形作为主要的衡量标准，马什和斯通的上述观点无疑是正确的。但是，在最近几年的澳大利亚，新的带有或不带有党派之见的智库不断涌现。这呼应了我们的一般性结论：在当今的网络化世界，智库的启动和维持成本较之过去低了很多。尽管我们没有系统评估过智库在澳大利亚的影响，但从总体上看，智库的范围更加广泛，并且在信息发布方面的低开支

---

① Marsh, I. and D. Stone, 2004, "Australian Think Tanks", In *Think Tank Traditions: Policy Researchand the Politics of Ideas*, eds. D. Stone and A. Denham. Manchester: Manchester University Press, 247—263.

都有助于智库的思想受到更多彰显、辩论和审视。

　　智库的影响力并非均匀分布。许多评论认为，在澳大利亚，与呼吁政策变革的进步声音相比，保守性智库更受政府欢迎①。那些著名智库（主要是新自由主义智库）与国际上的同行（尤其是美国智库）有着最为紧密的联系，并拥有相对较好的资源②。马什也承认，通过运用战略研究以策划"与经济上的自由化、私有化、去管制化、劳动力市场改革，以及政府权力收缩相关的政策议程"③，保守性智库一直在政策议程设置方面具有影响力。最近的一个例子是联邦政府与澳大利亚公共事务研究所所建立的合约关系。虽然大部分政策推动智库时宣称智库并不接受政府资助，但是公共事务研究所仍被委托就政府与非政府组织之间的资助与游说关系撰写一份重要报告④。

表1　　　　　　　　　　澳大利亚智库：一份示例清单⑤

| | 成立年份 | 年度收入（根据所能获得的最新年报） | 政策研究领域以及对政策辩论的贡献 |
|---|---|---|---|
| 学术性智库 | | | |
| 澳大利亚经济发展委员会 | 1960 年 | 5700000 美元 | 经济发展与政策 |

---

① Cahill，D. 2002. "Funding the Ideological Struggle." *Overland* 168：21—26. Mendes, p. 2003. "Australian Neoliberal Think Tanksand the Backlash Against the Welfare State." *Journal of Aust ralian Political Economy* 51：29—56. Mowbray，M. 2003. "War on Non Profits："NGOs：What do We do about Them?'" *Just Policy* 30：3—13. Maddison，S. and C. Hamilton. 2007. "Non - Gove rnment Organisations." In *Silencing Dissent* ，eds C. Hamilton and S. Maddison. Sydney：Allenand Unwin.

② Beder，S. 2000. *Global Spin*：*The Corporate Assaulton Environmentalism.* Melbourne：Scribe Publications.

③ Marsh，I. 1995. *Beyond the Two Party System*：*Political Representation*，*Economic Competitivenessand Australian Politics.* Cambridge：Cambridge University Press.

④ Johns，G. and J. Roskam. 2004. *The Protocol*：*Managing Relations with NGOs.* Prime Minister's Community - Business Partnerships. URL：〈http：//www. partnerships. gov. au/downloads/managing _ relations _ with _ NGOs. pdf〉.

⑤ "政府智库"主要来源于 http：//australia. gov. au/media - sites♯ag 这一网站，这个网站列出了向媒体积极散布研究信息的政府部门。它们大部分是依照议会法令而发起建立起来的独立的法定机构，并且都在其主页上声明其目标是促成公共政策。许多潜在的令人关注并且有影响力的科研院所和科研中心尚未被包含在这一示例清单当中。所列举的政策促进类智库当中，没有任何一家宣传中心列出其资金总额及其收入来源的在线年度报告。在这一表当中，收入方面的数据来自诺灵顿（2003a）或马什和斯通（2004）。

| | 成立年份 | 年度收入（根据所能获得的最新年报） | 政策研究领域以及对政策辩论的贡献 |
|---|---|---|---|
| 洛伊国际政策研究所 | 2003 年 | 约 5000000 美元 | 外交政策与区域 |
| 交通与物流研究院（设立于悉尼大学） | 1995 年 | 2700000 美元 | 交通政策 |
| 美国研究中心（设立于悉尼大学） | 2006 年 | 70000000 美元（结束） | 对外政策与对美关系 |
| 妇女健康重点研究中心（设立于墨尔本大学） | 1988 年 | 约 1500000 美元 | 妇女健康政策 |
| 原住民经济政策研究中心（设立于澳国立大学） | 1990 年 | 1300000 美元 | 土著人政策 |
| **政府智库** | | | |
| 澳大利亚农业和资源经济学研究院 | 1987 年 | 无可得数据 | 商品与天然资源 |
| 澳大利亚犯罪学研究所 | 1973 年 | 8000000 美元 | 犯罪学研究 |
| 澳大利亚战略政策研究所 | 2002 年 | 3000000 美元 | 国防与战略政策 |
| 澳大利亚卫生与福利研究院 | 1987 年 | 23000000 美元 | 健康与福利统计 |
| 澳大利亚家庭研究学会 | 1980 年 | 10000000 美元 | 家庭与社会 |
| 人权与平等机会委员会 | 1981 年 | 16500000 美元 | 人权 |
| 澳大利亚生产力委员会 | 1998 年 | 29000000 美元 | 经济与社会政策 |
| **合约研究型智库** | | | |
| 乔治国际健康研究所 | 1999 年 | 31300000 美元 | 国际卫生政策与计划 |
| 国家药物和酒精研究中心 | 1986 年 | 1400000 美元 | 药物及酒精危害最小化 |
| 社会政策研究中心 | 1980 年 | 2800000 美元 | 社会政策 |
| 工作研究中心（原澳大利亚产业关系研究与培训中心） | 1989 年 | 1800000 美元 | 工作与劳资关系政策 |
| 澳大利亚教育研究中心 | 1930 年 | 31000000 美元 | 教育研究与政策 |
| **政策推动类智库** | | | |
| 独立研究中心（CIS） | 1976 年 | 1700000 美元 | 公共政策与自由企业 |
| 公共事务研究所（IPA） | 1943 年 | 800000 美元 | 自由市场公共政策 |
| 悉尼学院 | 1989 年 | 900000 美元 | 公共政策 |
| 澳大利亚研究所 | 1994 年 | 450000 美元 | 环境保护 社会政策 |
| 气候研究所 | 2005 年 | 1000000 美元（结束） | 气候变化与环境保护 |
| 佩吉研究中心（澳大利亚国家党 Nats） | 2002 年 | 无可得数据 | 农村和全国性政党政策 |

续表

| | 成立年份 | 年度收入（根据所能获得的最新年报） | 政策研究领域以及对政策辩论的贡献 |
|---|---|---|---|
| 孟席斯研究中心（澳大利亚自由党 LIBS） | 1994 年 | 100000 美元 | 竞争与有限政府 |
| 奇夫利研究中心（澳大利亚工党 ALP） | 2000 年 | 100000 美元 | 公共政策与进步思想 |

资料来源：各机构网站；Norington, B. 2003. "The Idea Factories." *SydneyMorning Herald* 11 August. Marsh, I. and D. Stone. 2004. "Australian ThinkTanks." In *Think Tank Traditions：Policy Researchand the Politics of Ideas*, eds. D. Stone and A. Denham. Manchester：Manchester University Press。

　　格洛弗（Glover）描绘了保守性独立研究中心与联合政府的关系图谱，自 1996 年以来，以独立研究中心和公共事务研究所为主的保守性智库已经花费了约 4500 万美元的开支，用以影响澳大利亚政治辩论的走向。不过，这一宣称仅仅是基于对这两家机构在过去 10 年之间的合并收益而计算得出的①。还有其他一些进步组织，这些组织在最近时代涌现出来，比如澳大利亚研究所和澳大利亚气候研究所。总体来说，格洛弗的观点是重要的：当审视从事公开政治宣传的智库时就会发现，带有明确保守性的组织占据主导地位，并且这些组织已经在霍华德执政时代在一种更为保守的政治气候当中成功利用了政治机会。

　　在当代澳大利亚从事研究并影响政治争论的智库类型并不止这些。表 1 表明，与澳大利亚三个政党相关的智库预算非常小，它们出产最小量的研究成果或论文，并且可能仅仅雇用一两名工作人员。这表明，在为有关政党开发政策思想方面，它们只是非常微小的参与者。与西欧的政党智库相比，则更是如此。比如，自 2003 年以来，孟席斯研究中心似乎没有产出任何研究出版物；自 2004 年以来，奇夫利研究中心以及佩吉研究中心似乎一直处于休眠状态。一家与工会和工党有关联的智库伊瓦特基金会，主要仰仗于志愿者的资助维持运转，并且只有最少量的资金②，但它的网络影响力却更为活跃，并且能为上述一些捉襟见肘却还能多产的智库提供新的融资机会。伊瓦特基金会定期举办活动，与其他三家智库相比，它更专注

---

① Glover, D. 2006. "Ideas with Currency." *The Australian*, 13 May.

② Norington, B. 2003. "The Idea Factories." *Sydney*, *Morning Herald*, 11 August.

于解决当前的政策争议事项。然而，在保持其简朴运营本色的同时，伊瓦特基金会近来并没有推出自己实质性的研究出版物，而是依靠公开讲座讲稿、媒体类时事评论和书评进行讨论。

在如今的澳大利亚，新一代智库正在勃兴。在过去的两年里，若干家小型智库建立起来，它们明显地依靠互联网传播思想，并且广受支持，这些网络由高调的发言人、学术研究人员和评论员组成。这些新型智库包括：政策发展中心，它隶属于进步的在线杂志《新行囊》；鲍尔凯皮塔研究所，它由澳大利亚工党前员工和英国进步性智库雇员创建；澳大利亚环境基金会，它和澳大利亚公共事务研究所有关联，由杰尼弗·马洛哈塞运营，电视园艺节目名人唐·伯克担当公众发言人；以及焕然一新朝气蓬勃的澳大利亚费边社。很显然，这些组织都契合这样的特点：拥有一个小的核心，但是与一张巨大而又多元化的人脉网络相联系，该网络由专家、合作伙伴、资助机构、用户和微型公众组成。

与此同时，资金充足的新兴智库已经在 21 世纪初期涌现出来。我们看到了它们数百万美元的经费预算，以及明确的任务指令，即通过在政策日程设定阶段框定政策议题以及设置优先政策事项而专注于对政策产生影响。在这些智库当中比较引人注目的，有两家新兴学术性智库，即美国研究中心（设于悉尼大学）和洛伊国际政策研究所，以及一家政策推动类智库，即气候研究所。这三家新兴组织都把那些具有博士学位以及在大学进行研究工作的传统学术型"思想家"和"专家"与那些具有突出的社会运动背景或高水平的公共政策背景并通过"思想经纪人"和"过程管理人"身份行事的工作人员联结起来。例如，在系列研讨会上，洛伊研究中心汇集了范围广泛的政治行动者，其核心拥有由 10 个人组成的科研人员：其中只有一人是女性，有三人具有博士学位和学术背景，其余的人，包括主任艾伦·基恩格尔具有在联邦公共服务部门（澳大利亚外交事务和贸易部）的高层工作经历。自 2003 年创始以来，洛伊研究中心以其在政策和企业界的高昂姿态快速地形成了成功的"品牌名称"，并且其研究出版物获得了媒体的广泛关注。洛伊研究中心定期在位于悉尼市中央商务区的奢华办公区内举行公开研讨会以及仅由受邀者参加的活动。

除此之外，在澳大利亚，慈善组织慷慨解囊，为进步性智库提供资金支持方面发挥了重要作用。例如，为资助于 2005 年创立的气候研究中心，普拉基金会在五年多时间里通过汤姆·坎特基金提供了 1000 万美元的捐款。这家新兴智库由来自普拉基金会的马克·伍顿担任董事会主席，新南威尔士州总理鲍勃·卡尔是这家智库由两人组成的外部咨询委员会当中的一员，并且其日常运营由首席执行官约翰·康纳进行掌控，他是澳大利亚绿色和平组织前首席执行官。普拉基金会也给澳大利亚研究所以及遍布澳大利亚的许多环保群体、土著群体、环保事业以及土著人事业提供资金。

如上所述，表 1 中所包含的最后的、也往往最不受人重视的一个内情是那些表面上具有更少政治化的智库的实际状况，比方说合同研究类中心和政府智库，它们经费充裕，影响巨大。由于我们对这些组织的历史和进账方面的资料掌握有限，所开列的特定组织的类型绝对是不全面的。

桑德斯（Saunders）和沃尔特（Walter）认为，基于合同的研究中心和咨询机构都有过增长，因为澳大利亚的公共服务曾不得不越来越多地将其研究职能进行外包。这些组织正在从联邦政府和各州政府赢得用于研究工作的竞争性资助，而与智库的经典使命相似的是，这些研究工作往往影响公共政策争论[①]。例如，设立在新南威尔士大学的澳大利亚国家药物和酒精研究中心，其关键使命在于通过媒体传播它的研究成果并影响公共政策议程。例如，它有一个名为"非法药物报告系统"的项目，由澳大利亚政府卫生与老年人事务部提供资助。它在这个项目之下对新兴药品市场及药物使用情况进行汇报，并承担出现问题后进行政策回应的义务。同样，资金充裕的澳大利亚教育研究中心因为在教育政策事务方面的专业知识而为媒体所公认。在它的网站上，它列出了提供媒体评论的 16 个专业领域，涉及从公民教育到土著教育，从扫盲到学校向就业过渡等范围广泛的话题。

氛围正在变得有利于建立在大学的研究机构所开展的社会科学研究工作。在基于合同而获得研究项目与为研究项目拥有核心资助两者之间，对前者的强调有所增加。此外，在过去五年中，澳大利亚研究理事会的科研项目资助有所转变，即宁肯通过联动补助金（Linkage Grants，在项目资

---

① Saunders, P. and J. Walter. 2005. "Introduction: Reconsideringthe Policy Sciences." In *Ideas and Influence: Social Science and Public Policy in Australia*, eds. P. Saunders and J. Walter. Sydney: UNSW Press, 1—20.

金总额当中所占百分比从38%增加到43%）侧重支持应用研究，也不通过发现补助金（Discovery Grants）来资助基础研究①。鉴于澳大利亚知识的生产和研究的聚焦点发生变化，这种转变值得注意。

表1提供了一份在联邦层面政府框架之内得到资助的科研机构名单。这些组织资金充沛，并且在政策争论当中做出了有影响力的贡献。诸如生产力委员会这样的组织，是最近在市场竞争政策领域以及在微观政策领域实施改革议程的设定者②。其他政府智库也已经随着政策环境发生了改变。在针对澳大利亚家庭问题研究方面，澳大利亚家庭研究学会一直通过研究议程以及两年一度的学术研讨会发挥并保持自己的重大作用，在促进政策探讨方面亦是如此③。而其他组织，特别是人权平等机会委员会，则在政策争论和公开辩论两个方面都已被降级，影响力有所下降，风光大减④。相反，澳大利亚战略政策研究所，作为最新兴起的政府智库当中的一员，由于其加强了对澳大利亚外交和国防政策，特别是恐怖主义威胁的关注，已经出尽了风头。

## 智库在公共政策过程当中所面临的严峻挑战

就像任何其他动荡的竞争性市场当中的供应商一样，智库只有在灵活地适应时才能够生存发展。本文已经简要描述了这些新的发展。纵观近期智库方面的国际文献可以发现，处在澳大利亚国内抑或国外的智库，包括既有的以及将来的智库，有五大关键挑战凸显出来。

第一，由于智库数量不断增长，在赢得相关政策制定者和其他"思想

---

① 参见 http：//www. arc. gov. au/ncgp/lp/lp _ outcomes. htm。

② Marsh，I. 2005，"Opinion Formation：Problems and Prospects." In *Ideas and Influence：Social Scienceand Public Policy in Australia*，eds p. Saunders and J. Walter. Sydney：UNSW Press，198—218. Quiggin，J. 2005. "Economic Liberalism：Fall，Revivaland Resistance." In *Ideas and Influence：Social Science and Public Policy in Australia*，edsp. Saunders and J. Walter. Sydney：UNSW Press，21—43.

③ Pocock，B. 2005， "Work，Family and the Shy SocialScientist." In *Ideas and Influence：Social Science and Public Policy in Australia*，eds P. Saunders and J. Walter. Sydney：UNSW Press，141—158.

④ Bulbeck，C. 2005，"Gender Policies：Hers to His." In*Ideas and Influence：Social Science and Public Policy in Australia*，eds p. Saunders and J. Walter. Sydney：UNSW Press，141—158.

用户"（idea users）听取其意见方面，它们所面临的竞争压力有可能增加。能够使上述所列举的智库得以扩张的因素当中，其中一些因素适用于历史的、往复性发展（非殖民化、民主化）。更强大的、持续存在的因素涉及这一方程式的供应方，而不是需求方（信息技术、多样化）。这种趋势很可能会继续下去。除此之外，知识政策市场的其他主力队员，比如说大学，都面临着如何提升战略和财务激励，以求越来越多地进入应用性、市场相关性活动的问题。例如，在澳大利亚，人们越来越重视通过澳大利亚研究理事会资助下的"联动补助金计划"推动产—学联合研究项目。大学现在也在打出它们的专业知识"品牌"，并且将它们在这方面的标志性人物"展示"出来。伦敦政治经济学院是诸多例子当中的一个。它有自己的专家的"媒体指数"（media index）。在他们所在部门和院系的网页上，这些专家以一种标准化的方式将自己展现出来[①]。在澳大利亚，有多所一流大学在它们的网站首页上设有媒体链接，以便把媒体导引到著名研究人员（通过网站上所设置的"找到专家"功能）以及当前正在进行的研究项目，包括与最近所发表言论相关的播客和视频点播。

第二，需求一方不能理所当然地认为资金资助唾手可得。在预算困难时期，政府的知识促进职能首当其冲遭受预算削减的冲击。智库的主要私人资助者正在从提供普通型资助转向提供项目型资助[②]。并且许多国际组织现在也变得愈加挑剔、愈加难以讨好。就好像从事"论坛购物"游说者那样，政策制定者和智库活动的其他客户/出资方也会进行"思想购物"吗？它们的购物清单可能比以前变得更起伏多变，更容易受到趋势和潮流的影响。在这种情况下，如何在专业知识领域保持灵活性以及如何把它们的两种能力结合起来，即把它们从事扎实的长期研究工作能力同它们从事"短频快"的思想经纪的能力结合起来，都成为了智库的挑战。智库现在承受着更大的压力。

第三，不再存在具有不证自明的权威性知识。对于那些并不支持任何

---

① Osborne, T. 2004, "On Mediators: Intellectuals and the Ideas Trade in the Knowledge Society" *Economy and Society*, 334: 430—447.

② McGann, J. E. 2004. *Scholars, Dollars, and Policy Advice*. Washington: Foreign Policy Research Institute.

特定研究工作的政策意蕴的人们来说，单纯寻求产出这种知识的作者的学术声誉，或者单纯寻求曾经用以产生这种知识的方式方法的严谨性，并不足以赢得他们的支持。在政策制定过程当中，他们会毫不犹豫地仰仗当下那些普普通通的后实证主义/后现代主义的科学批判和理性批判来削弱这种知识，或者以他们自己所从事的同样令人印象深刻的前瞻性研究来与这种知识进行斗争。今天的许多政策争论触发了由媒体放大的"报道之战"。

因此，为了实现与政策的相关性，包装与内容同等重要。为了树立影响，导致智库与政策的鼓动者之间界限的模糊，这在盎格鲁·撒克逊世界尤其普遍。高品质的信息并不一定起到凸显的作用，并且可能需要冒着被遗弃的风险去进行大幅内容简化来实现该目的。恰如奥斯本所言："智库界所遭遇的困境之一是，你要么可以说出一些明智的、可行的、有用的东西，以供六名公务员和他们的宠物狗狗阅读，要么可以说出一些荒诞至极的东西，以供媒体报道。"[①] 正如一家澳大利亚智库的主任最近所评述的，"如果你不能促使媒体进行报道，那么你的报告将会毫无进展"，这就成为一个两难困境。

在当代社会，信息过载这一现实在公共决策中也肯定存在。这就要求智库恪守简单和简洁原则。深入全面的研究往往是长期的、详细的，并且因此处于愈发容易被人忽略的危险当中。智库如果不去寻求和发现低门槛的并且容易消费的沟通成果和思想的形式，那么，它们就不能被指望产生影响。备忘录、简报、视频、图像、早餐会，这些仅仅是所涉形式的少数几例。它们都有一种共同的特质，即迫使那些有许多话要说的人们应声而动地压缩他们的信息。并不是每一名专家愿意或能够做到这一点。

第四，智库的知识生产是一种越来越国际化的活动。这既适用于知识生产的范围和模式，也适用于智库所产生的思想经纪。在一个衡量其国际化的标杆已经变得司空见惯的时代，政策制定者不再把国外的例子或与之进行的比较视为本国主流信息的古怪异类。他们现在希望看到这种比较和

---

① Osborne, T. 2004. "On Mediators: Intellectuals and the Ideas Trade in the Knowledge Society." *Economy and Society*, 334: 430—447.

例子。除此之外，大多数声名卓著的智库正在与它们的国际同行建立越来越多的联系。有些智库这样做是为了打造跨国共同体，从而使自己有资格在新兴知识市场中获得诸如欧盟或世界银行这样的跨国财团提供的捐助①。其他一些智库则刻意在新兴市场寻求自己的位置，以便通过新的跨国治理节点（比如欧盟或某些国际环境和贸易体制）经纪自己的新思想②。美国的大型智库已经开始在新兴的非西方市场开设离岸分支机构，并且美国和德国的主要智库也一直在其他国家复制其组织模式③。斯通（Stone）把这些发展比作一种跨国的"智库新潮"④。传统的国内智库凡是没有赶上这场时尚之旅的，或者未能打造某种程度的跨国对比，抑或是未能悄然进入由相关专门知识研究中心组成的国际网络的，就冒着这样一种风险，甚至在当地被人视为"太狭隘"。对一大批相对保守封闭的澳大利亚智库来说，这是一个重大信号。

第五，在当今网络社会，政策制定方面的演进越来越多地围绕组织互动和促成相互对话而展开。过程和结果同等重要。过程管理活动会带来一种重要的副产品，即"知识转移"。但是要在政策过程当中具有影响力，其关键是通过上述的思想经纪（而不是拿出一整套观点任由某个人处置）参与这些过程管理活动⑤。有人兴许会问，如果第一代经典智库在这个现实面前做出让步，那又会怎么样呢？可以肯定的是，在西欧和北欧，许多著名智库痴迷于"深入全面的研究工作—厚重的科研报告—宏大的新闻发布会"这种政策思想销售模式。在益格鲁·撒克逊世界，某种程度上包括澳大利亚在内，在新崛起的一批智库面前，这种模式已经黯然失色。这些

---

① Sherrington, p. 2000. "Shaping the Policy Agenda: Think Tank Activity in the European Union." *Global Society*, 14 (2): 173—189. Struyk, R. 2002. "Transnational Think Tank Networks: Purpose, Membership and Cohesion." *Global Network*, 2 (1): 83—90.

② Ullrich, H. 2004. "European Think Tanks: Generating Ideas, Analysis and Debate." In *Think Tank Traditions: Policy Research and the Politics of Ideas*, eds. D. Stone and A. Denham. Manchester: Manchester University Press.

③ Thunert, M. 2000. "Players Beyond Borders? German Think Tanks as Catalysts of Internationalisation." *Global Society*, 14 (2): 191—211.

④ Stone, D. 2002. "The Global Polity and Networks of Policy Expertise." In *Towards the Global Polity?*, eds. R. Higgott and M. Ougaard. London: Routledge, 124—144.

⑤ Abelson, D. E. 2006. *A Capitol Idea: Think Tanks and US Foreign Policy*. Montreal: McGill Queens.

智库的品牌推广专注于特定类型的公众，并且与特定的利益相关者和政策推动共同体保持紧密配合。通过与政府之间所建立的旋转门关系，它们定期进行人员轮换，或者以其他方式与某些当权者建立紧密的人际关系，从而产生自己的影响力。这有助于使它们变得更加有影响力，但这是否有助于它们保持创新和自由思考等为大多数智库所引以为豪的东西，却是值得怀疑的。谢林顿（Sherrington）指出："一直以来，在英国的智库活动所付出的最昂贵的代价之一，是'意识形态伙伴关系'所带来的影响。……通过这一定位，智库和政治参与者可能易于忽视对立面的普遍看法。"① 如此一来，"学界"和"政界"为了获得权威而制定的战略，都在很大程度上忽略网络社会的迫切需求，忽略网络社会对经纪者、调解人、关系构建者以及流程专家的需求，这些人不一定学富五车，但是肯定没有党派偏见。

总而言之，澳大利亚国内以及国外的智库将会日益仰赖其自身的聪明才智把握机遇，以赢得由现代技术所提供的小型的、灵活的、低成本的、网络化的思想经纪，并在组织知识密集型公共评议方面进行新的实践。因此，理想的、典型的 21 世纪的智库是：

• 拥有一个小型的核心，但是这个核心与一张大型的、多元化的人际网络联系在一起，这张网络由专家、合作伙伴、资助方、用户和微型公众组成；

• 将传统的"思想家"、"专家"与"思想经纪人"、"过程管理者"团结在一起；

• 在管理运作的方方面面，经常超越学科、部门和管辖的界限；

• 为忙碌的政策制定者出产常规的研究报告并且量身定做信息包；

• 同样组织见面会、经验分享活动，以及其他动员活动和能力提升活动，以便促进创新性政策思想的生产、交换与探索；

• 在权势世界有着显著的存在，但又避免对其全部成员或者任何成员的依赖。

---

① Sherrington, p. 2000b. "Shaping the Policy Agenda: Think Tank Activity in the European Union." *Global Society*, 14 (2): 173—189.

在一个政府对本国公共政策事务放松管控，并且多党的、横向的、跨边界的"治理"安排急剧增多的世界里，智库具有茁壮成长的潜力。贯穿整篇文章，我们多次把为公共政策产出思想的推出过程与市场运行联系起来。然而，由于种种原因，这个类比也只能到此为止了。首先，如果低估在塑造和制约智库界方面国家的政治架构和政治传统的持续影响将是错误的。美国所实施的三权分立，以及欧盟为范围广泛的智库活动提供良好栖息地的技术专家治国体制与超多元化主义之间的奇怪组合，无疑加强了政策审议的民主素质，而且加强了这一制度以明智的、创造性的方式解决长期存在公开争议的问题的能力。为了使民主作为最聪明的治理制度并发掘其所具有的潜力，人们声音的多样化很重要；而那些能够让这些声音之间所进行的辩论获得灵通信息的可能性增加的机构，同样至关重要。

这就把问题引入了市场隐喻的第二个局限性。即使是在具有多元化制度下的美国，其政治文化也会与科学驱动的、开放的争论产生对抗。恰如麦克甘所指出的，"（这种）思想市场已被转变为保守派和自由主义理论家之间的一场不文明的思想之战。在这场战争中，智库和它们的学者正在成为最新的伤亡者。作为长期以来因其独立分析而为人称道的智库，现在面临着失去其信誉和独立性的风险"[1]。这是因为党派政治导致了这样一种境况，人们对均衡分析没有什么兴趣，甚至毫无兴趣。如果某一团队不就某个议题提供毫无保留的支持，那么，这个团队就会被人认为是"敌方"的盟友。重大政策议题的智力空间变得日益狭窄，这并不是美国所独有的现象。凡是意识形态两极分化、行政霸道或媒体跟踪滥无约束之处，在公共空间进行协商的机会悉被减弱。结果，独立性研究和批判性思维遭受煎熬。真正的智库将需要顶住自我检查和意识形态正确方面的压力，这是应有之义。

由于"智库"这一标签未受保护，因此，无疑需要更加严格地审查它们的操作手法和影响。学术界至今尚未成功地开发出受到广泛接受的用于比较研究的概念和类型学。这将是一项重要挑战。除此之外，在澳大利亚

---

[1] McGann，J. E. 2005. "US Think Tanks：Casualtiesin the War of Ideas." URL：⟨http：//www.opendemocracy.net/democracy – think _ tank/us _ thinktanks _ 3137.jsp⟩.

以及北美以外的任何地区，我们需要对智库的影响进行更加系统的实证研究，无论是通过经典的/实证的，抑或是新兴的/后实证的研究。后者所关注的问题将是：智库是否会在构建公共政策辩论方面取得成功、如何取得这种成功，以及它们如何将其自身定位为话语联盟的一个组成部分；而前者将会更加关注：智库的活动是否有助于以及如何有助于塑造公共政策议程和补充政府的政策能力。虽然两种职能的支持者认识论和方法论方面的论战将持续下去，但他们双方都有必要在智库研究界做出独特的贡献。除此之外，我们需要对智库进行更加系统的评估，这种评估应当客观地看待它们整体上对国内国际治理制度所进行的审议的质量，也应当公正地看待它们对公共政策的知识基础和思想内容所做出的贡献。

# 美国智库与专家知识的政治学<sup>*</sup>

马哈茂德·艾哈迈德/文　刘　霓　王金戈/译

【摘要】在当今这个日益复杂、相互依存和信息繁杂的世界，政府和决策者面临的共同问题是如何将专家知识引入政府决策。决策者需要了解其治理下的世界和社会的基本信息，目前的政策如何起作用，可能的备选方案及其成本与后果。获取这类信息的潜在来源很多，然而在目前，政治家和官员们都越来越多地通过一类特殊的组织来服务于自身的需求，即通常所谓的"智库"。本文考察此类独立的公共政策研究与分析组织在美国政治中的重要角色。作者详尽描述了美国智库是如何通过下述方式对外交政策制定者产生影响的：提出原始想法和备选政策；储备专家资源以备政府不时之需；为高级别讨论提供场所；为美国公民提供世界知识方面的教育；辅助官方斡旋和解决冲突的努力。然而，美国智库最具挑战的任务是及早确定美国在未来将要遇到的新的和重要的问题，并将它们带入决策者和公众的视线。

【关键词】智库　专家知识　美国　外交政策　政治学　影响力

什么是智库？智库做些什么？它们为何如此重要？这些问题与当今公共政策环境的相关性比以往任何时候都高。在动荡的时代中，唯有"变"是不变的，曾经的异想天开已变为一种灾难性的现实，国内和国际政治之间的界限越来越模糊，全球化的危害已经在影响我们对国际关系的看法，

---

　* 原文题名：US Think Tanks and the Politics of Expertise：Role，Value and Impact（美国智库与专家知识的政治学：角色、价值与影响），今从略如上；原文出处：*The Political Quarterly*，2008，Vol. 79（4），pp. 529—555。

并将决策过程转化为新的行动者、议程与结果的组合。国际关系一度是外交官、官僚和政治集团的专有领地，但在今天，决策者在制定外交政策时必须要考虑多种多样的跨国行为者，包括诸如有线电视新闻网（CNN）、半岛电视台（阿拉伯语新闻频道）、绿色和平组织、世界银行、国际货币基金组织（IMF）、东南亚国家联盟（ASEAN），石油输出国组织（欧佩克）和基地组织。虽然这些行为者并非由全球化所衍生，但它们却因之得以强化。在 1950 年，世界上活跃的民族国家只有 50 个，政府间组织和非政府组织的数量也很有限，试想这样一个简单的事实就可以理解今天当决策者试图制定一项有效的对外政策时所面对的复杂性和非比寻常的挑战。鉴于美国的超级大国地位、其全球承诺以及日常必须面对的诸多跨国行动和各种问题，为其决策者带来的挑战更加令人生畏。

在这个日益复杂、相互依存和信息繁杂的世界，政府和单个决策者面临一个共同的问题，即把专家知识引入政府决策。决策者需要了解他们所治理的世界和社会的基本信息，目前的政策如何起作用，可能的备选方案及其成本与后果。对于许多国家的政策制定者来说，问题往往不是缺少信息，而是信息呈雪崩之势。事实上，政策制定者经常被大量的信息所包围，而只有很小一部分可用。从政治角度而言，信息已不再转化为力量，除非它是在正确的时间并以恰当的形式出现。政府和决策者通常需要迅速抓住时机，因为正确的社会和政治力量都在结盟，或是因为某个危机迫使它们采取行动。在这两种情况下，它们经常行动迅速，并根据可获得的信息进行决策，然而这些信息并不总是导致最为明智的政策。总之，决策者和其他对决策过程感兴趣的人所需要的是及时、易懂、可靠、便于获取和确有价值的信息。

获取这类信息的潜在来源很多，包括：政府机构、大学学者、研究中心、营利性咨询公司和国际机构。然而，在世界各国，政治家和官员们都越来越多地通过一类特殊的组织来服务于自身的需求。独立的公共政策研究与分析组织——通常称为"智库"——满足了决策者们对于具有政策相关性的信息和系统分析的无止境的需求。本文考察公共政策研究和分析组织（或称智库）在美国政治中的重要角色。在美国外交政策的演变发展中有着一些重要的时刻，智库在这些时刻对于重塑传统智慧并就关键战略问题制定新的方针发挥了决定性影响。①

在近百年当中，独立的政策研究机构或智库对于打造美国的对外政策做出了贡献。然而由于智库主要是在媒体的聚光灯外开展工作，因此，相比美国政策的其他来源，它们受到的关注不多。在针对外交政策制定的诸多影响中，智库的作用居功至伟但却鲜有提及。② 它们之所以没有得到社会科学家们的充分注意，一个原因与智库的传统特征有关，另一个原因则与社会科学家特别是政治科学家的偏见有关。另一方面，直到 20 世纪 60 年代，美国智库在决策过程中一般是低调的行动者。智库的学者从事重要的且通常为实用的研究，提出为决策者所接受的观点，但是这些学者绝少公开或高调地与其他人以及政治过程中其他有影响的行为者就这些观点进行辩论。③ 正如肯特·韦弗（Kent Weaver）回忆说：布鲁金斯的学者中流传这样一个笑谈："书是写给决策者的，读的却是大学生。"④

近年来，智库已经成为"一种全球现象"，与其他国家的同行相比较，美国智库的不同之处在于它们直接和间接参与决策的能力，以及决策者向它们征询政策建议的愿望。⑤ 智库通过五个明显的方式影响美国对外政策的制定者：提出原始想法和备选政策；储备专家资源以备政府不时之需；为高级别讨论提供场所；为美国公民提供世界知识方面的教育；辅助官方斡旋和解决冲突的努力。然而，美国智库最具挑战的任务是及早确定美国在未来将要遇到的新的和重要的问题，并将它们带入决策者和公众的视线。⑥

---

① Ronald D. Asmus, *Having an Impact : Think Tanks and the NATO Enlargement Debate*, http://usinfo. state. gov/journals/itps/1102/ijpe/pj73asmus. htm.

② Richard N. Haass, *Think Tanks and US Foreign Policy : A Policy-maker's Perspective*, http://usinfo. state. gov/journals/itps/1102/ijpe/pj73haass. htm.

③ James A. Smith, *The Idea Brokers : Think Tanks and the Rise of the New Policy Elite*, New York: Free Press, 1993.

④ R. Kent Weaver, "The changing world of think tanks", *PS : Political Science & Politics*, Vol. 22, 1989, pp. 563—78.

⑤ Donald E. Abelson, *Think Tanks and US Foreign Policy : An Historical View*, http://usinfo. state. gov/journals/itps/1102/ijpe/pj73abelson. htm.

⑥ Strobe Talbott, *The Brookings Institution : How A Think Tank Works*, http://usinfo. state. gov/journals/itps/1102/ijpe/pj73talbott. htm.

### 美国智库的历史

20 世纪的大部分时间中，就公共政策开展研究和提供建议的独立智库是一种组织现象，主要出现在美国、加拿大、西欧和日本也有零星的分布。自80年代开始，全球化、冷战结束以及各种跨国问题的凸显，多种力量驱使智库的数量在全世界出现增长。当今所有智库中有 2/3 是在 70 年代以后成立的，超过半数成立于 80 年代之后。

在非洲、东欧、中亚和东南亚一些地区，全球化对智库活动的影响尤为明显，国际社会在这些地区投入巨大努力以支持创建独立的公共政策研究组织。外交政策研究所的"智库与公民社会项目"（Think Tanks and Civil Societies Program）曾开展过一项调查，强调了这一努力的意义，并记录了最近 10 年中这些地区建立的绝大多数智库的情况。[①] 目前，全世界大约有 5000 家类似机构（表 1）。许多较为知名的智库建立于冷战时期，主要关注国际事务、安全研究和外交政策。

| 表 1 | 智库的增长（全球概览） |
|---|---|
| 全世界有 5080 家智库： | |
| ·北美：1924（37.87%） | |
| ·西欧：1198（23.58%） | |
| ·亚洲：601（11.83%） | |
| ·东欧：483（9.51%） | |
| ·拉美：408（8.03%） | |
| ·非洲：274（5.39%） | |
| ·中东：192（3.78%） | |

资料来源：詹姆斯·G. 麦克甘：《全球走向智库：世界主要公共政策研究组织》（*The Global Go-To Think Tanks：The Leading Public Policy Research Organizations in the World*），费城，宾夕法尼亚，外交政策研究所（Foreign Policy Research Institute），2007 年，第 5 页。

在几乎所有的人口在数百万以上，且知识分子稍有自由的国家，都有智库存在。就 20 世纪大部分时间而言，绝大多数的智库创办于美国（表 2），但是今天，世界范围的智库数量首次超过了美国。现在，智库在各种

---

① James G. McGann, *The Global Go-To Think Tanks：The Leading Public Policy Research Organizations in the World*, Foreign Policy Research Institute，2007.

不同的政体中运作，开展广泛的与政策相关的活动，包括了具有不同组织形式的各类机构。

表2                                     美国智库的增长

全美有 1776 家智库：

- 91% 成立于 1951 年之后

- 1970 年之后成立的要比之前 50 年的数量更多

- 自 1980 年以来，智库数量增加了一倍以上，有 58% 创建于最近 25 年当中

- 31% 的智库建于 1981—1990 年：这是第二次世界大战后共识终结和福利国家面临挑战的时期

- 70 年代之后成立的绝大多数智库是专门针对某个特定学科或特殊政策问题

- 大约 20%，或估计为 350 家智库选址华盛顿

- 50% 以上的智库隶属于大学

- 过去 7 年智库成立的数量一致在下降

资料来源：詹姆斯·G. 麦克甘（James G. McGann）：《全球走向智库：世界主要公共政策研究组织》（*The Global Go - To Think Tanks：The Leading Public Policy Research Organizations in the World*），费城，宾夕法尼亚，外交政策研究所（Foreign Policy Research Institute），2007 年，第 5—6 页。

在第二次世界大战中，美国首次采用"智库"一词，意指安全的房间或环境，专供国防科学家和军事计划人员聚集以讨论战略问题。这一狭义用法此后逐渐扩展，用来形容美国将近 2000 家从事政策分析的组织，以及世界范围的大约 3000 家其他类似机构。[①] 记载美国智库的历史，特别是那些从事对外政策研究的智库，重要的是从智库群落中的巨大差异着眼。

美国第一波外交政策智库的出现开始于 20 世纪之初。20 世纪最初数十年，有三家机构在全球舞台上留下了它们的印记。卡内基国际和平基金会 1910 年由安德鲁·卡内基创建[②]；胡佛战争、革命与和平研究所由前总统胡佛于 1919 年建立[③]；而外交关系协会成立于 1921 年，从一个每月主办宴会的俱乐部变成为一个在世界政治中举足轻重的外交事务机构。[④] 另

---

① *NIRA's World Directory of Think Tanks* 2005，Tokyo：Center for Policy Research Information，National Institute for Research Advancement，NIRA，February 2005.

② *Endowment History*，http：//www. carnegieendowment. org/about/index. cfm? fa＝history.

③ http：//www. hoover. org/pubaffairs/brochure/.

④ http：//www. cfr. org/about/.

外两个重要研究机构，即成立于 1916 年的政府研究所（IGR），后来成为布鲁金斯学会（1927），① 以及成立于 1943 年的著名的保守派智库——美国企业公共政策研究所（简称企业研究所）②，都开始在广泛的外交政策事务方面得到极大的关注。这些和其他一些在 20 世纪最初数十年创办的智库将科学探索应用于诸多政策相关的问题。正如肯特·韦弗所描述：它们的作用正像是“没有学生的大学”。③ 即使在成立之初，这些机构的学者也偶发地向决策者提出建议，然而他们的主要目标是帮助决策者和广大公众认识和获知采取某些政策选择所可能出现的后果。他们仍与政治过程保持距离，因为他们致力于保持知识分子和研究机构的独立性，不对决策产生直接的影响。

在第二次世界大战之后，能够获得对外交政策的独立和明智的建议在美国决策者来说变得越来越重要，加之美国在双极世界中身为一个霸权国家所承担的日益重大的责任，决策者需要独立研究机构的洞见和专业知识，以帮助他们制定有力且理性的国家安全政策。1948 年 5 月，兰德公司成立，④ 旨在在核时代保护和促进美国的安全利益。兰德公司引领了新一代的智库，即主要由政府提供资助，其研究旨在应对决策者的特殊关切。在之后数年中，兰德公司激励了多家政府资助智库的成立，其中包括 1961 年成立的哈德逊研究所⑤和 1968 年创建的城市研究所。⑥

自 20 世纪 70 年代以来，所谓的“倡导型智库”较之其他类型的智库获得了更多的曝光率。它们首次采用营销技巧以提供它们的政策研究，并改变智库共同体的实际性质和角色。而与之比较，在 20 世纪早期，智库对于卷入政策论争还避之不及。倡导型智库，包括由阿利·伯克和大卫·阿希尔在 1962 年成立的战略与国际研究中心，⑦ 1973 年成立的传统基金会⑧和 1977 年由爱德华·H. 克兰创建的卡托研究所⑨都乐于接受这样的机

---

① *Brookings Institution History*，http：//www. brookings. edu/lib/history _ hp. htm.

② http：//www. aei. org/about/filter. all/default. asp.

③ Weaver，1989.

④ *A Brief History of RAND*，http：//www. rand. org/about/history/.

⑤ *Hudson Institute History*，http：//www. hudson. org/learn/index. cfm? fuseaction＝history.

⑥ http：//www. urban. org/about/index. cfm.

⑦ *A Brief History of CSIS*，http：//www. csis. org/about/history/.

⑧ http：//www. heritage. org/about/.

⑨ http：//www. cato. org/about/about. html.

会，可以引导美国外交政策的内容和方向。由于智库之间的竞争日渐加剧，它们中的多数业已意识到通过媒体吸引公众注意和决策者青睐的重要性。

智库历史中的新纪元开始于被称为"传统基础型智库"的外交决策社团的出现。1982年由前总统吉米·卡特在亚特兰大创建的卡特中心，[①] 由理查德·尼克松总统建立于华盛顿的尼克松自由与和平中心[②]是一些由前总统创建的智库，它们的出现意味着会给国内和外交政策领域留下一笔长久的遗产。它们曾出版了一系列的出版物，主办研讨会，并就大量重要的政策问题开展研究。

在21世纪初，几乎有2000家智库显示出政治上具有美国背景（表3）。[③] 它们在活动范围、经费来源、受托情况及地址选择上繁杂多样。有一些，例如由彼得·G.彼得森于1981年建立的基于华盛顿的国际经济研究所[④]、1982年成立的"美洲对话"[⑤] 以及1985年建立的华盛顿近东政策研究所[⑥]都专注于特殊的功能领域和地区。少量的智库，例如布鲁金斯，则拥有更多的经费，几乎不接受官方资助；其他一些，如兰德公司，主要通过来自政府和私营部门客户的合同获得经费；还有像1976年由国会成立的美国和平研究所[⑦]则完全是由联邦政府提供资助。在某些情况下，智库的作用如活跃的非政府组织。例如，成立于1995年的国际危机组织[⑧]调集世界热点地区的分析家网络，以监控不稳定的政治局面，并形成原创的独立建议，为其和平解决方案营造全球性压力。

---

① Carter Center：《创建一个男人、妇女和儿童都有机会享有良好健康和宁静生活的世界》（http：//www. cartercenter. – org/about/index. html）。

② http：//www. nixoncenter. org/intro. htm.

③ *NIRA's World Directory* 2005.

④ http：//www. iie. com/institute/aboutiie. cfm.

⑤ http：//www. thedialogue. org/about/.

⑥ http：//www. washingtoninstitute. org/templateC11. php？CID＝20&newActiveSubNav＝Our％20History&activeSubNavLink＝templateC11. php％3FCID％3D20&newActiveNav＝about Us.

⑦ *History of USIP*，*Placing the Cornerstone*，http：//www. usip. org/aboutus/history/index. html.

⑧ *A Decade on the Front Lines：International Crisis Group* 1995—2005，http：//www. crisisgroup. org/home/index. cfm？id＝4348&1＝1.

**表 3**                             **美国主要智库及成立时间**

| 智库名称 | 成立时间 |
|---|---|
| 卡内基国际和平基金会（Carnegie Endowment for International Peace） | 1910 年 |
| 卡内基伦理与国际事务理事会（Carnegie Council on Ethics and International Affairs） | 1914 年 |
| 布鲁金斯学会（Brookings Institution） | 1916 年 |
| 外交政策协会（Foreign Policy Association） | 1918 年 |
| 胡佛研究所（Hoover Institution） | 1918 年 |
| 世纪基金会（Century Foundation） | 1919 年 |
| 国家经济研究局（National Bureau of Economic Research） | 1920 年 |
| 外交关系协会（Council on Foreign Relations） | 1921 年 |
| 芝加哥对外关系委员会（Chicago Council on Foreign Relations） | 1922 年 |
| 人口资料局（Population Reference Bureau） | 1930 年 |
| 美国企业研究所（American Enterprise Institute） | 1943 年 |
| 中东研究所（Middle East Institute） | 1946 年 |
| 兰德公司（Rand Corporation） | 1948 年 |
| 未来资源（Resources for the Future） | 1952 年 |
| 外交政策研究所（Foreign Policy Research Institute） | 1955 年 |
| 哈德森研究所（Hudson Institute） | 1961 年 |
| 战略与国际研究中心（Center for Strategic and International Studies） | 1962 年 |
| 政策研究所（Institute for Policy Studies） | 1963 年 |
| 城市研究所（Urban Institute） | 1968 年 |
| 伍德罗·威尔逊国际学者中心（Woodrow Wilson International Center for Scholars） | 1968 年 |
| 防卫信息中心（Center for Defense Information） | 1972 年 |
| 传统基金会（Heritage Foundation） | 1973 年 |
| 世界观察研究所（World Watch Institute） | 1974 年 |
| 卡托研究所（CATO Institute） | 1977 年 |
| 东西方研究所（East-West Institute） | 1981 年 |
| 国际经济研究所（Institute for International Economics） | 1981 年 |
| 中东政策委员会（Middle East Policy Council） | 1981 年 |
| 美国外交政策（American Foreign Policy Council） | 1982 年 |
| 卡特中心（Carter Center） | 1982 年 |
| 国家民主基金会（National Endowment for Democracy） | 1983 年 |
| 美国和平研究所（United States Institute of Peace） | 1984 年 |
| 国际经济增长中心（ICEG International Center for Economic Growth） | 1985 年 |
| 华盛顿近东政策研究所（Washington Institute for Near East Policy） | 1985 年 |
| 经济政策研究所（Economic Policy Institute） | 1986 年 |

续表

| 智库名称 | 成立时间 |
|---|---|
| 安全政策中心（Center for Security Policy） | 1988 年 |
| 防止核武器扩散研究中心（Center for Nonproliferation Studies） | 1989 年 |
| 经济战略研究所（Economic Strategy Institute） | 1989 年 |
| 国家亚洲研究局（National Bureau of Asian Research） | 1989 年 |
| 进步政策研究所（Progressive Policy Institute） | 1989 年 |
| 史汀生中心（Stimson Center） | 1989 年 |
| 诺涕勒斯安全与可持续发展研究所<br>（Nautilus Institute for Security and Sustainable Development） | 1992 年 |
| 国际危机组织（ICG International Crisis Group） | 1995 年 |
| 新美国基金会（New America Foundation） | 1999 年 |
| 移民政策研究所（Migration Policy Institute） | 2001 年 |
| 全球安全分析研究所（Institute for the Analysis of Global Security） | 2002 年 |
| 美国进步中心（Center for American Progress） | 2004 年 |

## 美国智库的分类

一家智库或政策研究组织是一个机构、组织、公司或小组，它们在诸如社会政策、政治战略、科学或技术问题、产业或商业政策，甚或军事等领域开展研究和从事游说。① 在保证政策分析、研究、决策和评估是一个多元、公开和负责任过程的民主社会中，它们是主要的政策行为者之一。② 然而，智库的批评者认为它们与公共关系方面的活动并无多大差别，无非是形成于己有利的学术成果并为其业界资助者所倡导的目标服务。③

智库规模各异，人员不等，有的寥寥数人，有的则拥有数百名成员。此外，在专业方向、研究产出、意识形态取向，以及机构的独立性方面千差万别。④ 由于学者们对于究竟如何限定智库难以取得共识，于是他们尝试利用一些类

---

① The American Heritage Dictionary, *Think Tank*；Merriam Webster' Dictionary, *Think Tank*.

② Nakamura Madoka, "Introduction"，*NIRA's World Directory of Think Tanks* 2002, http：//www. nira. go. jp/ice/nwdtt/2005/intro/intro2002. html.

③ *Think Tanks*，Source Watch：A Project of the Center for Media and Democracy, http：//www. sourcewatch. org/wiki. phtml？ title＝Think_tanks.

④ Donald E. Abelson，*Do Think Tanks Matter？Assessing the Impact of Public Policy Institutes*，Montreal：McGill - Queen's University，2002.

型，以说明现有的形形色色的智库，① 当然，有些智库很难恰当地归入某一个类别。② 阿贝尔森（Albeson）将智库分为五类：没有学生的大学、政府契约型、倡议型、传统基础型和政策俱乐部。③ 麦克甘（McGann）和韦弗（Weaver）主张智库有四种类型：学术型（没有学生的大学）、契约研究、倡导型智库，以及党派智库（表4）。④ 本文选择了在文献中有共识的三类智库给予探讨。

表 4 　　　　　　　　　　　　智库的类型

| 智库类型 | 资　金 | 议程设定 | 意识形态 | 研　究 |
|---|---|---|---|---|
| 学术型智库 | 资金来源多元化（捐赠、基金、组织、个人等） | 研究者发挥主要作用 | 试图作为中立的观点来源 | 观念驱动；长期的；偏重未来；目的在于为决策者提供社会科学的专家知识；严格恪守公正的研究；以服务于全人类的方式配置资金；聘用已有论著出版的博士承担兼职工作 |
| 契约型智库 | 主要来自政府合同 | 政府需求 | 试图作为中立的观点来源 | 由政府的合同需求所驱动；长期；偏重于未来；目的在于为决策者提供社会科学的专家知识；公正的研究；主要根据合同来支配资金；聘用已有论著出版的博士 |
| 倡导型智库 | 委托人发挥主要作用 | 意识形态驱动 | 自由或保守的 | 意识形态驱动；短期；目的在于为决策者提供社会科学的专家知识；意识形态驱动研究；为委托人分配资金；在专职岗位聘用硕士毕业生和发表著述不多的博士 |
| 政党智库 | 委托人发挥主要作用 | 政党需求驱动 | 民主党或共和党 | 由政党忠诚所驱动；以问题为中心；不注重为决策者提供社会科学的专家知识；主要目的是证明自己信念的正确性；经常聘用前政府官员和来自利益集团的人 |

　　资料来源：詹姆斯·G. 麦克甘（James G. McGann）、R. 肯特·韦弗（R. Kent Weaver）：《智库与市民社会：观念和行动的催化剂》（*Think Tanks and Civil Societies：Catalysts for Ideas and Action*），新不伦瑞克，新泽西州，事务出版社（Transaction），2000 年；唐纳德·E. 阿尔贝森（Donald E. Abelson），《智库重要吗？评估公共政策机构的影响》（*Do Think Tanks Matter? Assessing the Impact of Public Policy Institutes*），蒙特利尔，麦吉尔—女王大学（McGill - Queen's University），2002 年；戴安娜·斯通（Diane Stone），《吸引政治注意力：智库与政策过程》（*Capturing the Political Imagination：Think Tanks and the Policy Process*），伦敦，弗兰克卡斯出版社（Frank Cass），1996 年。

---

　　① Abelson，*Do Think Tanks Matter?*；James G. McGann and R. Kent Weaver，*Think Tanks and Civil Societies：Catalysts for Ideas and Action*，New Brunswick：Transaction，2000.

　　② Abelson，*Do Think Tanks Matter?*.

　　③ Ibid..

　　④ McGann and Weaver，*Think Tanks and Civil Societies*.

对于美国智库，最好通过考察它们的隶属关系（表5）、组织结构和文化（表6），以及它们的政治和哲学取向来给予认识。一家智库的战略和结构常常影响到它出产哪类政策成果，以及它决定将其活动集中于政策过程的什么阶段。美国智库往往是以下四种类型之一：学术型（一般性目标和专业性）、契约研究、倡议型和政策性企业，或是前三种的混合。美国基本没有隶属于政党的智库，而这在欧洲则是主要的智库模式。还有一些智库是隶属于国会和政府机构，或是一所大学或某一公司。本文不涉及这些隶属于政府、营利型公司或政党的智库，而主要是考察隶属于大学的、独立的非营利型智库。至于意识形态，多数智库分属五种类型：保守的、中右派的、中间派的、中左派的以及激进派的。

**表5** 　　　　　　　　　　　　**附属智库和独立智库**

| 智 库 | 成立时间 | 组织类型 |
|---|---|---|
| 进步政策研究所（Progressive Policy Institute） | 1989年 | 政党 |
| 国会研究服务部（Congressional Research Service） | 1914年 | 政府 |
| 斯坦福研究所（Stanford Research Institute） | 1946年 | 私营 |
| 斯坦福大学亚太研究中心（Asia‐Pacific Research Center，Stanford University） | 1977年 | 大学 |
| 美国企业研究所（American Enterprise Institute） | 1943年 | 独立 |

资料来源：詹姆斯·G. 麦克甘（James G. McGann）：《美国智库与政策建议》（*Think Tanks and Policy Advice in the US*），费城，宾夕法尼亚，外交政策研究所（Foreign Policy Research Institute），2005年，第9页。

**表6** 　　　　　　　　　　　**公共政策智库的组织结构与文化**

| 智 库 | 成立时间 | 组织类型 |
|---|---|---|
| 布鲁金斯学会（Brookings Institution） | 1916年 | 学术/多元 |
| 国家经济研究局（National Bureau of Economic Research） | 1920年 | 学术/专业 |
| 兰德公司（Rand Corporation） | 1948年 | 咨询/契约 |
| 政策研究所（Institute for Policy Studies） | 1963年 | 倡议 |
| 传统基金会（Heritage Foundation） | 1973年 | 政策性企业 |

资料来源：詹姆斯·G. 麦克甘（James G. McGann）：《美国智库与政策建议》（*Think Tanks and Policy Advice in the US*），费城，宾夕法尼亚，外交政策研究所（Foreign Policy Research Institute），2005年，第9页。

### 没有学生的大学/学术型智库（多元化或专业化）

这一类型的智库通常聘用高资质的学术人员，即在研究和学术发表上有可靠的业绩可循。这些研究者不需要从事教学，但鉴于其主要使命在于提高人们对所面对的重大社会、经济和政治问题的认识，因此这类智库的作用与大学颇为相似。[①] 学术型智库被认为是独立性组织，这是由于其坚守从事客观研究的严格标准。通常情况下它们由多家不同的基金会、公司和个人提供资助。学术型智库的议题一般是内部设定的，研究人员在议程设置上举足轻重。它们本着对研究客观性的重视来组建其制度结构。当然，对研究客观性的强调及其研究所要求的严谨程度有时候与其所追求的政策影响是相悖的。[②] 这类智库的典型包括布鲁金斯学会、美国企业研究所和战略与国际研究中心。

由于布鲁金斯学会是一所多议题、全国性、学术型智库的范例，考察其某些特点有助于增加对于这类政策研究组织的了解。布鲁金斯学会由富有的圣路易斯商人罗伯特·布鲁金斯于1916年建立，最初被认为是一家保守型智库，但近年来它被确认为是具有左倾倾向的智库。但是，布鲁金斯学会并不认为自己是某种特定意识形态的支持者，事实上，它坚定地否认这一点："我们学者提出的解决办法源于开明的探索，而不是源于信条或教义。"[③] 而且，布鲁金斯并不将回应日常的政策问题作为其主要工作，其哲学是前瞻性，为决策者提供有助于他们预见未来的信息。

尽管布鲁金斯允许研究者在设定研究议题上起决定性作用，但理事会也有权否决他们认为不适合布鲁金斯目标的研究课题。[④] 因此，理事会和研究者共同决定着其研究议程。布鲁金斯努力保持其作为一个独立组织的公共认知，即它能够决定自己的研究议程。而凭借其基金，布鲁金斯学会也有能力保持独立。那些严重依赖赠予的组织，更易于被认为是由捐助机构所控制，特别是如果它们从某个特殊机构或捐赠者处收到大笔资金的时候。在今天筹集资金受到更大局限的情况下，这种看法很难避免。

①　Abelson，*Do Think Tanks Matter？*.

②　McGann and Weaver，*Think Tanks and Civil Societies*.

③　http://dkosopedia.com/wiki/Brookings_Institution.

④　T. R. Dye，*Who's Running America？The Bush Restoration*，7th end，Upper Saddle River：Prentice Hall，2002.

布鲁金斯学会采用跨学科的方法开展公共政策问题研究。学会的创始人认为跨学科方法是克服大学中教育专业化的一个途径。[①] 在谈到布鲁金斯的跨学科性质时，其网站上如此描述：我们始终保持既投身于社会科学的学科，也注重跨学科方法的价值，尤其在处理当今世界的复杂和跨界问题时，因为其中国内与国外、地方和全球之间的界限业已模糊不清了。[②]

### 契约型智库

与学术型智库一样，契约型智库聘用的职员也拥有坚实、杰出的学术背景。它们强调从事严谨的研究，对于研究的客观性和可信任性始终保持敏感。契约型智库主要通过其资助来源、主要客户、如何设定议题以及出产的成果类型与学术型智库相区别。[③] 从经费来源上讲，它们主要由政府部门提供经费支撑，而投资者在决定智库的取向上常常扮演决定性的角色。[④] 这类智库的成果通常为综合报告的形式，呈递给资助来源方，而不是以发行论文和出版专著的形式公开披露，但是这些报告一般能够通过官方网站下载，在线获取。由于这些契约型政策研究组织其自身的议程主要由其捐赠者决定，而这些捐赠者一般为决策者，因此其研究具有典型的政策相关性。[⑤] 尽管这可以成为一种优势，但也造成若干问题，如赞助者试图影响一项研究的结果，或是在一项研究偏离了设定的立场时对其成果的出版叫停。[⑥] 在这种情况下，研究的客观性和成果都会受到质疑。

兰德公司是契约型智库的一个范例。它成立于 1947 年，就洲际战争为美国空军提供建议。[⑦] 其时，军事领导人感到军队在应对紧迫的问题上负担

---

① James A. Smith, *The Idea Brokers: Think Tanks and the Rise of the New Policy Elite*, New York: Free Press, 1991.

② *Additional Organizations, Agencies, Centers, Foundations, Media, etc. with Varied Consumption Foci (Profit & Non-Profit)*, Potential Resources for Transformative Consumer Research, p. 9. see http://mba.tuck.dartmouth.edu/pages/faculty/punam.keller/conference/potential_resources_for_tcr.pdf.

③ Ibid..

④ Ibid..

⑤ Ibid..

⑥ Ibid..

⑦ Smith, *The Idea Brokers*.

过重，不能投入足够的时间来分析日常所获得的大量数据。此外，他们希望能有一个专家小组为他们提出建议，而不是受到党派的利益所影响。尽管兰德公司的经费主要来源于政府机构，它们仍然骄傲于自己所从事的客观研究：

> 兰德公司迅速开创了一种独特的风格，既严格坚持无党派的立场，又融合以精确的以事实为依据的分析，由此应对最为紧迫的社会问题。①

1948年，兰德公司成为一家独立的非营利公司，然而其绝大多数合同仍来自于政府，这一模式与学术型智库形成反差。② 学术型智库使用多方资助，以在严格意义上保持其设定研究议题的独立性。兰德公司主要依赖单一的经费来源，因此在财政上不能真正独立，其结果是对于它的研究议程存在诸多限制。然而，对于军队而言，它仍被视为一个独立的组织。布鲁金斯学会和兰德公司都强调跨学科研究。通过其网站所作的陈述可以看到兰德公司对跨学科方法的承诺："久而久之，兰德公司聚集了一个独特的研究者群体，他们不仅因个人技能而引人注目，更因跨学科的合作而备受关注。"③ 兰德公司从成立之初即集合了他们所谓的"运筹研究团队"（operational research teams），由来自多个不同学科的学者组成。④ 在兰德公司，这些团队可以获得大量的政府信息，以及安全的环境，对他们的要求是针对未来战争可能出现的情况进行预测并提出解决方案。

### 倡导型智库

倡导型智库研究的重点是就决策者当前需要了解的问题提供信息。⑤ 不像学术型或契约型智库，倡导型智库试图向特定听众推销它们的观点，而非保持一种更为客观的方式。⑥ 它们偏重于开展短期研究，从而可以快速地将成果分销给决策者以及媒体。诸如一两页的摘要性政策简报，其目

---

① *History and Mission*, *RAND Corporation*, 2005, http：//www. rand. org/about/history/.

② F. Kaplan, *The Wizards of Armageddon*, New York：Simon & Schuster, 1983.

③ Ibid. .

④ Ibid. .

⑤ Abelson, *Do Think Tanks Matter*？.

⑥ Ibid. .

的在于影响当时的政策辩论，而不是对未来可能出现的问题的前瞻，也无意开展长线研究。正如麦克甘和韦弗所描述的：

> 在保持形式上独立的同时，倡导型智库与特定的意识形态群体或利益集团密不可分。它们倾向于在决策过程中检视自己的角色，即在观念战争中取胜，而不是对最佳政策进行公正的探索，它们更经常地聘用那些对基础研究兴趣不高的非学术人员。①

与另两类智库相比较，上述特性使倡导型智库在着重推广其意识形态观念方面更具有利条件，而且作为一种结果，倡导型智库通常不宣称其开展的研究兼顾了各方利益以及在本质上是客观的。② 尽管如此，倡导型智库对于政策过程有着巨大的影响，过去 20 多年它们工作的影响历历在目。③ 然而，实际问题在于：一家倡导型智库的影响是否等同于一家智库的影响抑或一个游说组织的影响？

传统基金会即倡导型智库的典型，它以如下方式描绘其研究侧重方面的特色：

> 我们所聘用的专家都拥有多年从商、从政和在国会山工作的经历，他们的任务并非单纯从事研究。我们出产与我们的信念相契合的解决方案，并向国会、行政部门、新闻媒体和其他各方推销这些方案。④

---

① McGann and Weaver, *Think Tanks and Civil Societies*.

② Abelson, *Do Think Tanks Matter?*, p. 21.

③ 麦克甘和韦弗 (*Think Tanks and Civil Societies*, p. 69) 提供了一个实例，即（作为一家倡议型智库）传统基金会是如何影响政策的：例如，1982 年 3 月，基金会推出了一项具有里程碑意义的研究，提出结束冷战信条，即双方以消灭对方为手段以遏制核战争的发生。我们（传统基金会）提出一个保卫美国免受导弹进攻的替代战略。一年之后，几乎同一天，里根总统宣布了他的"战略防御倡议"（亦称"星球大战计划"，Strategic Defense Initiative），与基金会的计划如出一辙。

④ *About the Heritage Foundation*, 2005, p. 4, http://www.heritage.org/About/about Heritage.cfm.

与布鲁金斯和兰德公司形成鲜明对比，传统基金会出产的研究成果与其信条是一致的。此外，成为一个研究推销者的理念——这种理念转变了对智库如何开展业务的看法——在上面的引述中已经昭然若揭。不像许多其他的政策研究机构，传统基金会所获资助的 45% 以上是来自其会员（个人捐赠者），[1] 其余来自各个公司和基金会。这种情况使传统基金会尚能保持作为一个独立机构的认知，而不使其委托人感觉它过于依赖某一捐赠来源。正如里奇（Rich）所指出的："为获取信誉，智库寻求其独立性的最大化。"[2] 传统基金会所表明的是，独立性能够以不同于学术型智库的方式来界定，学术型智库是要保持严格的客观性，并与任何党派没有瓜葛。传统基金会在其宗旨中对独立性做了这样的陈述：

> 传统基金会成立于 1973 年，是一所研究和教育机构——一所智库——其使命是在自由企业、有限政府、个人自由、传统美国价值准则，以及坚实国防的基础上规划和推动保守的公共政策。[3]

与布鲁金斯和兰德公司形成对照，传统基金会公开承认其政治倾向。基金会的赞助者认为智库首先是给予保守党以积极呼应，其次才是针对党外各方，因此其独立性是更为狭义的独立性。不像布鲁金斯学会和兰德公司，传统基金会把赢得"观念战争"（"war of ideas"）[4] 看得比纯粹研究更重要。这一点也反映在其选才用人上，基金会尽力聘用年轻人，他们一般都将获得硕士或博士学位，但还没有多少发表和被引证的成果，尚未在研究领域获得声望。基金会要求雇员不得追随其他特定的意识形态体系，而是必须投身于"建设和推动一个自由的社会"。[5] 传统基金会鼓励其雇员参与论辩。与学术型智库相反，传统基金会很少聘用兼职分析家，更愿意聘

---

① McGann and Weaver, *Think Tanks and Civil Societies*.

② A. Rich, *Think Tanks, Public Policy and the Politics of Expertise*, Cambridge University Press, 2004, p. 12.

③ *About the Heritage Foundation*, 2005, p. 1, http://www.heritage.org/About/about Heritage.cfm.

④ McGann and Weaver, *Think Tanks and Civil Societies*, p. 73.

⑤ Ibid., p. 77.

用专职人员。

传统基金会以善用媒体推广其观念、影响政策和舆论而著称。它一直被称为"营销机器"。① 基金会是首批向目标听众营销其产品的智库之一。作为其营销战略的组成部分，基金会对其网站给予很大投入，力求创建一个互动性的市政厅，② 对其委托人推送信息，为保守党提供一个论坛，使他们能在第一时间了解到有可能对保守运动产生政策性影响的重大事件。而且，基金会还创建了"致力于诸如税收、监管、劳动力和外交政策等特殊政策问题"网页。③

最后一个可能引起特别兴趣并为进一步研究提供保证的领域是传统基金会开发的数据分析中心。保守派感到，诸如国会预算办公室（Congressional Budget Office）和白宫行政管理和预算局（White House Office of Management and Budget）这类联邦机构倾向于左翼，并垄断与制定有关税收和消费法规政策相关的数据分析。为与此做斗争，基金会购买软件，以预测政策变化对美国经济的特殊部门的影响。④ 这一观念——即智库可以发挥一个数据分析中心的作用——对于政策研究中心来说是重要的，随着技术开发问题的解决，它们可以作为数据资源库来提供服务。在思考美国智库的未来时，麦克甘和韦弗指出：

> 从（我们的）优势出发，美国智库似乎呈现一种成倍增加、地方化和专业化的趋势。智库在过去25年出现激增，但是除了1973年传统基金会、1978年卡托研究所和1989年进步政策研究所的成立之外，没有新的、能够覆盖广泛政策问题的重要的全国性智库建立，至少是没有利用私人基金并基于非政府的传统模式的智库成立。⑤

传统基金会1973年成立，在过去20年中一直能够对政策形成重要影

---

① McGann and Weaver，*Think Tanks and Civil Societies*，p. 77.

② http：//www. townhall. com.

③ McGann and Weaver，*Think Tanks and Civil Societies*，p. 80.

④ Ibid. .

⑤ Ibid. ，p. 83.

响。它是一家知名"保守派智库"的典型和现代智库的模型。实际上，传统基金会的使命是将保守派理念引入主流。

一方面，学术型智库将恪守美国的独立观念奉为圭臬，在一定程度上是因为它们与大学更为相似。它们多由不同的资助者提供经费，研究议程在内部设定，其中研究者发挥决定性作用。另一方面，契约型智库尽管也坚持严格的科学研究方法，但并不局限于学术型智库对独立性的限定。在谈到契约型智库和学术型智库之间的相似性时，麦克甘和韦弗指出：

> 前两类即学术和契约研究智库具有很大的相似性：它们都倾向聘用有着较强学术资历的雇员，如来自有声望大学的博士；它们都非常强调采用严格的社会科学方法，并力求使其研究为广大受众认为是客观和可信的。[①]

在谈到上述智库之间的差异时，麦克甘和韦弗说道："它们的主要区别在于其经费来源、议程设定以及产出的成果。"[②] 也就是说，这些智库的主要不同在于它们如何确立自己的制度结构，以符合其对独立性的差别化限定。通常，合同研究者的大部分经费来自政府机构，这些资助机构在研究议题的确定上扮演重要角色。至于学术型和契约型智库从事政策相关研究的能力，麦克甘和韦弗认为："就政策相关性而言，合同研究者明显要比学术型智库具有优势，因为决策者常常用相当特殊的术语概述他们希望寻找答案的那些问题。"[③] 政策研究中心的情况也是如此。

## 政治与哲学取向

虽然智库的组织结构各不相同，但所有智库大致可归为四种类型，即自由的、保守的、激进的和温和的。尽管有这一分类，但做出区分也并非易事，人们可能发现有些学者和机构认为自己或是自由或是保守，其实并

---

[①] McGann and Weaver, *Think Tanks and Civil Societies*, p. 7.

[②] Ibid. .

[③] Ibid. , p. 8.

非是意识形态的概念，且它们对那些挑战其长期持有的假设和世界观的反面证据和成果并无成见。智库的政治和哲学基础不仅会影响其开展研究的视角，也会影响到其研究成果。一些智库对它们的意识形态偏好给予明确的说明，另一些则更乐于保持至少是无党派的形象。

在整个谱系的一端是保守型智库，它们总体上支持自由市场经济政策和传统主义的社会政策。自由派智库多少有些类似，它们主要强调自由放任的经济和在社会政策中限制政府的作用。鉴于其学者观念的广泛性，目前尚存的温和派智库是值得关注的，但也由于它们强调超脱的和无党派的政策路径，因此形成了包括保守和激进元素的一种综合。最后，激进型智库主要支持政府干预主义的经济政策，与此同时又主张对政府干预社会问题给予限制。有些智库集中关注特殊领域或特定问题（例如防卫和安全智库），根据这些特殊领域中目前所表现的保守的和自由取向，它们可被归入保守或激进型智库。因此，在防卫和外交政策上因循现实主义或新保守主义学派的智库属保守型智库，而一般代表更自由的国际主义方法的智库属激进型智库。

那些关注点较为狭窄的智库群体随着时间会发生变化，表7中的类型显示了目前这样一些特殊智库的意识形态群落。一般而言，无论单个学者隶属哪个党派或哲学取向如何，智库群体都认可一种学术传统，并承诺寻求真理和为国家做出最佳规划。很明显，不是每位学者或机构都能始终坚守这些标准，但这是绝大多数智库的准则，决策者一直对在这些机构中工作的学者寄予厚望。

**表7**             **智库的政治和哲学取向**

| 智 库 | 政治/哲学取向 |
| --- | --- |
| 传统基金会 | 保守 |
| 美国企业研究所 | 保守 |
| 胡佛研究所 | 保守 |
| 哈德森研究所 | 保守 |
| 进步与自由基金会（Progress and Freedom Foundation） | 保守 |
| 曼哈顿研究所（Manhattan Institute） | 保守 |
| 竞争企业协会（Competitive Enterprise Institute） | 保守 |

续表

| 智　库 | 政治/哲学取向 |
| --- | --- |
| 家庭研究学会（Family Research Council） | 保守 |
| 国家政策分析中心（National Center for Policy Analysis） | 保守 |
| 理性基金会（Reason Foundation） | 自由/保守 |
| 卡托研究所 | 自由/保守 |
| 华盛顿近东政策研究所（Washington Institute for Near East Policy） | 中一右 |
| 兰德公司 | 中一右 |
| 战略与国际研究中心（Center for Strategic and International Studies） | 中一右 |
| 国际经济研究所（Institute for International Economics） | 中间派 |
| 国家经济研究局 | 中间派 |
| 外交关系协会（Council on Foreign Relations） | 中间派 |
| 自由论坛（Freedom Forum） | 中间派 |
| 经济战略研究所（Economic Strategy Institute） | 中间派 |
| 进步政策研究所 | 中间派 |
| 加利福尼亚公共政策研究所（Public Policy Institute of California） | 中间派 |
| 未来资源（Resources for the Future） | 中间派 |
| 贝克研究所（Baker Institute） | 中间派 |
| 城市研究所 | 中一左 |
| 卡特中心 | 中一左 |
| 布鲁金斯学会 | 中一左 |
| 新美国基金会 | 中一左 |
| 卡内基国际和平基金会 | 中一左 |
| 公民税赋公平协会（Citizens for Tax Justice） | 激进派（或改革派） |
| 美国进步中心（Center for American Progress） | 激进派（或改革派） |
| 司法政策研究所（Justice Policy Institute） | 激进派（或改革派） |
| 预算与政策优先中心（Center on Budget and Policy Priorities） | 激进派（或改革派） |
| 公共诚信中心（Center for Public Integrity） | 激进派（或改革派） |
| 政治和经济联合研究中心（Joint Center for Political and Economic Studies） | 激进派（或改革派） |
| 世界观察研究所（Worldwatch Institute） | 激进派（或改革派） |

### 组织与人员配备

在美国，大型智库一般是由一位主席或首席执行官（CEO）作为主要领导，他们都是机构中的高薪雇员。主要领导从事日常管理（项目、制定指导方针、任命新的雇员），并对理事会或董事会负责。他或她还要有数个副主席或研究主任给予其支持。多数情况下，理事会由来自商界、金融和学术领域的知名人士、前白宫和国会成员，某些情况下，也会包括来自其他智库的成员。这些理事会成员在志愿基础上开展工作，负责主席的任命、审定预算、制订长远计划、确保研究计划符合机构的宗旨以及独立性。此外，理事会最重要的工作之一是筹款，这对目前智库所处环境来说是最为关键的任务。许多智库还设有咨询委员会。例如，在美国企业研究所，这一委员会几乎完全由来自美国知名大学的学者组成，当然也有其他智库聘请来自商界和政界的高级别人物，包括国会议员，组成它们的咨询委员会。

在美国智库圈内，针对各种类型的专职雇员和联系人员有着高度复杂的分类体系（表8）。智库和智库之间不尽相同，但一般来说研究人员被称为"学者"、"高级研究员"、"政策分析师"、"资深研究人员"等。同时，在特聘研究员/学者、合作研究人员、客座研究员或访问研究员以及兼职学者之间还有区别。特聘研究员或学者是智库雇员的组成部分，有办公室，一般是全职聘用，有固定期限合同。另一方面，客座研究员照例是兼职或基于固定酬金，无固定办公室，常常是在他们原机构进行工作（例如大学）。虽然合作研究人员或兼职学者通常服务于一家或多家智库，工作上联系紧密，且多年如此，但他们仍然不属于智库正式成员。至于他们为智库所做工作的报酬问题则因人而异。照例，为客座学者提供的仅有办公室，以及对他们在智库开展的研究活动的后勤支撑。最后，访问研究员通常能被给予研究员职位，但一般限制在一年之内，还包括固定的奖学金、办公空间以及对于开展与智库计划相契合的研究项目的后勤支持。这类客座研究人员中有些来自军队、行政机关或企业界，他们各自的雇主会负担他们学术研究休假的经费，这种假期一般持续数月之久。

| 表 8 | 排名前 10 的智库人员配备模式一览（按字母顺序排列）* |
|---|---|
| 智 库 | 人员规模（研究人员） |
| 美国企业研究所 | 86 名学者和研究员 |
| 布鲁金斯学会 | 229 名学者和研究员 |
| 卡内基国际和平基金会 | 51 名学者 |
| 卡托研究所 | 45 名特聘学者，72 名兼职学者 |
| 战略与国际研究中心 | 138 名学者和研究员 |
| 外交关系协会 | 203 名学者和研究员 |
| 传统基金会 | 66 名学者 |
| 兰德公司 | 1500 名以上的学者和研究员 |
| 城市研究所 | 1519 名学者和研究员 |
| 伍德罗·威尔逊国际学者中心 | 111 名学者和研究员 |

资料来源：人员名单源自各组织网站。*前 10 智库名单源自：《国际智库概观》（*An International Survey of Think Tanks*），费城，宾夕法尼亚，外交政策研究所（Foreign Policy Research Institute），1999 年 8 月。

通常，智库将各种研究题目分配给雇员，这些人拥有多个领域或是若干地区的专业知识。研究者所能享有的自治度则是由组织的结构和文化（学术、咨询、倡议）所决定的。在偏重学术的机构中，学者们几乎可以完全控制他们的研究兴趣和研究重点，而偏重咨询和倡议的智库，政策分析师一般仅有最低限度的自由。学术人员的专业背景无疑有着巨大差异，他们一般都有在公共管理、新闻或法律事务方面的成功经历——或是作为大学、研究机构或公共组织中的学术人员，拥有某类博士学位以及在其专业领域中是得到认可的专家。为研究人员的活动提供后勤支持的是行政人员和研究助理、图书馆员、公关专家以及新闻记者。虽然研究课题一般是以个人项目的形式，由一位研究员来承担，但实际上团队合作更为普遍，通常是在更为宽泛的研究计划框架内，不仅包括智库自有专家，还有来自其他方面的学术和专业人员。在一定情况下，这种合作甚至可以扩展至多个智库之间，以某种单独的研究中心的形式出现，例如企业研究所—布鲁金斯选举改革合作项目（AEI - Brookings Joint Project for Election Reform）。[1]

---

[1]　http：//www.electionreformproject.org/.

## 市场营销，公共关系和公众参与

美国大型智库的主要任务是生成与政策相关的知识，并且为政治与商业精英以及广大公众提供相关信息。在过去的 30 年中，智库越来越多地将重点放在宣传它们的研究、媒体曝光以及开展公众宣教计划。为促进信息的传播，智库常常聘用富有营销和公关经验的专家。例如，美国传统基金会主席福伊尔纳（Ed Feulner）拥有市场营销的工商管理硕士学位，[①] 而基金会负责研究的前副会长伯顿·耶尔·派尼斯（Burton Yale Pines）曾是一位记者。[②]

智库广泛采用各种方法以实现有效传播信息的重要目标，其中包括：

· 简报、会议和研讨会：智库针对其听众有意识地安排一系列讲座、研讨会、大会、专家会议以及个人或者小组的情况介绍。例如，战略与国际研究中心声称其每年举办约 700 场此类活动，而美国企业研究所的年度报告中大体上列举了 200 次此类事件。

· 出版物：一般而言，美国大型智库也像高产的出版社一样进行运作，它们既出版传统出版物，同时多媒体出版物也日渐增多。除了众多的印刷出版物（例如，布鲁金斯学会通过举行新闻发布会和读书会推出其最新出版物），各家智库每年也会多次出版高质量的期刊，例如《卡托杂志》（Cato Journal）一年出版 3 期[③]，《美国企业》（The American Enterprise）为双月刊。[④] 这些出版物同样也刊登外部分析家和学者的文章（比如，来自卡内基国际和平基金会的外交政策方面的文章[⑤]，或是外交关系协会有关国际事务的分析文章）。[⑥] 同样地，智库也经常印制若干方便快捷的简报和通讯，以及针对某一主题的政策简报。最后，一些智库还通过传真或电子邮件提供特殊信息服务，就政治与经济发展情况进行即时评论。这类日常分析一般是免费推送给国会议员、政府代表和高级企业主管。而对于任

---

① http：//www. heritage. org/about/staff/EdwinFeulner. cfm.

② http：//www. nndb. com/people/563/000162077/.

③ http：//www. cato. org/pubs/journal.

④ http：//www. american. com/.

⑤ http：//www. foreignpolicy. com.

⑥ http：//www. foreignaffairs. org.

何智库来说最重要的工具便是其网站了。时至今日，几乎所有的智库都在网络上发布范围广泛的信息，可将服务传递至广大公众。大部分的智库网站也发布演讲、专家评论、会议报告与计划、分析概要、论著提要、专家履历、活动信息，以及越来越多的视频音频片段——所有这些都可免费下载。与此同时，网站也会公布研究课题、研究计划与智库组织结构的信息。它也同样提供具体机构成员的详细联系信息，并且给那些想申请客座研究员、普通员工或实习生的人提供信息（例如，美国企业研究所每年大约雇用 100 名实习生）。①

·媒体：记者指望能得益于智库专家的专业知识来填补栏目版面或节目空档。反过来，智库与相关专家则获得了一个表达意见的广阔平台——有时甚至因为媒体的直接曝光而获得声望。在平面媒体上，智库分析师作为专家被引证，他们还出现在电视和广播的新闻节目甚至脱口秀中。大量的智库专家定期发表他们的著述，有时是在他们自己的报纸专栏中，更多则是以特稿的形式发表。此外，大量在线的政治类杂志也成为这类作者越来越重要的出版平台。相类似地，其他形式的电子媒体也为彰显智库本身及其雇员发挥着日渐重要的作用。例如，伍德罗·威尔逊国际学者中心有一档名为"对话"的定期节目，该节目已被 200 多家广播电台播送，并且拥有大约 20 万名听众。②布鲁金斯学会和传统基金会都拥有他们自己的电视演播室，更有两位美国企业研究所的专家，在美国公共电视网上拥有自己的每周广播节目。③许多他们的同事作为固定的时政评论员，每周数次在美国有线电视网（CNN）与其他电视频道上亮相露面。

·与政府机构的关系：美国智库尤其注重保持与国会议员和雇员、政府官员、联邦法官、各州与民间团体的代表之间的交流渠道。智库专家也经常在国会听证会做证，并为国会议员、行政部门及其职员举办个人的情况通报会。相应地，政府官员和国会议员则被邀请在智库举办的活动上演讲，为他们提供一个面对专家听众的机会，以检验他们的政治理念或所倡导的"中立立场"。许多重要的智库还举办定期的会议和研讨论坛，努力

---

①　http：//www. aei. org/about/filter. contentID. 20038142214000059/default. asp.

②　http：//www. wilsoncenter. org/index. cfm? fuseaction＝dialogue. welcome.

③　*Think Tank with Ben Wattenberg*，http：//www. pbs. org/thinktank/index. html.

与政府代表建立正式的沟通网络。例如，外交关系协会有一个"国会与美国外交政策计划"，该计划聚集了来自各政党的国会议员。此外，国会议员们同样也会成为诸多美国智库的董事会成员。有些智库着意打造与政界的紧密联系，因为其中不少智库（尤其是兰德公司和城市研究所）其预算的绝大部分源自为各联邦政府机构开展的合同研究（项目研究和立法筹备等）。

### 智库的经费

智库通过私人基金会、企业、个人、政府的资助、合约还有捐助收入筹措经费，以支撑自己的各类活动（表9）。每家智库中不同来源的资金比重各不相同，为避免过度依赖单一的资金来源或捐赠者，他们都力求拥有一个多样化的经费基础。

**表9      排名前10智库的总体经费概况（按字母顺序排列）** *

| 智库名称 | 财政年度 | 收益（美元） | 开支（美元） |
|---|---|---|---|
| 美国企业研究所 | 2005 年 | 33671688 | 21396857 |
| 布鲁金斯学会 | 2005 年 | 48285303 | 38429059 |
| 卡内基国际和平基金会 | 2005 年 | 41839654 | 20580441 |
| 卡托研究所 | 2006 年 | 6364917 | 5145645 |
| 战略与国际研究中心 | 2005 年 | 30140266 | 27241386 |
| 外交关系学会 | 2005 年 | 45762929 | 32990455 |
| 传统基金会 | 2005 年 | 46231391 | 43532782 |
| 兰德公司 | 2006 年 | 240706680 | 230440132 |
| 城市研究所 | 2005 年 | 79703218 | 74153030 |
| 伍德罗·威尔逊国际学者中心 | 2005 年 | 19945337 | 21131739 |

资料来源：这些数据引用自递交给美国国家税务局（IRS）的 990 表第 12 行（"总收益"）与第 17 行（"总开支"）。可见于：http://www.guidestar.org/。* 前 10 智库名单源自：《国际智库概观》（*An International Survey of Think Tanks*），费城，宾夕法尼亚，外交政策研究所，1999 年 8 月。

### 细究独立性

在研究智库的文献中，有一些常见的有关独立性的特定话题，包括资金来源、议程设定与财务状况。为了争取被作为一所智库而不是一个游说集团看待，智库必须从这三个方面证明自己的独立性，至于如何证明，在不同类型的智库之间有很大差异。本文中探讨的三类智库（学术型、契约型和倡议型），它们在上述三个范畴内对于独立性有着各自不同的见解，如表 10 所示。

表 10　　　　　　　　　　　　　关于独立性的不同见解

| | 学术型智库 | 契约型智库 | 倡导型智库 |
|---|---|---|---|
| 资金来源 | 多样化经费来源（基金、拨款、各类组织、个人捐赠等） | 主要来源于政府合约 | 委托人起主要作用 |
| 议程设定 | 主要由研究人员决定 | 政府需求 | 意识形态驱动 |
| 意识形态 | 试图保持中立 | 试图保持中立 | 自由/保守 |

注：没有智库可以做到 100% 中立、无约束地制定议程或利用单一资金来源。此表仅说明它们对独立性看法上的不同之处。

学术型智库被认为是追求完全独立的一类智库，契约型较为中立，而倡议型与其说是智库，倒更像是游说组织。学术类智库相信，要取得财政独立就要使经费来源多样化，即利用基金会、企业和个人来筹措大部分经费。它们确信这种方式能使它们自由地设定研究议程，这是一个纯学术研究机构最为关注的问题。学术类智库的议程设定是由最基础的课题研究所驱动（研究发挥主要作用）；在选择从事什么研究时，知识建构是首先要确定的。最后，学术类智库没有特定的意识形态。它们试图在思想意识上保持中立，并认为其研究是为了全人类的利益，或者至少，是为了全体美国人的利益。

契约型智库的观点稍有不同，并在占主导地位的学术类智库之后取得发展。它们通常从政府的大型合约中获取资金，且来源非常单一。因此，这些智库的议程更为直接地（如果不是完全地）由其出资人设定，而他们一般也是智库研究的消费者。对于契约型智库来说，体现其独立性的重要方面是政府资助方视它们为独立于政府机构之外的机构，并且其在意识形态上是中立的。而对于政府来说，契约型智库履行了外人（outside individuals）的角色，它们可以就保密的信息与政府开展对话，并且可以回馈给政府机构公正的评估以供内部使用。然而，多数情况下，这些信息并非机密而是可以公之于众。由于这些智库有着明确的客户（政府），为了凸显独立形象，它们必须保持无党派身份。而正是由于一些人开始视这些智库为左倾，导致智库发生了进一步演变：倡导型智库出现。

倡导型智库是区别于其他两种智库的，因为他们有着明确的意识形态立场：自由派或保守派。除了一个清晰的意识形态立场，为了赢得"观念战争"，它们的议程是由委托人来决定的（支付某种形式会员费的成员）。这些智库与游说团体最为相像，但由于一直给予科研足够的重视，因而被认为是一类智库。倡导型智库的经费大部分来自委托人。尽管并不坚持意识形态的独立性，但也一定不要认为它们只是支持其赞助人中的特定集团。例如，如果是一个保守派倡导型智库，就不能认为它们更倾向于温和派，而不是原教旨主义。倡导型智库在资金、议程设置和意识形态上仅拥有极小程度的自由度。应予关注的是，倡导型智库，尤其是保守的倡导型智库，目前在数量上远远超过了传统智库，达到二比一，并且其开支也远超于自由派智库，幅度达到三比一。此外，当今智库的发展趋势正向着拥有明确的意识形态目标发展——即，许多新生智库公开宣布它们的政治隶属关系。[①] 许多这类新生智库更适合于归类为"政党型智库"，超出了本文所讨论的智库类别。

由于在学术文献中独立性的定义极其宽泛，为达到对智库进行限定的实际目的，独立性的概念已无法在区分智库的类型上提供更多的帮助。仅仅基于独立性很难确定智库与游说集团的分界点；而这个分界点应该是，一旦研究不再是这一组织的首要目标。同样，依据对于独立性的看法来区分倡导型智库与政党型智库也很困难，而它们在看待研究的观点上却有着显著差别。倡导型智库认为它们的主要目的是为决策者提供社会科学的专家知识，而政党型智库认为其主要目的是为其政党的立场提供辩护。政党型智库通常先预设立场，然后收集现有的研究来支持其立场。

## 美国智库的战略

智库因提出和推广各种理念而闻名；为营销研究成果，智库进行了巨

---

① Ezra W. Reese, "The political activity of think tanks: The case for mandatory contributor disclosure", *Harvard Law Review*, Vol. 115, No. 5, 2002, pp. 1502—15524.

大的投入。然而，智库并非根据所获收益来计算成就（因为它们是作为独立的非营利机构登记注册的），而是根据它们在左右公众意见与决策上的影响地位。正是因为这一特点，它们或多或少地变得有些像那些追逐政治权利与地位的游说组织、压力集团和利益集团。尽管智库与其他利益集团有明显的区别，然而二者的特点依旧经常被混淆。

至于智库的运作问题，一般而言，智库在其出现在互联网上之前已完全组建成型，并且多年来依据"同一屋檐"的模式（"one roof" model）运行。此模式的基本理念旨在使来自不同背景的学者聚集一处，以便他们更加紧密地交流互动。采取这一举措的原因之一当然是便于交流，因为分处各地开展交流的成本很高。从公众角度讲，智库依赖其众多的策略向决策者与公众传达他们的意见。

当今智库被认为拥有五大主要利益。智库最重大的影响是提出新的观念，能够改变决策者对于国际政治的看法，以及他或她如何做出回应。创新的洞见可以从一开始便改变国家利益，提供行动蓝图、影响优先排序、集结政治联盟并打造持久的制度设计。然而，要吸引那些已经专注于各类信息的活跃决策者的注意力并非易事。为此，智库利用各种渠道和营销战略，诸如举办大会和研讨会来探讨各类外交政策问题事件；鼓励特聘学者在大学、扶轮社等诸如此类的场所发表演讲；为立法委员会做证；提高在平面媒体和电子媒体上的曝光率；宣传他们的研究成果；并且在互联网上创建网站。智库的学者就重大的全球性挑战提出令人信服的评估。而总统竞选和换届是设置对外政策议题的理想机会。正如胡佛研究所的马丁·安德森所阐述的：

> 正是在这些时间段，为了在诸多国内外政策事务上确立政策立场，总统候选人从众多知识分子处征询建议。总统候选人与政策专家广泛交换意见，并在竞选过程中对这些建议进行检验。这就像是国家级的测试—营销策略。①

---

① Abelson, *Do Think Tanks Matter?* .

私下里，智库中的专家和学者会通过在联邦政府中接受内阁、非正式顾问团或者其他职位，进而寻求更加直接地参与外交政策的制定，然而，许多决策者也返回智库，或在智库以高级顾问身份服务于政府、或是进入过渡时期团队或是进入总统国会的咨询委员会；他们会邀请国防部、国务院、国家安全委员会、中央情报局和其他情报收集机构中的某些官员参加私人研习班和研讨会；并且为国会、行政机构和整个联邦政府的决策者提供政策简报与关于当前外交政策的相关研究。①

## 智库面对的趋势

近年来，外界的诸多变化为智库共同体带来新的挑战和机会，对这些组织有效运作的能力产生影响。为确认这些趋势，并就智库如何保证其可信度和可持续性提供指导，34 家重要智库被邀请参与一项与上述问题相关的调查。② 这些被调查者指出，智库界面对的变化主要发生在六个主要领域，包括：经费的变化；非政府组织的总体增长，特别是智库的激增；一种全天候媒体（24/7 media）的出现；技术的进步，特别是互联网的优势；党派政治的强化；以及全球化的持续影响。③ 被调查者辨析了上述六个触发因素所导致的积极后果和消极后果，指出其对智库的效益提出了新的挑战，也带来新的机会，借此可以改进它们的工作。一些趋势的融合特别值得注意，它们会对智库作为政策建议者的作用产生影响。报告考察了捐助者的约束性资助政策的累积效应、国会和白宫的短期和狭隘取向，以及有线新闻网和印刷媒体对肤浅和轰动效应的追求是如何侵蚀了政策研究的质量，并限制了美国公众的政

---

① Richard N. Haass, *Think Tanks and US Foreign Policy*.

② 参与的机构名单：贝克公共政策研究中心（Baker Institute for Public Policy）、布鲁金斯学会、卡内基国际和平基金会、美国进步中心、国家政策中心（Center for National Policy）、战略与国际研究中心、预算与政策优先中心、外交关系协会、经济政策研究所、伦理与公共政策中心（Ethics and Public Policy Center）、史汀生中心、传统基金会、哈德森研究所、国家政策分析中心、新美国基金会、尼克松中心、进步政策研究所、兰德公司、理性基金会、未来资源、美国和平研究所、城市研究所、伍德罗·威尔逊国际学者中心。参见 James G. McGann, *Scholars, Dollars and Policy Advice*, see also http://www.fpri.org/research/thinktanks/200408.mcgann.scholarsdollars.doc。

③ Ibid..

策选择范围。

由于智库加强对其研究成果和政策建议的在线宣传，为公众、媒体和潜在捐赠者提供免费获取服务，这造成经费问题因互联网的发展而加剧。逐渐强大的党派政治正在挑战着智库的独立性和客观性，而遵循党派方针开展分析的组织和机构也相应增长。这些消极趋势结合起来，对于未来智库能否持续地作为合理公共政策建议的独立、可靠的提供者造成了极大挑战。然而，这六种主要的环境变化也为智库推进其主旨提供了机会。全天候媒体的出现与互联网有助于提高智库的形象，使它们获得更为广泛多样的受众，能够更为经济地传播自己的出版成果。组织的激增促进了智库与其他地方、州和国际层面的非政府组织之间的深度合作。这种网络可以利用新的机制从而有效地影响政策以及更广大的受众。此外，全球化与意外跨国事件的影响，例如"9·11"，已经激起了智库对国际事务、外交政策和国家安全的极大兴趣，促使其更多地关注这些问题。所有这些趋势在2004年总统大选期间更加受到关注。这些从环境变化中出现的机会既为智库提供了推进其特定使命的能力，也从整体上加强了智库的作用。①

最近，学者以及记者们已经逐渐意识到，智库是一个美国特有的现象，并且在制定政策过程中，那些坐落在或是邻近于首都（华盛顿特区）的智库比位于其他地区的智库拥有更大的影响力。这两种假定都需要给予解释。首先，虽然美国被认为是世界上一些最为杰出智库的发祥地，但智库也同样大量地出现在许多发达国家与发展中国家，包括加拿大、英国、德国和澳大利亚，甚至也包括欧洲大部分地区、中东、非洲及整个亚洲。它们由企业和慈善基金会赞助。如今智库已成为一个全球现象，正如世界银行和各类政党等其他国际组织一样（见图1和图2）。

---

① 参与的机构名单：贝克公共政策研究中心（Baker Institute for Public Policy）、布鲁金斯学会、卡内基国际和平基金会、美国进步中心、国家政策中心（Center for National Policy）、战略与国际研究中心、预算与政策优先中心、外交关系协会、经济政策研究所、伦理与公共政策中心（Ethics and Public Policy Center）、史汀生中心、传统基金会、哈德森研究所、国家政策分析中心、新美国基金会、尼克松中心、进步政策研究所、兰德公司、理性基金会、未来资源、美国和平研究所、城市研究所、伍德罗·威尔逊国际学者中心。参见 James G. McGann, *Scholars, Dollars and Policy Advice*, see also http：//www.fpri.org/research/thinktanks/200408.mcgann.scholars-dollars.doc.

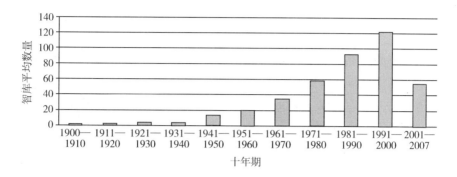

**图1　世界范围内每年新增智库的平均数量**

来源：詹姆斯·G. 麦克甘：《全球走向智库：世界主要公共政策研究组织》（*The Global Go - To Think Tanks*：*The Leading Public Policy Res earch Organizations in the World*），费城，宾夕法尼亚，外交政策研究所（Foreign Policy Research Institute），2007年，第5页。

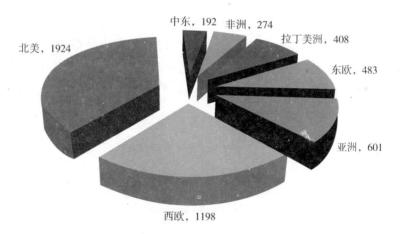

**图2　全球各地区智库数量分布**

来源：詹姆斯·G. 麦克甘：《全球走向智库：世界主要公共政策研究组织》（*The Global Go - To Think Tanks*：*The Leading Public Policy Res earch Organizations in the World*），费城，宾夕法尼亚，外交政策研究所（Foreign Policy Research Institute），2007年，第7页。

除了绝对数量之外，与其同行相比较，美国智库最显著的特点是它们影响决策过程的程度、它们直接或间接参与政策制定的能力以及决策者向它们征询建议的意愿，而这些使得一些学者认为，美国智库对于公共政策的制定有着深远的影响。[①] 如何获得政策影响力？测量和评估智库的影响力须要克服哪些障碍？至少，重要的是承认智库在决策周期的不同阶段中运用了不同的政策影响力。

毫无疑问，在美国乃至世界范围内，智库的数量一直在增长，它们影响决策过程的趋势也在发展。然而要衡量它们的影响程度，我们需要密切关注智库是如何参与特殊外交政策争论的，以及在何种程度上它们的建议得到考虑。唯此才能更好地了解它们发挥的作用和影响。虽然智库对美国的国内与外交政策做出了宝贵的贡献，但问题是影响到底有多大？采用了哪些特殊的方式？对这些问题与其他问题给予解答将在一定程度上增加对这些组织的角色和作用，以及它们在美国外交决策过程中的地位的了解。

## 衡量智库的影响力

政治学家认为智库要么是政治精英的一部分，要么就如同诸多制度利益（institutional interests）之一，在一个多元框架中争夺决策者的注意力。这两种方法都不能为测定智库对于政策有着什么样的或是何种程度的影响提供更多帮助。唐·阿贝尔森（Don Abelson）认为，要对华盛顿产生影响，可以采用许多方式。有些智库在幕后默默工作，未经任何宣传，却取得巨大的成功；而另一些则尝试运用更为公开的方式转变公众舆论。[②]因此，他建议，在搞清这些不同类型的智库如何工作之前，对于什么构成了影响力以及如何衡量影响力，我们需要一种更加细微的认知。他建议，在政策周期的不同节点上，影响力应根据直接和间接指标来加以追踪和衡量。如下所示：

·阐明问题：例如通过公开演讲、各类媒介、精英阶层、政府、引导政策思潮、结盟等，目的在于使问题进入公共议程。

·政策制定：例如通过研究、评估、简报、证词、咨询、建立网络、标志性项目和示范效应。

---

① Abelson, *Do Think Tanks Matter?*.

② Ibid..

·政策实施：例如通过合约、咨询、媒体、官员供给、培训和数据库维护等。然而，衡量这类影响要比具体说明何为影响力更为不易。且在美国背景下尤其困难，因为在其决策过程中有着太多的"行为者"和外部力量。①

显示智库的影响力得以实现或是得到证明的一些指标包括：

·资源指标：资助的程度、质量和稳定性，接近和接触决策者与其他政治精英，雇员的背景与能力，网络的质量与可靠性，还有与政策和学术界以及媒体的联系。

·需求指标：媒体报道程度、网站点击率、证词、简报、官方委派、官员或政府各部门与机构的咨询、有利的或能容纳的政治环境、书籍销量、报告的分发、会议与研讨会的数量。

·影响指标：建议被决策者考虑或采纳，用户们的看法，网络中心度，对政党、候选人和过渡班子而言的咨询作用，所获奖励，在学术刊物上发表或是被学术报刊引用的文章，群发功能（listserv）与网站的优势，采用反主流姿态（即与官方方针相反），等等。

因为智库并不是游说组织，并且税法规定美国的非营利组织不能试图影响某项具体的立法，所以在涉及它们对重大政策问题的影响时，智库更倾向于轻描淡写，而不是有意夸大。此外，考虑到立法程序的复杂性和美国政治中众多的利益冲突，任何一个行为者都很难宣称对某一公共政策独自承担责任。最后，由于尚未有对智库部门及其对于公共政策影响的系统分析，我们不得不退而求其次，采用间接指标来评估智库的影响。②

实际的政策创新/变革/实施是有关影响的最显著指标。能说明因果关系的研究（个案研究）和数据很难获得，因为资助者并不倾向于支持此类研究。因为这些制约因素，我们不得不依靠奇闻逸事、决策者的证词、旁证来代替确凿的证据。有关知识利用率的文献以及世界银行将知识与政策计划相衔接的做法对于这个问题具有指导意义。如果有人对于这些主张和这类证据的价值产生怀疑，还有其他一些方法来衡量一项计划与政策过程

---

① Abelson，*Do Think Tanks Matter？*.

② Ibid..

的相关性，以及它们形成最后结果的潜力。

- 关系/与决策者/实施者的接触；
- 个人（董事会成员，等等）与决策者的关系；
- 研究成果传播的范围/质量；
- 决策者对成果的利用（公共参考）；
- 其他有影响力的精英的利用：编辑委员会、专栏作家、媒体评论员；
- 被政治压力集团和其他公民行为者（civic actors）利用；
- 逐渐增多的媒体对科研成果的引用；
- 学术期刊、新媒体、政府证词等对研究与分析的参考。

所有的智库都在发挥着交流联络的作用，协助创建各类联盟，丰富政策思潮，以影响政府的行政和立法分支机构。依据谁入主白宫，一些智库为其提供重要的政策制定者和工作人员，这些人可以制定并实施具体政策。决策者借助智库，或是至少以一种补充方式来展示、试验或施行其政策。其他智库，例如一直基于与政府行政部门的合约开展工作的城市研究所和国防分析研究所，它们在选举周期内不大受到媒体和国会活动的影响，但也同样为重要官僚们提供雇员支持或政策建议，以支撑政策周期。

总之，因为能够接近决策者和媒体，提高了高层决策者和公众对它们研究和分析的利用率，这些美国智库在打造公共政策与公众舆论方面拥有极大的竞争优势。相较那些涉及国际组织、外国政府的行政和立法机构的官员，智库同样拥有竞争优势，因为它们拥有更高的自由度，更少法律和外交限制，并有比国家、政府和官僚体系更好的组织网络。

## 结　论

公共政策研究机构近30年的增长几乎是爆炸性的，尤其是在美国。这些组织不仅是在数量上有所增长，而且其贡献的影响与范围在美国乃至全世界都得到了显著扩张。在美国，人们可以找到各种各样的公共政策研究机构，而世界其他地区则倾向于更多限制智库的范围和种类。美国以外的智库主要分为三个类别，即隶属于大学、隶属于政府以及隶属于政党，但是它们都没有达到美国智库所享有的那种自治程度。不考虑它们的组织结构，在美国和许多其他国家，已经固化在政治结构中的智库，现在已经被看作政策过程中的重要组成部分。如今，对于大多数国家的挑战则是利用这些公共政策研究机构储备的大量知识、信息和联络能量。然而，世界其他地区的历史和政治传统与美国明显不同，且事实上每个国家都有其自己的特定政策问题与需求，美国的经验中可以提取一些有益的教训。

不同种类的智库一直在行使着不同的功能，包括：

- 就政策问题开展研究和分析；
- 为当前的政策关切提供建议；
- 评估政府项目；
- 为电子和印刷媒体进行政策解读，从而促进公众了解和支持政策创新；
- 促进"议题网络"的构建，围绕特殊政策议题聚集各类政策行为者；
- 为政府提供要员并做好学者储备。

尽管一些学者和决策者竭力质疑美国独立智库模式向世界其他国家和地区转移的潜在可能性，世界各地的许多决策者和市民社会团体已经开始寻求创建真正独立的、不依附的智库，来辅助政府的思考。虽然像布鲁金斯学会、兰德公司或者传统基金会这样的模式是否适用于其他国家和政治文化还需商榷，但以再现这些机构所享有的独立性与影响力为目的的追求是不应质疑的。

# 华盛顿的主要智库及其挑战<sup>*</sup>

默里·韦登鲍姆/文    刘    航/译

【摘要】默里·韦登鲍姆（Murray Weidenbaum）博士拥有接近半个世纪的政界、商界和学界经历，曾在华盛顿五个最大的智库担任不同角色。本文基于他 2008 年的著作《思想竞赛：华盛顿智库的世界》（*The Competition of Ideas：The World of Washington Think Tanks*），对华盛顿五大智库进行比较分析，简要讨论了内部运作、互动关系、财务及成效，并解释它们的局限性。作者试图提醒读者避免被"财大气粗"的智库头上的光环迷惑，因为"不管怎样，智库的基本优势不在其财务或经济实力，而在于公共政策决策者对如下方面的评定：技艺专长、论述的可信度、数据的准确度，以及它们成果的独立性"，并且"有经验的记者警告我们不要将一个智库的出镜率和它真正的研究影响混淆"。然而，作者认为，对智库的影响力的评估很难做到精准，因为有时你无法知道到底是哪个（些）智库的哪个（些）成果直接或间接影响了政策制定。从实质上讲，作者总结，智库其实是或者应该是推崇开放思维和产生新点子的教育机构，并应以合作创新的知识生产方式来提升应对社会挑战的能力。另外，作者在文中提及智库产出的质量控制问题——其实这不仅关乎机构声誉和学术道德，也与政治伦理有关，值得关注和研究。

【关键词】华盛顿智库    挑战

美国最赫赫有名的智库们做到它们该做了的吗？默里·韦登鲍姆，这

---

* 原文提名：A Challenge to Washington Think Tanks（华盛顿智库面对的一个挑战）；原文出处：*Challenge*，2009，Vol. 52（1），pp. 87—96。发表此篇文章时，作者已是 82 岁高龄。遗憾的是，作者已于 2014 年 3 月去世。

位前政府高级经济学家认为它们并没有。它们的职责在于抬高话语级别。他认为它们可以做得更好。

每年，美国首都华盛顿的智库机构会花费超过 4 亿美元，为一揽子国家政策的制定吸引舆论焦点和制造影响力。从晚间电视新闻或早间报刊引用它们言论的频率来说，许多智库是成功的。它们的队伍包括许多与公共政策有深切关联的，具有名望且富有经验的人物。这些智库中的一些仍在产生新的有趣的观点。但是总的来说，主要智库机构的表现令人失望，尤其从它们的潜力来看。出镜率和频繁会见国家或国际领袖的能力显然都不是智库的目的。鉴于它们在公共政策领域地位的提高，这些主要智库的真正使命应该是提升对社会重大议题的全国性讨论的高度和深度。

批评者甚至可能认为这些思想库比起"思想（think）"本身，更像一个"库（tank）"而已。作为回应，主要智库的首要任务应该转变为联合开发更多有效方法，以解决社会现存的、根本性的国内外问题。有时，它们中的一些会进行某种合作尝试。它们应该被鼓励顺着这个方向做更多尝试。"观点战争"已走到尽头，应该被淘汰了。

## 背　景

具有讽刺意味的是，尽管智库的产出被全国媒体广泛报道，许多对这些机构的分析却得到了负面的评估：它们据信"已经抛弃了传统上学术的超然性"，它们"产出的研究成果差不多是评论的论战"，它们"更像是盛装思想的库而已，而非思想本身"。这些言论对理解华盛顿主要智库机构的贡献或者局限性没有帮助。尽管如此，它们鼓励了对智库运作的审视。

华盛顿最大的五个智库（简称"华盛顿五大"）涵盖军事和民事议题，也包括国内和国际经济、社会和政治事务。聚焦"华盛顿五大"是有帮助的：美国企业研究所、布鲁金斯研究所、卡托研究所、战略和国际研究中心和传统基金会。它们当中的每一个都已在美国首都驻扎已久，且展现出对各种重要国家议题投入大量专业资源的能力。

在广泛存在争议的问题上，政府官员、记者和利益团体经常依靠"华盛顿五大"作为信息的重要来源。这些智库意识到自己的长期有效力依赖于别人对其研究产出的信誉度和中肯度的信心。在其内部和在其之间尤其后者，它们存在巨大差异。布鲁金斯研究所的公众形象是主流的自由派，但传统基金会是主流的保守派。战略和国际研究中心一般被认为是走"中间派"，而卡托研究所是自由主义者。尽管美国企业研究所通常被描述为保守派，但其军事和外交政策人员则包括显赫的"新保守派"。

2005 年，以我从华盛顿的 32 个智库获得的数据显示，它们共支出 4.11 亿美元，其中五大智库就占了 34%，即 1.4 亿美元。其他大型但分工更细的华盛顿智库包括阿斯本研究所、卡耐基国际和平基金会、城市研究所和世界资源研究所。

不管怎样，智库的基本优势不在其财务或经济实力，而在于公共政策决策者对如下方面的评定：技艺专长、论述的可信度、数据的准确度，以及它们成果的独立性。智库的"生财之道"是信息。

一个重要但未被重视的因素来自主要智库人员间互动产生的反馈作用。他们经常互相在对方会议中发言（有时是以一种辩论方式），为对方出版物撰稿，并参与对方的公共会议。他们也互相阅读研究成果并发表评论。这种互动提供了一种重要的质量控制。因此，纵然他们可能是公众关注的竞争者，但智库 A 的 X 博士希望对智库 B 的 Y 博士保持一种职业尊重，反之亦然。他们两人可能从同一所大学获得高等学位。然而，质量控制的话题值得继续关注。

## 华盛顿的五大智库

在许多方面，建于 1916 年的布鲁金斯研究所是华盛顿智库机构的先辈，拥有最大的接受捐赠和年度预算额度。它的许多职员曾是主要大学的老师，其高级研究员得到同行们的高度认可。布鲁金斯研究所的研究成果通常会经过一套正式的同行审查，然后在刊物上登载。尽管此智库避免"党派划线"，但民主党政府的成员倾向接受它（当然也有显著的例外）。

建于 1943 年的美国企业研究所属于对立于布鲁金斯研究所的保守派。它的许多研究员要么来自学术机构，要么来自共和党政府，或者在两处都曾供职。他们的研究覆盖广泛的经济、国家安全、政治和社会议题；他们写书和报告，并为报纸和杂志撰写短文章。

美国企业研究所和布鲁金斯研究所曾联合开展对政府法规的实质性、

持续性研究分析项目。鉴于这种创新联合项目的成功，布鲁金斯研究所随后也与城市研究所合作展开税收政策研究。

建于 1962 年的战略和国际研究中心，曾是乔治敦大学（Georgetown University）的一部分，但于 1986 年独立。战略和国际研究中心最开始侧重于外交和军事政策，后来扩展至国内议题，诸如环境管制、人口统计趋势及经济和财政政策。该智库许多高级成员曾任职于民主党或共和党政府，其产出主要包括专题论文、报告和发表于报纸杂志的短文。来自两党的参议员和众议员是战略和国际研究中心下属各种委员会的常任成员。

建于 1973 年的传统基金会，从年度支出和接受捐赠规模来看，位于"华盛顿五大"的第二。没有学术上的自我标榜，传统基金会吸引了一批较年轻的研究者，直接聚焦于对国会所关注问题的分析。传统基金会做了大量努力以鼓励国会议员和其他人员使用它的成果。

用传统基金会常任主席埃德温·佛纳（Edwin Feulner）的话说："传统基金会的每个人的工作都基于共同的政策观点。"与普遍印象相反，传统基金会与其他智库相比来自商业机构的收入比例少得多，2005 年是 5％，而美国企业研究所为 21％，布鲁金斯研究所为 17％，战略和国际研究中心为 28％。与卡托研究所类似，其主要收入来自个人捐赠（占 59％），这些捐赠中大部分靠发送大批量邮件获取。

建于 1977 年的卡托研究所是华盛顿五大智库中最年轻的，它以自己的自由主义倾向和不同于传统观点的智慧自居。尽管一些高级人员有雄厚的学术背景，机构中大多数研究员年纪较轻，侧重于当前公共政策议题。与布鲁金斯研究所和美国企业研究所一样，卡托研究所出版各种各样关于国内和国际议题的书籍，以及较短的研究报告。

2005 年，卡托研究所接受资助的 83％来自个人、5％来自商业机构。与传统基金会和美国企业研究所一样，它不从政府拿钱；而美国企业研究所 2005 年的收入中有 9％来自政府，布鲁金斯研究所的这一比例则为 2％。

### 智库和商业

一些观察家认为，智库的独特优势在于为来自政府渠道的公共政策信息提供另一种来源，也在于成为政府政策的潜在批评者。另一些分析师持相反观点，他们担心过多来自私营部门的资助会导致智库产生偏袒于特殊利益的结果。作为智库的一名长期成员和观察者，我不同意后者的观点。众议员邦尼·弗兰克（Barney Frank，马萨诸塞州民主党人）是这样纠正此观点的："我不认为钞票决定选票，我认为钞票追随选票。"

这也是一个对华盛顿主要智库的准确描述。不同捐赠者有一大堆各式各样的智库和政策切入方式以供选择。而且，智库的领导们对它们能拒绝一些资助者反而感到自豪——因为相比严肃的学问而言，这些资助者对"雇用武器"更感兴趣。

但所有这些遗漏了一个基本点。许多公司支持华盛顿五大智库，因为它们对公司商业利益有好处。首先，这些非营利机构是主要信息来源，里面的高级职员包括各自学术领域的且得到全国认可的专家。其次，这些智库的职员规律性地搜集政府政策和项目信息。对华盛顿以外的机构来说，做到这点非常困难，且代价高昂。

一些主要智库为商业或其他机构开展正式培训，告诉它们华盛顿处理事情的奇特方式。如果一个公司熟悉这些方式，会比其他业界里的公司更具备竞争优势，因为这个公司会更好地了解外部环境。

还有，对商业领袖（或其他人）来说，参与智库会议是以非正式渠道与政府高级官员互动较容易的机会。如果不是通过这种机会，与参议院劳工委员会或内阁商业部长约定一个正式会议将会是一个繁文缛节的官僚程序；而在这种非正式场合中，你或许通过参加你所支持的智库举行的官员谈话会，就能与你想见的官员共进午餐或晚餐。你的下属与他（她）的下属能有机会在午餐或晚餐前的招待会中随意交谈。你甚至有机会能在问答环节提出看法。

在某些工作日，华盛顿五大智库中至少一个，连同其他一些华盛顿公共政策机构，会接待外国大使甚至元首，这种情况并不意味着有来自或流向这个国家的资助。接待外宾的智库意图在于让它的听众能熟悉这个对美国有特殊利益的国家，从而在这个过程中可能提升其智库威望。

尽管如此，人们不大能忽略"谁掏钱买笛，就吹什么调"这个担忧。但事实与大众观点大为不同。相比智库和大学的典型商业赞助，政府拨款在资助管理上更具侵略性。联邦资助的接收方必须严守政府规章，保管好并理顺其账本；政府审计不允许的成本必须由智库自己的财务储备支付。

我曾运营一个附属于大学的研究所多年，从未见到一个企业资助者有过那种级别的干预，也没见过哪个企业要求我们的研究成果出版前必须经过其批准，或者审核。这些"附加条款"在政府机构为私营部门的研究方提供资金的情况中并不少见。

### 智库到底在做什么？

智库的实际工作是不断研究和分析一揽子广泛的公共政策议题。它们雇用不同背景的专业人士，采用正式和非正式、争议性的和主流的研究方法。它们的工作从长达一年的、为社会问题寻求新的解决方案的项目，到为当前政策发展形势准备"应对备忘录"的快速任务。

任何主要智库都是一个复杂的组织，它们经常外包很多研究任务。一个大项目经常由一个临时性的"机构网络"开展。项目领导不一定驻扎在智库里，许多项目成员可能分布在几百英里之外的大学或研究所。尽管我从没见识智库以这种方式使用"外包"这个词，但它们确实大量这么做。

没有主要智库告诉一个研究员应形成什么研究结论；如果有，也是很少。因为这样做是不划算的。这种愚笨的做法会很快传遍华盛顿的政策圈子。关键的做法是宁可将重点放在研究员的挑选上；这个过程很多时候是自我选择。自由派经济师更可能在布鲁金斯研究所任职，而保守派经济师更可能供职于美国企业研究所，当然也有例外。

华盛顿主要智库覆盖很多很不错的话题，包括能源和权力、国土安全和医疗储蓄账户、社保和联邦最高法院提名、税收政策和侵权改革，以及其他各种宏观经济和微观经济议题。

至于倡导性工作，享受非营利机构免税的多数智库在倡导具体立法时会小心避免法律危险因素。然而从它们的宣传资料看出，它们当然不会阻碍职员在国会提供证词时展示他们的个人观点。

智库用很多精力来传播它们的成果。每一个华盛顿五大智库都发行各种类型的出版物、运行网站、鼓励其员工对专业和政府群体开讲座，并积极与媒体合作。它们也很依靠次级传播渠道，例如报纸、杂志、电台、电视和因特网，以影响数以百万的接收者。

对于他们支持的智库所产生的政策，游说家和其他利益团体代表们将这些政策成果带到媒体记者和政府官员面前。有经验的记者警告我们不要将一个智库的出镜率和它真正的研究影响混淆。为了展示一个问题的两面，记者可能引用两个极端观点。然而，文章主体可能会被一个受到尊重的智库分析所高度影响，比如华盛顿五大智库之一。

智库举行大量的会议、研讨会、简报会和其他会议，这些会议通常不止邀请本智库的研究员。鉴于各种会议数量众多，通过在一些公共政策议题上制造争论，智库尝试让这些会议更有吸引力，以便能邀请其他智库的人员参加。

即便是最大的智库，其有限的资源也会带来一个不可忽视的局限性。相比而言，商务部的经济师比全华盛顿地区智库经济师加总还多出不少。类似其他比较还包括卫生和人类服务部的医疗保健专家，以及教育部的教育政策专员。同样的情况还发生在国防部的国防政策、国务院的外交政策和财政部的税收政策领域。

## 智库对公共政策的影响

对华盛顿主要智库的所有评估都认为它们对公共政策进程产生影响，尽管不见得有它们所称的影响力那么大。每一个智库都乐于宣传其所发行的出版物数量、其被媒体提及的频率，以及其职员被国会立法委员会传讯次数——这些传讯中被邀请人能对公共政策议题发表观点。

然而，对智库影响力的实际测量仍然很难说。除智库对其支持者的言论中有不可避免的夸大成分，其实产生能变革公共政策的点子的过程以及被政府采纳的程序，都与那些简单的分析不相符。例如，一个智库的学者可能产生了一个税收改革的点子萌芽，另一个智库的刊物可能对此产生更多兴趣，第三个智库（或者更像是一个"库"）可能果断地使这个点子（这时该点子已经被大量修改过）在国会获得通过。

战略和国际研究中心的领导约翰·哈姆雷（John Hamre）说，对智库在公共政策中的角色的评估让他想起安娜·尼克尔·史密斯（Anna Nicole

Smith）的孩子的例子①，好几个男人都自愿表达自己是父亲。在公共政策这方面，像 DNA 测试那样能有相当把握说出比例（谁贡献了多少）几乎是不可能的。

## 建　议

主要智库的真正使命不应是试图抢占印刷出版物或晚间新闻，甚至也不该是在法律法规上影响政府决策。那个高于一切、毫无疑问的独特使命，应该是提升对这个社会面临的重大问题所进行的全国性讨论。

智库应该能解决公共政策辩论中的"空喊口号"的问题。这需要智库管理态度的根本性转变。从实质上讲，智库是——或者应该是——推崇开放思维和产生新点子的教育机构。这才能使其免税资格合理，并与其在公共政策领域提升的地位相符。

为了往我所倡导的方向迈进，华盛顿的主要智库应该投入足够资源聚合力量，并携手合作产出更多对于解决国内及国际主要社会问题的有效方案。我们从来就没有缺少潜在的挑战，从强化美国经济增长，到鼓励海外贫困地区开发。华盛顿的智库们可能会从这些创新努力所产生的正面效应中感到惊喜。

---

① 译注：安娜·妮可·史密斯（Anna Nicole Smith）是美国著名演员，曾为《花花公子》封面女郎，其私生活比较混乱，死后留下大笔遗产，由于女儿（另有一子先亡）生父身份不明确，曾有多名男子宣称是其女的父亲。

# 德国智库的发展与意义<sup>*</sup>

马丁·蒂纳特/文　杨　莉/译

【摘要】本文通过审视智库管理、筹资、人员配备及策略实施等问题，将第一部分内容主要集中于德国智库的各个类型。本文第二部分则调查了德国智库在政策发展与专家参与过程中发挥的作用，并考察了限制和促使德国智库表现和发挥潜能的限制条件与机遇。

【关键词】德国　智库　类型　特点　影响力

## 导　论

智库，是处于日益多元化世界中的提供政策建议的组织与政治咨询机构，德国智库兴起于过去 20 年。本文中"智库"一词采用的是其最广泛的含义，即非营利的私营或公共组织，致力于考察与分析政策相关问题，并以出版物、报告、讲座和研究会等形式产出研究成果，在大多数情况下，其目标受众是希望能够影响决策与舆论的人。[①] 本文尝试将当代社会学中关于智库研究的两大"流派"的方法结合起来。[②] 本文的第一部分用第一种方法，通过审视诸如智库管理、筹资、人员配备及策略等问题，以德国智库的不同类型及其组织成分为重点；本文的第二部分即第二种"流派"则转向了政策影响的核心问题与德国智库的政治影响。

---

　*　原文题名：The Development and Significance of Think Tanks in Germany；原文出处：*German Policy Studies*，2006，Vol. 3（2），pp. 185—221。

　①　尽管针对大型公司为期一天的策略会议、小型公司或协会等，"智库"一词使用得越来越频繁，但这些机构连同特别问题临时委员会或任务小组都被排除在这一定义之外。

　②　Stone，2004，pp. 1—2。

## 德国智库部门：组织概述

德国智库部门的特色就是组织遍布全国，研究人员众多。对德国运行中的智库数量的判断各不相同，范围在 70 到 100 家机构不等。[①] 如果扩大智库定义的外延，算上教会出资的各大院校（这些院校有时也充当兼职智库）、运作型基金会及高校研究中心的话，那么数目或许超过 100。[②]

尽管很大一部分资金最充裕、规模最大的智库建于 1975 年以前，超过半数的德国政策研究机构成立于 20 世纪最后 25 年。与其他国家相比——尤其同美国和英国相比——公共拨款的思想库所占的百分比非常高，约为 75%。大型的非高等院校机构有 12 家，其年度预算为 500 万—1400 万欧元，雇用的研究人员为 30—80 人。除去诸如贝塔斯曼基金会这样极少数的私人运作的基金会，这些大型研究机构从联邦政府或是联邦州获取资金，联邦州的资金来自不同层级的政府与研究团体（比如马克斯普朗克学会或弗劳恩霍夫协会）的联合资助。对 45% 的德国智库而言，合约研究是获取资金的重要渠道，但是很难区分合约研究机构与学术型智库。德国州政府作为智库赞助者与融资者的重要作用折射了德国的联邦结构。

### 德国智库的类型

大体而言，尽管私人及宣传导向的政策研究机构的发展程度不如英美国家，德国智库的情形还是符合国际智库类型的。[③] 同样，有时候也很难区分研究型学术智库与触及政策相关问题的基础研究机构。事实证明，让这些形形色色的智库承认它们可能属于一个可明确识别的团体即使不是毫无可能，也是非常困难的。表 1 提供了德国智库类型的一种分类。

| 表 1 | 德国智库类型 |
|---|---|
| 德国智库类型（以 93 家智库为分母） | |
| 学术型智库 | 75% |

---

① Day, 2000.

② 这项研究的实证基础是如今有 130 家智库名列"德国智库名录"，参见 http://www.thinktankdirectory.org。

③ Weaver & McGann, 2000.

| 德国智库类型（以 93 家智库为分母） | |
|---|---|
| 倡导型机构 | 20% |
| 政党型智库 | 5% |

德国的智库大多成立于第二次世界大战后。只有不到 10% 的德国智库可以追溯到魏玛共和国时期或是德意志帝国时期。六大经济研究机构中的四家，即国际经济汉堡研究所（1908 年）、基尔世界经济研究所（1914 年）、柏林的德国经济研究所（1925 年），以及埃森市的莱茵—威斯特法伦州经济研究所（1926 年）是早就存在的机构，只是在第二次世界大战后重新启动而已。其他一些机构，德国工会联合会（DGB）下的经济与社会科学研究院（WSI）或是与社会民主党关系颇近的弗里德里希·艾伯特基金会（以魏玛共和国第一任总统名字命名），其前身是纳粹时期前的学院。今天有 40% 的智库是在 1945年至 1975 年间建立的，约 50% 的智库则是在 1975 年后的 30 年间成立的。

## 学术型智库

学术型智库是德国目前为止数量最多的一类智库。这一类智库还可细分为如下几类：

1）由政府创立、在公共部门的指导方针下独立运作的研究院所；

2）非高校的研究机构（通常指莱布尼兹学会的各研究院所）；

3）附属于高校、与政策相关的应用研究中心；

4）拥有相当数量私人基金的学术型智库。

政府创立的研究院所：联邦政府创立了数个部级思想库以及若干准独立研究机构。其中，德国国际事务与安全研究所是迄今为止规模最大的智库。20 世纪 70—90 年代，州政府也成为学术智库的重要赞助者，尤其是在和平与冲突研究、环境与技术、经济研究等领域。

莱布尼兹学会研究院所：德国最大的学术型智库联合会。[①] 这 50 多所

---

① 1975 年，联邦政府与州政府扩展了《研究推广框架协议》已将重要性远超地区且有着国家科学利益的独立研究机构与行使服务功能的机构纳入框架。那些符合资金资助条件的机构被列入了 1977 年的实施协议，这份协议用蓝色纸张印制。此后，在 20 世纪 90 年代末期，这份"蓝色名单"被重新命名为莱布尼兹科学联合会（莱布尼兹学会）。

学术背景各异的非高校研究机构绝大部分都从联邦政府与州政府处获得联合财政资助，联邦政府与州政府各承担一半资金，其中约有12家机构承担应用政策研究。这组机构中最引人注意的当属6家大型经济研究院所，它们共聘用了超过400名经济研究人员。国家政府与州政府对这些经济智库的联合资助不仅反映了德国的联邦结构，也表明了德国期望在其经济政策及国家经济发展上鼓励观点争鸣。每年，来自这六所研究机构的专家们都会发布两次《通报》，预测德国经济的短期及中期表现。虽然这六所专家院所必须达成共同的结论，但它们也拥有以少数意见的形式表达反对意见的机会。《通报》不仅受到媒体关注，也受到政府、德国联邦银行、利益集团以及经济政策圈内其他主体的关注，其对于公开讨论政府经济政策合法性的影响要远大于对决策本身的影响。

莱布尼兹学会下进行政策相关研究的机构还包括柏林社会研究科学中心，1969年，受华盛顿的布鲁金斯学会启发，德国议会的联邦成员发起了"超政党"倡议，在此倡议下，该中心得以成立。此外，还有德国全球及区域研究院，这是一家分散于汉堡市的多家区域研究所组成的大型伞状组织，其专长主要为亚洲、中东、非洲及拉丁美洲研究。而其他科学联合会的大部分成员，比如马克斯·普朗克科学促进会，则因太过致力于长期的基础性研究而无法被归入政策导向型智库。但也有显著例外，包括科隆的马克斯·普朗克社会研究学院、曼海姆市的欧洲经济研究中心或卡尔斯鲁厄的弗劳恩霍夫系统及创新研究所等科研单位。

高校附属智库：许多德国智库都附属于高校或者在半学术环境下运作。慕尼黑大学的应用政策研究中心就是此类智库中规模最大的机构之一，拥有超过50名的研究人员。应用政策研究中心之所以有些特殊就在于，对于一个立足于大学的研究机构而言，其吸引的核心资金中有相当一部分来自政府（欧盟）与私营部门（比如德国马歇尔基金与贝塔斯曼基金会）。在其他情况下，要在学术研究与政策主导的工作间划明界限不是件容易的事。此外，还值得注意的高校附属智库包括杜伊斯堡大学的发展与和平研究所（受世界观察研究所启发）、作为慕尼黑大学莱布尼兹经济研究学院的学术部门的经济研究中心（CES）及位于波恩的欧洲一体化研究中心与发展研究中心。后两所研究中心建于20世纪90年代中期，作为对波恩失去了首都地位的补偿，政府拨付了数量可观的津贴给予这两所智库。

私人资助的学术机构：对于政府创办、公共资助的学术智库而言，至少存在两大例外。一是德国外交关系委员会，这是以纽约的外交关系委员会及伦敦的皇家国际事务研究所为蓝本而建立的精英网络兼研究机构。第二大例外则是贝塔斯曼基金会，该基金会始建于 1977 年，坐落于其控股公司贝塔斯曼集团所在地居特斯洛（Giitersloh）。早在 20 世纪 90 年代起，贝塔斯曼基金会连同它的一些子公司——比如高等教育研究中心（CHE）就已经成为私人资助的政策研究领域的重量级选手，其掌握的资源不仅足以与最大的政府资助机构相媲美，甚至还超过这些机构。

最后，是数量不断增长的企业基金会。虽然它们拥有的研究能力相比贝塔斯曼基金会更为有限，但通过组织并赞助一些会谈活动，将专家与相关从业人员汇集一堂，它们正逐渐成为政策相关理念的推动者。这些机构包括：德意志银行论坛智库，阿尔弗雷德·赫尔豪森协会，该协会由总理府策划处前主任沃尔夫冈·诺瓦克管理、赫迪基金会、克贝尔基金会、宝马赫伯特·匡特基金会以及类似布尔达 3000 年学会这样的一些学会，还有就是新教和天主教的学院。除此以外，国际智库与美国智库的分支机构也将其活动扩展到了柏林，或在柏林设立了办公室。其中包括阿斯彭研究所、美国学会和兰德公司欧洲分部柏林办公室。鉴于上述一些私营智库和机构的公众影响力及其公司背景使其在学术型智库与第二大类倡导型智库间产生了交叉，要将其进行分类，就应归为典型的"临界案例"。

### 倡导型智库

从政党政治及利益集团政治角度讲，大部分学术型智库通常都强调其非党派性，而倡导型智库则明确参与支持某些政治事业或支持某些社会利益。这一类型的智库包含三类：一是基于利益集团的思想库；二是同某些政治党派相联系的政治基金会的研究院所；三是独立于政党及利益集团的机构。

从属于诸如德国工会联合会（DGB）、德国雇主协会联合会、新教与天主教教会或某些个别问题利益集团（比如纳税者联盟）的政策研究组织多为德国最古老的思想库，可追溯到 20 世纪 50—60 年代。汉斯·贝克勒基金会下的社会与经济研究所，从属于德国工会联合会，已经成为培养未来学者与政治活动家的重要训练基地。德国工业联合会则扩大了其科研单位——位于科隆的德国工业研究院，这是德国最大的私人资助的经济研究院。

第二组倡导型智库则是从属于政党的，他们自身则更喜欢被称为"政治基金会"。相比于其他国家，这样的组织在德国更突出，得到的资助也更多。《基本法》（第21条）中规定的政治党派半官方的地位，不希望直接通过政党系统传播各类教育、研究及国际活动，以及不希望被排除在政党影响之外等原因，导致了数目庞大的公共基金（2000年大约为4亿欧元）——尽管正在缩水——流向了政治基金。目前共有六个政治基金会（见表2），每一家基金会都与联邦议院的一家政党相关联。

| 表2 | 德国政治基金会 | |
| --- | --- | --- |
| 政治基金会 | 成立时间 | 从属政党 |
| 弗里德里希·艾尔伯特基金会 | 1925年 | 社会民主党（SPD） |
| 康拉德·阿登纳基金会 | 1964年 | 基督教民主党（CDU） |
| 汉斯·赛德尔基金会（巴伐利亚） | 1967年 | 基督教社会联盟（CSU） |
| 弗里德里希·瑙曼基金会 | 1958年 | 自由民主党（FDP） |
| 海因里希·伯尔基金会 | 1996年 | Bündis90/绿党 |
| 罗莎·卢森堡基金会 | 1998年 | 民主社会主义党（PDS） |

要将潜在的智库职能与政党基金会其他的活动，比如国际活动、政治培训与教育、档案工作与奖学金计划等相区分并不容易。研究与分析活动或能占到政党基金会预算与活动的15%到20%。多数基金会设有内部学院、研究咨询单位或是学习小组，集中讨论外交政策、经济及国内政策、实证社会研究，因而履行了典型的智库职能。德国政治基金会的智囊团作用既不能忽视，也不宜被高估。

20世纪70—80年代涌现了少量的更独立的倡导型智库，这些智库多由创业学者、政治家或社会运动参与者创立，比如波恩经济与社会研究所——美国企业研究所的微型版，由基督教民主联盟政治家库尔特·比登科普夫（Kurt Biednekopf）和经济学家迈因哈德·米格尔（Meinhard Miegel）于1977年创立。再比如德国首家环境智库，1977年创立的弗莱堡生态研究所，还有 1982 年成立的市场经济基金会。① 一小批市场导向的研究所也纷纷效仿，比如独立企业家研究所与路德维希·艾哈德基金会。而决定将市场经济基金会（又称为法兰克福研究所）由一个松散的对话论坛转变为一家完备的倡导型智库，则是受到了美国传统基金会与卡托研究所获得成功的启发，同时也是由于英国的自由市场智库的影响。

以智库的形式进行旨在倡导型的研究，这一新方法最成功的案例之一便是"新社会市场经济计划"（ISNM）。该计划是由德国金属和电气工业雇主协会总会资助的，为期 5 年，每年 1000 万欧元。有人认为"新社会市场经济计划"是科隆德国工业研究院的游说部门，另一些人则认为它是典型的倡导型智库，在倡导联盟中与志趣相投的学者、"大使"（celebrity multiplier）以及亲商业的报纸与媒体一起工作，比如《经济周刊》、《法兰克福汇报》、《金融时报（德国）》以及《周日世界报》，等等。② 该计划并不直接瞄准决策者与政治党派，而是旨在影响并改变德国公众舆论的环境。"计划"采用了北美和英国倡导型智库一些完善的手段，比如排名、论文竞赛、债务钟等。

同样，还有一些倡导型智库从新凯恩斯主义或是监管范式的角度对市场导向的研究机构所提出的政策建议构成了挑战。最古老的机构便是以鲁道夫·希克尔（Rudolf Hickel）为中心的备忘小组（成立于 1975 年），希克尔是不莱梅大学的一名经济学教授。此外，还有法兰克福耶稣会学院的布罗伊宁研究所、社会运动团体"课征金融交易税以协助公民组织"（Attac.）的科学顾问网络。最新的一所类似智库的机构则是汉斯·贝克勒基金会下的新凯恩斯主义宏观经济学政策研究所（IMK），它成立于 2005 年 1 月，由德国一家学术型经济学智库的一名前高级研究员管理。

全球智库的声望、扩散及尚未被证实的影响力已引起德国年轻的政策企业家的关注，这些青年人二十八九岁或三十岁出头。十几二十年前，这个年纪的人多半是在某一政党中谋求政治生涯，或是供职于非研究导向的非政府组织，而非创立倡导型智库，靠着极少的预算，干着大量志愿性质

---

① 1982 年至 2001 年这家机构的名称为法兰克福研究所，位于巴特洪堡市，2001 年更名后搬迁至柏林。

② Speth, 2005.

的工作而不求薪水或是拿极低的报酬。对这些新一代的、定位国际的智库创立者和活动家而言，智库就如同政党、利益集团和非政府组织一样，都同属于后现代民主的政治空间。诸如柏林城邦（柏林）①、全球公共政策研究所（柏林）、柏林人口和发展研究所、后代权利基金会（奥博鲁赛尔/法兰克福）、德国想法（科隆）、全球合同基金会以及"德国智库30"（附属于罗马俱乐部）等一些新的"迷你智库"，与国家资助的学术导向型智库及高校研究机构相比，其规模要小得多。

这些"迷你智库"多以网络研究院的形式存在，没有办公空间和人员组织。德国最新一批智库最值得注意的地方在于其融资结构，也在于年轻活动家和创立者的理想主义以及他们对行销、宣传的重视，还在于他们的研究主要集中于几个精心挑选的问题上。其创立初期与美国及英国的一些倡导型智库极为类似。这些新机构都有一条共同的信念，即德国的社会、经济和政治改革进展太过缓慢，而"婴儿潮"后一代的年轻人在政治话语中的利益没有得到充分体现。然而，关于期待的改革方向和优先顺序，这些机构则未能达成协议。大多数"迷你智库"都没有意识形态偏向，且非常务实，往往超越了政党政治，但又绝不是对政治漠不关心。

## 德国智库部门的主要特点②

研究类型：大多数大型学术机构、政党智库，以及相当数量的倡导型智库都在其组织内部产出研究成果。德国大多数智库既不是单一问题研究机构，也不是提供全面服务的组织，尽管贝塔斯曼基金会和诸如康纳德·阿登纳、汉斯·赛德尔、弗里德里希·艾伯特等大型政党基金会可能例外。大部分智库只能被归于中间类。将近33%的德国智库研究经济问题，26%的智库其专长为劳动力市场问题，还有22%的机构研究处理外交和安全政策，24%的智库致力于欧洲政治问题。大约有20%的智库讨论诸如教育、环境、城市政治和全球化等问题。仅有少数智库（大约10%—15%）

---

① 柏林城邦似乎是作为这一组"迷你库"领跑者出现的，2006年5月出版了第一期杂志《智库》。

② 这一部分的实证研究是由马丁·蒂纳特和 Tino Jessberger 实行的，他们是不莱梅应用科学大学政治管理项目的学生研究助理，在此对其工作深表感谢。

主要关注医疗保健、发展政策、金融、地方政治、科学技术及能源问题。

德国大多数智库，尤其是学术型智库，大力宣扬其独立性、客观性，但这些声明不能只看表面。一些高级研究人员的价值观与偏好以及（或者）该机构赞助者的总体政策偏好都会给任何一家研究组织可宣传的政策理念限制了范围。

资金来源：德国智库最重要的收入来源仍然是政府，主要是国家和地区各级政府，但欧盟政府也涉及越来越多。我们调研样本中的93家智库中的45家主要接收的是公共基金，而其中22家机构既享有公共基金也享有私人基金。仅有21家智库或多或少只有私人资金来源。如果按照智库预算及研究人员的规模来衡量，政府资助的智库优势更大。

各级政府仍然愿意资助政策研究的外部组织机构，比如学术型及政党型智库。不过，政府资金中用于机构活动的核心资助的比例，同项目资助相比，有所减少，这种趋势越来越明显。自20世纪90年代下半期开始，许多曾经享有大量核心资助资金的研究型智库及政党基金会都正遭受着预算及人员削减，或在诸如科学委员会这样的机构进行项目评估后被迫重组。

过去，慷慨的政府资助弥补了德国智库融资中相对缺失的私人捐助传统。从20世纪90年代晚期起，一些运作型基金会与慈善基金会，比如德国马歇尔基金，以及一批小型基金会便开始将其资助重点由基础学术研究转向应用研究及政策相关研究。少数家族基金会效仿美国同行，对某些特定倡导型机构或是政党型智库进行资助，这些机构与资助者的价值观及意识形态立场一致。这一趋势的主要受益者是汉斯·赛德尔基金会，该机构仅1999年一年便从保守派玛利亚基金会（Maria Tausend）等处获得了3500万欧元的拨款。[①]

位置分布：20世纪90年代末，德国联邦政府搬迁至柏林，随其迁往柏林的还有各大协会、企业的政府关系办公室和一些科学组织、报界人士以及各类利益集团的代表。决策的节奏以及含义因此而改变。随着媒体环境的竞争程度越来越高，各色组织均致力于公共事务、政府关系，随着游

---

① 赛德尔基金会用这笔资金在慕尼黑建造了一个全新的会议中心。

说活动越来越多，也更积极，对政策分析及评论的需求也随之上升。不过，就位置分布而言，德国的政策研究机构还是相当分散。除了外交及安全政策研究机构，德国的智库绝不仅仅集中在首都柏林，而是遍布全国，形成了以慕尼黑、法兰克福、科隆—波恩、鲁尔地区、柏林、斯图加特、汉堡—基尔等城市或地区为中心的区域集中地带。这一广泛分布的特点是德国独有的联邦结构造成的，也是联邦州政府在智库融资与基金方面发挥重要作用的结果，还因为智库与学术界关系密切（学术机构几乎对等分布）以及德国新闻界的结构如此。只有极个别的智库喉舌（诸如全国性报纸、杂志）其总部设在首都，而不是设在诸如慕尼黑、法兰克福、汉堡或杜塞尔多夫这样的城市。

人员构成：以欧洲标准来看，德国智库规模平均较大。在 60 家已知详尽人员规模的智库中，15 家的雇员人数在 51—100 人之间，13 家的雇员人数超过 100，仅有 28 家智库少于 50 人。直到最近，学术智库的招聘几乎完全遵循了学术界模式。学术型智库的许多高级研究员都有博士学位，尤其是经济学博士学位，其次是政治学/国际关系，再次是自然与应用科学博士学位。一些知名智库的高级职位通常要求应聘人员具备与高校中级甚至高级职称职位相当的条件。过去，许多古老的大型学术研究机构通过半终身研究职位向应聘者提供高水平的工作保障。然而，20 世纪 90 年代，新人事任命的职位保障度被大大降低。这一方面是总体预算受限与项目资金上扬造成的，另一方面也是机构主管的主观愿望决定的——他们希望在创建新的研究队伍方面可以保持更大的灵活性，同时希望以此避免智库陷入官僚化。

旋转门现象——允许人们可以自由进出政府部门——在德国还很罕见。而这种职业道路僵化的原因之一是结构性的：美国绝大多数民主制机构都是由公务员管理的（即便是在部级机构的高层），与美国不同，德国只有极少的行政岗位可以提供给政策研究行业的人。绕开这一结构问题的策略之一，便是设立特别顾问，以及设立由外部专家组成的政策单位，这些专家多供职于政府首脑与内阁大臣的办公室。另一种策略是在正式政府决策结构外采取非正式的特别咨询办法，比如临时委员会、"厨房内阁"等。20 世纪 70—80 年代，胸怀改革大志的政府尝试的仍是旧办法——通过将外部政策专家引进到规划部门和内部智库工作来加强其决策能力，而近年来政府则主要依靠灵活的、不那么一成不变的顾问结构，比如任务小组与临时委员会。在这些顾问结构中，智库绝对算不上优越。它们需要与专家及利益共享集团的代表以及知名利益集团的领导者去竞争与合作。

过去，智库工作人员的职业道路在很大程度上独立于公务员或是政治从业者的职业道路，反倒类似于学术生涯模式。大致而言，今天也同样如此，但例外越来越多。不仅一些著名的经济及环境智库的政策专家走上了政治或行政职业道路，一小批但数目不断增加的年轻的智库工作者也不再立志追求日后在大学从教或继续从事学术研究。另外，由于政策研究行业的分散性，年轻人在某一智库工作一段时间（工资也不高），并将这部分经历作为其相关领域职业发展的社会资本，比如新闻业、媒体、学术界、管理咨询及政治咨询、政治领域等，这种职业发展模式在德国还处于发展不充分阶段。最后，尽管在商界、教育界、政界及新闻界一直存在人才相互交流乃至思想交流的呼声，但其结果都没有产生实质性的改变。倘若在政界顶层中能够有更多的工作小组、规划小组和政策组，那么这将极快地推动这样一种人才及思想的交流。

## 德国智库的表现与影响

对智库的表现及影响进行评估似乎困难重重。部分原因是目的和方法的多样性，部分是因学者、新闻从业人员、公共管理者及其他人员对智库投入的关注相对较少，还因为尤其是在政策刚刚浮现的情况下，不少人都在谋求一席职位，力求发表意见引人注目，很难判断"到底哪一方命中了目标"。尽管我们无法明确地鉴定出到底哪所德国智库影响最大、其原因又是什么，但研究智库如何进入决策过程的文献表明，无论是正式（通过委托的研究报告、代表或委员会等）或非正式（社交聚会、网络等）的渠道，甚至包括大众媒体都对智库影响力十分重要。因此，目前存在一种倾向，即采用对效率的间接衡量法来评估智库，比如智库所获得的媒体关注度有多大？其出版物出售情况如何？其会议参加情况如何？以及他们在公共舆论中的遭遇为何？

### 德国智库的策略[①]

德国智库在三个方面比较活跃：学术界、直接政策咨询以及借助媒体与公众的联系。95％的德国智库通过出版图书来传播其研究成果。同样，94％的智库可能通过电视或广播采访达到同样的目的。67％的智库有在学术期刊上发表文章，而40％的智库则会在报纸上发表成果。一半的德国智库都编写并发布新闻。三分之一的智库举办会议和研讨会，但仅有14％的研究机构为报纸专栏写作或是出版政策简报。

过去，德国智库最重要的目标群体是国内、国际其他研究机构或高校，其次则为联邦法院的成员、决策机构和各大委员会，最后才是政府部门的官僚机构。名单往下依次为单独的政党、部分特定的高质量期刊社、管理董事会、公司主管、工会和非政府组织。正如前面提到过的，德国智库更倾向于通过直接而非间接手段（即借助公众或媒体）来影响决策者。[②]

进一步观察可以发现，德国各大智库的目标群体实际上并不相同。他们最偏好的目标之一无疑是一小撮政府及议会高层的决策者，这些决策者往往从不同地方及个人那里听取建议。尽管很多德国研究机构非常满意他们同决策者——无论是国家层面的还是地区层面的——之间的交际距离，但他们同政治领导层的交往，尤其是就欧洲或跨国层面而言，还有待改进——除了慕尼黑大学的应用政策研究中心或政党基金会等个别例外。一些智库承认自己无法正确判断什么样的官员是相关的、有见地的。虽然许多德国智库都倾向于在幕后默默影响政府决策过程——这样的工作方式在很多决策者看来也是最自然不过的——智库管理者意识到，就直接渠道的影响力而言，他们并未能垄断咨询渠道，因此这些未能同政府部门发生直接关系的智库所获得的反馈也很可能极少。

---

[①] 下面这一部分的实证研究数据由以下几方获得：（1）来自一份对30家不同类型、研究政策领域各异的德国智库的调查，该调查最初由本文作者在1996年至1997年间进行，后由一队研究人员（Martin Thunert，Martin Hattrup and Tino Jessberger）于2006年复制了同样的调查问卷进行调研所得；（2）来自如下文献：Braml（2004）、Reinicke（1996）、联邦法院审计署（1996）、Gellner（1995）以及对智库工作人员的背景采访。这些数据可以帮助说明智库是如何决定其策略又是如何决定其目标群体的。

[②] Braml，2004.

因此，尽管德国研究机构更偏爱直接渠道的影响力，但其严重的媒体主导性也不会令人感到奇怪：智库最喜爱的目标媒体包括了德国优质日报和周刊的政治及经济编辑。智库与同其志趣相投的纸质媒体之间的战略同盟已经成为智库传播其研究成果的重要工具。同过去相比，一些全国性报纸，尤其是《德国商报》和《法兰克福汇报》还一直密切关注各大智库及其成果。

与之相对应的是，大部分智库——除了国际危机时期的外交政策智库——习惯上与电视及有线网络保持了疏离的关系。但过去 10 年以来，随着电视新闻与商业新闻市场的竞争加剧，情况正在发生改变：智库的经济政策专家同电视和广播的经济专栏总编辑间的联系有所加强。智库的分析人士日益成为电视评论节目的邀请对象——不仅对国际事务问题，还对国内社会经济问题进行评论。

就与国际教育机构以及其他公民社会机构的交流而言，同政党基金会一样，德国智库在该领域也非常活跃。[1] 对内而言，越来越多的智库意识到，在这个人们同某个特定政党、一般性群众组织的关系越来越松散的时代，同所谓的全体公众（将之当作目标群体）的交流必须成为首要关注，而迄今为止，这一交流所得到的关注并不算多。此外，互联网为感兴趣的公民和传统利益集团之外的利益攸关者打开了机遇之窗，为他们提供了直接接触专家观点和信息的渠道，从而绕开了传统媒体。一般来说，相对于世界上其他地方，德国智库对于积极的自我推销和对其产品的过度渲染都比较审慎，但一些刚获任命不久的智库主管和绝大多数新近崛起的创会理事则一直致力于将其机构朝着这一方向推进。一些智库和个别学者试图通过学术研究成果的"去专业化"来产生影响，比如在人口或气候变化领域、社会政策或宏观经济领域等，以使其更容易被忙碌的决策者、记者和公众注意到；另一些则与志趣相投的部长或公共事务专家合谋，为媒体策划活动。甚至在一些学术型智库中也出现了一种趋势，这些智库不再只出版专著，而倾向于出版短小精悍、可读性强的专题论文以及不定期的文章和问题简报。互联网也越来越多地被用来提升智库形象、推销产品及传播观点。

---

① 关于对德国智库的国际活动的详尽分析，见 Thunert（2000）。

### 智库在决策过程中的作用

智库在决策过程中的影响力在很大程度上取决于决策所采用的模式，也取决于不同变量，比如政策领域（在特定政策领域中政策圈的封闭度或开放度）、制度根源以及智库的位置（同政府的亲密程度或是同公民社会的亲密度），以及决策过程的不同阶段。决策者的咨询需要并不统一，无论是纵观政府各大机构和部门，还是从时间上来看。

国际范围内关于决策过程中的智库或是其他提出建议的组织的研究专著仍然将传统的阶段模型当作了分析或参考框架——即便这一模型是政策过程的一种线性视角——将政策周期分解为不同阶段：一是问题界定与议题设定；二是选择与正式的决策；三是政策执行与评议。[①] 这尽管有一定的局限性，但阶段模型在概括政策制定过程中智库可能发挥的不同作用以及在智库活动贯彻落实等方面还是非常实用的。关于专家发挥的作用的国际研究[②]已经表明，政策相关知识在决策过程的不同阶段都完成了不同的作用。在议题设定阶段，专家意见多起到警示、指导的作用，而在决策阶段，则起到支持、为其提供合法性依据和实施依据的作用，在最后的实施阶段，专家意见则起到技术协助和评估的作用。即便德国智库在每一阶段都比较积极，其发挥的作用也有限，也并不能完成每一阶段的作用。

因为政策决定比政策周期模型所显示的要混乱棘手得多，而其他一些替代性解释，比如"垃圾桶模式"，它强调了决策者的机会主义、时间限制和对智库研究合理利用的别的一些限制，这一模式将政策决定看作令人困惑的、分散的，而非由界定明确的、一个个的"阶段"组成。

另外，新制度主义研究方法则强调以知识为基础的外部制度的影响，这些外部制度对现状构成挑战，但由于已经建立起来的机构设置的路径依赖的多样性，其对政策决定的影响非常有限。而建设性理论和网络研究方法，则将重点放在了"信任体系"（宣传联盟、认知共同体/和话语联盟）的重要性上，强调专家意见和以知识为基础的行为主体的重要性，认为其

---

[①]  Weaver & Stares, 2001；Abelson, 2002；Stone, 1996.

[②]  Weaver & Stares, 2001.

重要性大于以利益为基础的行为主体，但他们也承认知识并不具备"客观性"、"科学性"，而是在本质上存在争议、以身份认同为中心，由社会约定俗成。①

网络研究方法对政策制定的研究非常适用于解释倡导型智库。同其他地方一样，德国的倡导型智库总是跟宣传联盟内其他与之惺惺相惜的行为主体结成联盟——从政府机构到国家报纸、商业公司或者非营利部门。② 他们通过专栏议论推销由利益驱动的政策建议，与政党主要发言人一起承办会议，参加教育活动以将目光瞄准未来的精英，并且热衷于在媒体露面。③ 不过，最后只有形成一种关于这些理论研究方法的折中组合，才能够形成某种"以实证为依据"的假说来解释德国智库的政策影响力。

公共议题："议题设定"是指决定哪些问题应受到关注而哪些问题应该被排除在公开讨论之外。尽管智库与政策研究人员只是这一过程中的一小撮力量，要同其他行为主体竞争以影响政策议题，但我们不应低估他们对所谓的"公共议题"的影响潜力。与其他公共议题设置的竞争对手不同，德国智库不用为别的事务而分心，比如教导大量的学生、进行基础性研究（高校与学术机构）、组织成员或直接行动（利益集团与非政府组织），比如治理与管理日常政治（政治党派与官僚机构），再比如增加发行量与收视率（报纸与电视），等等。不过，筹措资金往往使得这些智库从其核心任务移开注意力，但正如之前已经论述过的，筹措资金只对极少数德国智库是个重大问题。

难题识别与问题定义对公共议题而言非常重要，无论是学术型智库还是善于运用媒体的倡导型机构都具备手段来影响专家、决策者和公众关于可供选择的政策观点。德国的政治文化重视"科学性"（Wissenschaftlich-keit），因此，相对于其他准利益团体和游说团体，学术型智库的高学术声誉为其所做出的警告、预测和方案带来了更高的可信度，反过来，学术可信度又提高了学术型智库作为新闻从业人员和决策者的信息来源与分析者

---

① Gellner, 1995；Stone, 1996.
② Sabatier, 1983.
③ 见 Speth（2006），关于自由市场与保守势力的类似宣传活动的实例。

的价值。① 另外，或许由于缺乏正统，一些倡导型智库在借鉴海外智库成功策略——在绝大多数情况下是美国智库——与加强其成果的交流与传播、提升其资深学者的媒体声望方面走得更快、更彻底。虽然在 2006 年由蒂娜纳特（Thunert）、哈特拉普（Hattrup）、耶斯贝格（Jessberger）等人主持的调查中有越来越多的证据表明，同过去相比，更多的德国智库试图改善其交流策略并参与到决策网络中去——比如宣传联盟与认知共同体——在实际推动德国舆论环境方面，这些智库所取得的成绩还很难衡量。

决策：智库要想对正式决定议程，或者想对决策阶段本身施加决定性影响相当困难，正式决定议程包含了政治和官僚决策者接受的政策项目，这些项目需要其关注及短期解决方案。举例来说，在一项名为"欧洲国家（英国、荷兰、德国、瑞典和法国）与美国健康决策过程"的调查中，日本的健康经济与政策研究所（IHEP）比较了上述国家针对健康保障制度改革的起草和共识形成过程。② 通过询问由谁领导医疗政策改革方案以及政策思想的影响来自哪里，日本的这项调查比较了医疗政策改革方案的主要特点，其中，提到了仅在美国和英国存在智库与政策小组的积极介入，而在德国、瑞典和荷兰，强大的影响主要来自政党政策委员会以及利益集团。而在所有的案例中，改革进程都主要由政府政党领袖及行政领袖领导。

另外，德国单个智库的领导人及高级研究人员绝没有被排除在与决策者的制度化的咨询关系之外，比如部门规划小组、部长级科学委员会，以及政府或议会研究委员会（比如医疗政策领域的政策建议③）。一些独立的倡导型智库与某些单位或学术研究机构的研究人员开始谨慎地对其美国同行的策略稍作改动，并在政策选择和制定阶段为其宣传联盟提供材料证据以及智力支持。政党型智库可以成为党内议题设定的有力资源，尤其是当

---

① 尽管德国还没有结论性的数据，有的只是本文作者于 1997—2006 年所做的调查问卷的发现，超过 90％的德国智库最引以为傲的特征是学术质量，但美国实证研究表明，尤其是记者，重视智库成果——尤其是学术型智库的成果——认为其更严肃、可信，超过利益与宣传团体的成果。见 Rich（2004）。

② http：//www.ihep.jp/english/product/pro12.htm，2006 年 5 月 10 日访问。

③ 参见 Brede（2006）。

其政党在野，其可获得的政府政策能力相当有限时。尽管存在个别例外，智库进入决策早期阶段的机会仍然大于进入政策制定和获批阶段，在后一阶段，政党与正式的政府机构似乎更具有影响力。

至于执行、监管和评价则属于政策过程中更为深远的方面，在这些方面，专家的影响很显著。人们往往认为执行与评价是由联邦官僚机构或联邦法院审计署内部执行，但事实并不完全如此。一些专业智库严重依赖于合同研究，在政策实施领域非常活跃，政策过程的这一方面常常由国际管理咨询与会计行业的领地转变为商业咨询公司的领地。[①]（不请自来）的监管与评价成为了一些学术及宣传型智库越来越多的活动——通常通过业绩指标与排名——从测量消费者信心或是商业环境的技术化指标到对教育机构的高度政治化以及有争议的排名、商业地点的竞争性等。

### 德国智库展望：其局限及潜能

相比其他欧洲大国，德国平均上拥有更多资金更充足的智库，除了一个可能的例外，英国。尽管在德国智库圈内有部分人认为慷慨的公共资金的持续是政策研究出产不受私人利益影响的先决条件，但有一部分人因为或曾经因为补贴的削减而被迫去主动谋求更多的私人资金。虽然如此，德国公司和民众更愿意将钱花在大量炮制思想上而不愿捐赠给文化和社会事业，这一事实既不应高估，也不能低估。同美国相比，德国的慈善机构仍然处于不发达水平，因此，在可以预见的未来，仍然有众多的智库将继续依赖公共资金。但情况正在发生变化：对智库机构、活动及研究基金的私人资助，短期内虽然无法追赶上美国的比例，但其规模已经比过去庞大多了，多亏了一些公司与家族基金——通常是在德国运作的国际公司（见Rinke，2006）。

过去10年，大量资金充足的经济、社会和外交政策智库——大部分是莱布尼茨学会的成员——也被迫认识到公共资金也并非没有附加条件。当受公共资金资助的学术型智库处于类似于科学委员会（联邦和州政府联合

---

① 如需关于具有高度争议性的德国管理咨询公司的政策建议作用的新闻评估，参见 Leif（2006）。

顾问机构，拥有明确授权对高等教育和其他研究机构的发展做出推荐和声明，比如对那些受公共资金资助的智库）或在莱布尼兹学会这样的机构的评估下时，用来评价这些智库的评判标准则是用于高校院系和基础研究机构的学术标准——机构人员发表在顶级国际期刊上的出版物总数。这一规则至少让这些机构的某些部门更加注重研究，可能不怎么以政策与公开辩论为导向。批评人士——绝大部分属于非学术圈——指出，在对德国智库纯粹的学术评价上，智库的"代理人作用"不太被虑及。

过去，智库与科学委员会这样的顾问机构博弈，一些学术型智库——主要是经济研究机构——得到了科学委员会的负面评价，恰恰是因为他们被认为是过于偏重政策导向而脱离了学术研究的最前沿。[①] 另外，如果智库以及类似或相同的公共资金资助的机构由政治或高层公务员圈内的潜在用户来评价与判断的话，会出现一种与上述评判完全不同并在一定程度上相互冲突的结果。"学术评判信息"要求这些机构以研究为主导方向，更加理论化，而"用户评判信息"则敦促这些机构密切联系政策，更加亲民、更注重政治界的政策法规，从而更具战略性。[②] 当选的政治家越来越依赖并需要（科学的）政策建议与政治咨询的混合产物。一项对总理办公室负责政策制定的公务员的州政府级别（在其他政府层级也有类似研究，其结果也与之相应）的调查显示，人们认为营销与沟通技能（公共关系、投票、顾问式销售技巧等）与详细的政策专业知识同等重要，有时候其重要性甚至超过专业知识[③]。尽管这些回应表明无法严格区分政策建议与政治建议，一些学术型智库的研究人员仍然避免提供二者的混合成果，而是诉诸纯粹的科学建议，希望最终能令公众与决策者更加信服那些更复杂、不妥协的研究结果，而非更易消化的建议与更易推广的次优的解决方案。

---

① 1998 年，国际经济汉堡研究所收到了科学委员会的负面评价，并处于被莱布尼兹学会解除会员资格的过程中。然而，其研究单位通过私有化成为世界经济研究所而逃脱了被关闭的命运。而其他一些诸如德国经济研究所的智库之前也收到过部分负面评价，但通过与大学研究机构的密切联系强化了其科研能力，最近也收到了莱布尼兹学会的正面评价。见 Ackermann 和 Graf（2006）。

② Bundesrechnungshof, 1996；Ackermann & Graf, 2006.

③ 参见 Mielke（1999）。20 世纪 90 年代末，德国外交事务智库也收到过类似的信息（见联邦法院审计署，1996；Klaiber，1996）。

在德国，出于过去的传统，尤其是缘起于纳粹的对知识的操纵以及后来东德的共产党统治，或许智库的下面这一趋势得以加深——即使有些智库提倡一种特定的政策范式——为了呈现科学的一面而牺牲对学术标准的普遍的可理解性。① 因此，一些实践者指责学术型智库及其研究人员对政治背景与一个问题的组织、管理与实施层面没有采取足够的重视，而其政策建议是要在政治背景下讨论的。

不过，智库的私人资助者的主要兴趣往往是公众与媒体的关注度，即公众与媒体对智库工作或是其赞助的智库所处理的主题与范例的关注。今后，德国智库所接受的私人赞助比例越高，那么其媒体及宣传导向就越强。还有一些私人赞助者甚至期望智库不仅可以出现在公开讨论中，还能宣传其赞助者的特殊议程。

尽管完全依赖政府资助好坏参半，尤其对那些学术型智库而言——虽然他们也愿意更多地受到政策与市场的主导，只依靠一家或少量私人资助者的危险同样也很明显。当某些德国人仍然将美国的思想市场当作榜样时，美国的智库专家已指出，智库期望同柏林或布鲁塞尔的政治精英以及媒体间培养出某种亲近的关系，这是危险的：要获得对影响力技巧的精通、宣传以及媒体曝光率都有可能以牺牲知识的严谨与信誉为代价。②

凭借公共资金资助智库的强大传统，以及未来市场力量对智库寻求更多私人资助的推动，在最好的情况下，德国或许能发展出一条私人资助智库与公共资金资助的智库混杂的良性道路，这些智库之间或合作或竞争，或从对方身上汲取经验。

就对公共议题和决策议题的影响而言，考虑到英国等其他国家的经验教训③，德国的智库只有在接受类似于"政策企业"这样的概念，并将之当作其中心任务时，才有可能发挥出其全部潜力。④ 政策企业家认识到，与政策相关的研究发生在与研究用户的合作之中，确保了研究能够与实践

---

① 本文作者在 1996—1997 年、2006 年所做的调查中，绝大部分的智库都拒绝接受"智库应该遵循可识别的意识形态"这一观点，而超过 75％的受访者与"倡导型"、"利益导向型"机构这样的提法保持距离。

② Rich，2004.

③ Thunert，2006.

④ 这里我把约翰·金登为美国政策制定的背景所创造的概念做了一下改动。

和政策目的相关，这些政策企业家也能够从战略的角度思考并识别出政策窗口的开启与关闭。他们充分认识到危机可以迫使某个问题进入或退出官方决定议程，当危机为新的政策理念开启机会窗口时，这些政策企业家的机构已经做好准备。他们也了解，在联邦议会民主制中，决策是受到一连串可预知（选举、政党会议、欧盟主席轮值等）和不可预知或预测的事件（禽流感、恐怖主义、自然灾害、突然的政策失误等）驱动。政策企业家在需要解决的问题、学术圈讨论的政策选择、议程时间表与权术政治的权力逻辑之间建立起联系。最后，作为政策企业的智库也清楚，如果没有按照其可以探索得到的方式来重新诠释、重新设计与重新定位，其政策建议也无法得到实施，更无法最终产生影响。

即便是对德国智库全景漫不经心的观察人士也注意到，自 20 世纪 90 年代后期到今天，在一些著名的研究机构里，新一代的领导人获得了任命。以大学为依托的研究中心和咨询机构中政策取向很强的学者，以及新生智库里的年轻的研究人员，正慢慢改变着德国政策研究的政治文化。[①] 最重要的是，德国首都由波恩搬迁至柏林，也促使了一批年轻的政策企业家启动自己的智库机构。与二三十年前不同，新一代的智库学者对政策导向的应用研究不抱怀疑态度。人们甚至可以声称，曾经被普遍认同的一个等式的有效性今天正受到质疑：即卓越的基础研究等同于与政策的不相关或相背离。一些新的智库领导人和委员会成员，尤其是经济与外交政策研究机构，已经在重组其机构，有时甚至迁址以更加靠近"政府区域"[②]，鞭策其员工产出更具国际竞争性、更加前沿的研究成果，冒险去思考一些不敢想的，同时变得政策性更强，更受受众主导。

新一代的智库领导人及智库研究人员明白，委托报告与委托研究的市场将越来越国际化，竞争也越来越激烈。知名学术研究机构、更加灵活实际的新加入者、国际研究机构以及商业顾问之间，为了获得被倾听的机会，为了各自的理念，为了资金所展开的竞争将会越来越激烈。在德国，应用于公共政策制定领域的理念也正朝着商业化的方向发展——尤其是在

---

① *Economist*, 2004.

② 最近的一次尝试是德国经济研究所（DIW）从柏林—达勒姆郊区搬至了城市中心区域。

技术、环境、社会、金融与财政政策领域及公共管理等领域的交界处。在这个全球信息化及咨询业形成市场的时代，无论是大型商业咨询机构还是国内或国际的非营利机构和智库，都时刻准备着接受来自德国的委托。因此，未来更多的德国智库不仅将与其同行竞争，还会与该领域内的其他选手短兵相接，包括以大学为基地的研究单位、政府关系，以及咨询公司等。

德国智库群体及其资助者会否辜负这些挑战还有待观察。最终，德国智库的政策影响力将与进一步遭到削弱的决策的组合主义结构以及替代这一结构的受网络影响的决策制度成正比。德国智库（如同布鲁塞尔的智库）① 还有待在实践中发展。

① Boucher，2004.

# 英国外交事务智库的知名度与活动<sup>*</sup>

伊万·梅迪纳·艾伯纳　大卫·古托姆森/文

王演兵/译　韩侃瑶/校

【摘要】如果政治所关乎的是改变现实，那么智库从事的就是对政治事务进行阐释。然而，人们在智库对思想进行传播所采用的方式方面缺乏研究。虽然智库受到公众认可，但是，研究人员在确定智库对政策过程究竟产生了什么确切的影响仍面临着许多困难。因为智库主要关注舆论环境，所以，我们的目标是探索三个具有可比性的英国外交政策智库样本的"知名度"及其所从事的"活动"。它们分别是查塔姆研究所、国际战略研究所与皇家联合军种防务与安全研究所。它们都是英国最具影响力的"外交事务"智库之一。"知名度"传递了它们在互联网与媒体上的在场状况。而"活动"反映的则是"政治"被理解为它们的出版物所产出的成果以及它们的成员与工作人员在人际网络中所进行的活动。为此，我们的手段是结合运用两种方法，即在"知名度方面"运用数字化方法，而在"活动方面"运用精英方法（elite methods），以便通过超越传统的定量与/或自我指涉性探询（self-referential inquiry）而鼓励学术争论的方式对待"影响力"这一概念，探索这一概念的再概念化（reconceptualisation）的可能性。

【关键词】智库　英国　"影响力"　"知名度"　"活动"　查塔姆研究所　国际战略研究所　英国皇家联合军种防务与安全研究所

---

* 原文提名：Visibility and Activity: Foreign Affairs Think Tanks in the United Kingdom（知名度与活动：英国的外交事务智库），略改为今题；原文出处：*Political Perspectives*，2013，Volume 7 (1)，pp. 46—74。

## 引 言

西蒙·詹姆斯[①]（Simon James）曾经试图为智库这一概念下个定义，他指出了有关于智库的三个具体特点。首先，虽然智库在知识方面独立于政府，但是它们的产品却被政府的需求所驱动。其次，智库承担公共利益并进行战略研究。最后，大部分智库有着政治联盟。此外，我们不妨加上第四个特点，这个特点与智库的目的有关，即智库参与思想事务。由此看来，在试图塑造意识形态方面，政党并非唯一的参与者。意识形态一词的确是个有争议的概念，常常超越国界的它在公共辩论中重新恢复了活力，并受到抽象方法、情景需求、结构性危机与选举结果的左右。在激烈竞争的政治气候中，人们的观点被转化、替代，有时甚至被完全改变。这是一个对思想进行创造的过程，并且已被证明的是，这个过程具有流动性与灵活性特点，在这个过程当中，智库[②]已经成为政治领域一个杰出的对话伙伴。智库与诸多利益团体、社会运动以及知识分子等其他行动者一道，通过寻求以政治问题为目的的思想权威来试图改造被感知的现实。智库需要阐释观念图景（landscape of ideas），以便在不断变化的环境之中传播自己的影响。[③]尽管智库已经受到公众的认可，但是，对于研究者来说，要确定智库在政策过程当中所具有的确切影响，仍然是一项重大的哲学与方法论问题上的任务。

我们试图在本文中探索用以定义智库政治力量的两个关键点，即"知名度"与"活动"。我们发现，就破译智库对政治的潜在贡献而言，对智库的这两个方面进行审视是一种很有用的方法，即审视它们所获得的公众认可，以及审视它们在思想宣传上所采用的手段。智库在这两个方面的特

---

[①] Simon James, *The Idea Brokers*: *The Impact of Think Tanks on British Government*, Public Administration, 1993, 71: 491—506.

[②] 智库也被称为"政策研究机构"（Stone & Garnett, 1998: 1）或"独立的公共政策研究组织"（Maccgan, 2010: 11）。针对"智库"这一术所进行的讨论参见（Stone, 2007）。

[③] Donald E. Abelson, The Business of Ideas: the Think Tank Industry in the United State, in Stone Diane and Andrew Denham (eds.), *Think Tank Traditions*, Manchester: Manchester University Press, 2004.

点涵盖着智库的知名度问题。当然，公众认可同样是一个模糊的概念，至少在扮演知名度的代理人方面。然而，公众的认可遵循直进路线，以便将公众认可当作报纸和各式网络平台上的引用率来操作。[①] 正如本文会一直讨论的那样，渠道的多样性也可被理解为对某一条用以扩散思想及用以与"通用池"（general pool）进行互动的渠道的偏爱。另外，"活动"指的是把"政治"理解为出版物的产出以及其成员、所属工作人员在人际网络中的活动。报刊、学者与政治人物在使用智库材料，从这一意义上而言，它在这项研究当中是一个重要变量。[②] 人们之所以有兴趣审视智库活动，是为了知道它们的重点主题、它们获得生产资源的能力以及它们获得知识威望的能力。本文显然不会去讨论过多问题，也许其中最重要的一个不被审视的问题是智库在公共争论当中的实际影响。这样做是因为不知道许多该过程的参与者所进行的"权力游戏"（无论公开的抑或私下的）究竟如何——决定了参与者之间权力关系的很多政策显然不为研究者所知。既然许多决策并不提供信息，那么研究人员就可能会永久性地忽略相关信息。因此，永远存在着无法准确指出智库实际影响的可能性。[③]

在量化影响力方面存在的困难并不能掩饰智库对政策制定施加影响的渴望，在外交政策事务方面尤其如此。世界上其他地方的政府成员已经确认了这一事实。例如，美国国务院政策与规划部主任理查德·哈斯（Richard Haass）指出："在美国外交政策制定方面，智库是最重要却最被低估的影响力之一。"本文虽然意识到这种方法论方面的缺陷，但还是试图增进对智库的理解，正如埃弗特·A. 林德基思特（Evert A. Lindquist）所说："尽管智库作用卓越，但是在它们究竟如何试图发挥自己的影响以及如何设法生存下

① Donald E. Abelson, *Public Visibility and Policy Relevance：Assessing the Impact and Influence of Canadian Policy Institutes*, Canadian Public Administration，1999，42（2）：240—270；Abelson Donald E.，*Do Think Tanks Matter？Assessing the Impact of Public Policy Institutes*，Quebec：McGuill‐Queen's University Press，2002.

② James McGann with Erik C. Johnson, *Comparative Think Tanks*，Politics and Public Policy，Cheltenham，UK：Edward Elgar，2006.

③ Andrew Rich，*Think Tanks*，Public Policy and the Politics of Expertise，Cambridge：Cambridge University Press，2004；Paul't Hart and Vromen Ariadne，*A New Era for Think Tanksin Public Policy？International Trends*，Australian Realities，The Australian Journal of Public Administration，2008，67（2）：135—148.

来方面，大多数政策精英与市民知之甚少。"① 对智库形象渠道的研究基于三家英国智库的经验，即查塔姆研究所、国际战略研究所与英国皇家联合军种防务与安全研究所（以下简称"防务与安全研究所"）。

本文的结构如下所示。第一，介绍一个广泛的争论，其关于思想在政治中的运用，并对英国的智库做一个简短的回顾。第二，着重阐述所选定的几家智库的主要特点。第三，讨论智库的各种活动组织形式。第四，比较智库在报刊与社交网络中的知名度。

## 思想上的争论以及英国的智库传统

### 思想的"现实"以及"现实"的思想

智库研究方面的两个主要问题与确定它们对公共政策的影响有关。② 人们已经做过综合性尝试，比如麦克甘（James McGann）2010 年所做的《全球重要智库》（*Global Go - To Think Tanks*）排名。然而，这一努力以及其他研究催生了大量与这些特定研究领域相关的可疑的方法论问题，如高度的自我指涉性数据（self - referential data）。智库在政策过程当中的影响力或冲击力恰是由智库作为出产思想的参与者这一本质来界定的，在这个意义上，我们必须界定智库在早期阶段（设置议程与界定公众的关注点）和晚期阶段对政治进程所做出的贡献，换句话说，就是在对政府活动的结果进行规范性评估方面做出的贡献。有一点是重要的，即注意到社会冲突的扩散以及对政治活动的评估是在巨大主观内涵中进行的演练。

针对现实的政治处置表现出几个问题。对"现实"分析所进行的探讨总是如期而至，无论这些分析采取什么样的形式，总是与个人和团体理解其周遭世界的方式有关，也总是与对分析者们利益攸关的权力分配有关。其间缺乏跳脱出思维领域的真实存在、客观的社交世界而只有想象中的

---

① Evert A. Lindquist, A Quarter of a Century of Canadian Think Tanks: Evolving Institutions, Conditions And Strategies, in Diane Stone; Andrew Denham and Mark Garnett（eds.）, *Think Tanks Across Nations. A Comparative Approach*, Manchester: Manchester University Press, 1998.

② D. Albert, 1999; DianeStone, *Recycling Bins, Garbage Cans or Think Tanks? Three Myths Regarding Policy Analysis Institutes*, Public Administration, 2007, 85（2）: 259—278.

"现实"——只有从这一"现实"出发我们才有能力提出自己的想法，直面他人的言辞。[①] 本尼迪克特·安德森（Benedict Anderson）把国家与国家主义定义为想象中的共同体就是其中一例。[②] 事实上，就"现实"是社会性构建物且随着文化结构和情境的变化而变化而言，规范性争论怀疑共同"现实"的存在。[③]

这就会产生这样一个世界，在这个世界里，多重现实或认识世界的各种方式意欲（也许是排他地）强行征得一种彻底的合理性。在个人自由得到承认的民主环境下，它们当中似乎谁也不会被压制下去。然而，接受彼此竞争的现实，并不意味着它们都提供基于经验的思想，也并不意味着有一种真理性的现实，或者说我们有能力把知识特权分派给某些智库。处理这些问题的方法之一是认为正确的思想通常是那些被政府所接受的思想。我们还可以以此为基础认为正确的思想是主流公众舆论所接受的思想。然而，这两点表述并没有提供一个明确的解决方案。正如格兰特（Wyn Grant）所阐述的，当需要把社会需求与利益集团等（包括思想在内）分为"局内人/局外人"时，就会含有一种强有力的政治成分。[④] 从政府的角度来看，合法利益必须符合其政治宣言（political manifesto）。比方说，绿色理念往往更能被左翼政府接受。选举摆振（electoral swings）因此成为（并且以一种错误方式成为）令思想合法化的原则。这种说法源于一些研究，这些研究认为，即便思想随着时间的推移必须克服许多政治与体制的筛选，它仍然是进行社会变革的一种强有力方式。社会运动的历史提供了许多例子。人们认为，只要这些思想不与民主制度的基本原则相抵触，那么，什么样的思想是最恰当的这个问题并没有答案，或者说，所给出的答案至少会不符合科学中立性。

---

① Michael Crotty, *The Foundations of Social Research*: *Meaning and Perspective in the Research Process*, London: Sage Publications, 2003.

② Benedict Anderson, *Imagined Communities. Reflections on the Origin and Spread of Nationalism*, London: Verso, 1983.

③ Peter L. Bergerand Luckmann Thomas, *The Social Construction of Reality*: *A Treatise in the Sociology of Knowledge*, Garden city: Anchor, 1966; Pierre Bourdieu, *Outline of a Theory of Practice*, Cambridge: Cambridge University Press, 1977; Anthony Giddens, *The Constitution of Society*: *Outline of the Theory of Structuration*, Cambridge: Polity, 1984.

④ Wyn Grant, Insider and Outsider Pressure Groups, *Social Science Review*, 1985, 5: 107—111.

因此，对"影响力"这一理念所进行的探询，并不是客观主义本体论意义上的，也不是实证主义认识论意义上的。虽然我们宣传说"在那个问题上"可以有计数的办法（即引用次数），但我们并不认为关于所计得的总数有固定的含义（即在现实主义本体论与建构主义认识论之间并没有矛盾）。[①] 我们把论点建立在这样一种基础之上，即通过假设可以得出另外的"现实"并得出用以解释我们所搜集的数据的方式——这与研究的解释主义基础（interpretivist underpinning）以及上述研究的哲学观点是高度一致的。所吸取的教训应当与"谁（为我）说话"的可竞争性本质有关，并且确实同另一个观点也有关联，即描绘的"现实"是社会建构起来的，而且展现某一特定"现实"的决定确实可以被政治化。此外，不同"现实"间交界处的关联性是动态的且在不断转变，这种关联性要求用另外的方法来把智库的影响力当成可识别值与静态值以进行定性衡量。

### 英国智库：简要的勾略

英国的"智库"传统是在 18 世纪与"哲学激进派"（Philosophical Radicals）一同开启的。但是，直到 20 世纪 90 年代，新闻出版界才预示所谓的"新右派智库"的崛起。[②] 然而，在大西洋的另一边，美国的学者已经对"思想工厂"（thinking factories）给予了更多的关注，他们认为，这些思想工厂对美国政治制度与民主制度的运作至关重要。[③] 已有人提出，就智库的发展而言，英国与美国之间的差异可以归诸体制、文化与政治等几个方面。在这几个方面，美国由于拥有企业捐助的传统而受益，这种传统在其他地方并不常见。[④] 因为美国智库显然拥有接触美国决策者的特权，

---

① M. Crotty，2003.

② Andrew Denham and Garnett Mark, The Nature and Impact of Think Tanks in Contemporary Britain, *Contemporary British History*，1996，10（1）：43—61.

③ Mahmood Ahmad, US Think Tanks and the Politics of Expertise：Role，Value and Impact，*Political Quarterly*，2008，79（4）：529—555.

④ Diane Stone and Garnett Mark, Introduction：Think Tanks，Policy Advice And Governance, in Diane Stone, Denham Andrew and Garnett Mark（eds.），*Think Tanks Across Nations：A Comparative Approach*，Manchester：Manchester University Press，1998；PhilippaSherrington, British Think Tanks：Advancing the Intellectual Debate?, *British Journal of Politics and International Relations*，2000，2（2）：256—263.

上述的状况得以被加强。① 英国智库则相反，它们掌管预算、招聘的人员更少，因而人们可以察觉到，它们对政府举措的影响无疑是相对柔和的。

德纳姆（Andrew Denham）与加内特（Garnett Mark）建议分四个阶段理清英国智库的演变历程。功利主义者是第一群有兴趣通过他们的著作与知识声望影响政府的人。他们不但是奥古斯特·孔德（Auguste Comte）的实证主义门徒的突出代表，也是打算以某种方式调整自由主义基本原理的费边主义者的突出代表。第二阶段始于两次世界大战之间。第一次世界大战的巨大破坏导致了主要关于防止战争复活危险的智库的建立。20世纪70年代，为支持撒切尔夫人的货币主义政策，一些智库被建立或是转变了过去的职能。它们所关涉的仅仅是将论证提供给那些已经快被说服的人，在这种意义上而言，它们主要只是"政策支持型智库"。它们主要是"政策倡导型智库"（policy advocacy tanks）。它们认为自己是"没有学生的大学"。② 最后，德纳姆与他的同事们观察到对撒切尔主义的意识形态式回应是如何推动新自由主义智库的对手——左翼智库——建立的。相应地，帕茨（Pautz）论证了左翼智库与工党之间的联系。③ 公共政策研究所、社会市场基金会与狄莫斯（Demos）就是这种左翼智库的例子。

## 英国的对外政策导向型智库

我们将在本文分析三家总部位于伦敦的外交事务智库，即查塔姆研究所、国际战略研究所以及防务与安全研究所。基于詹姆斯·麦克甘的《2009年世界智库排名》（2009 *World Rankings of Think Tanks*）④，我们在这一政策领域认定了几家最适合的智库。这是一份由宾夕法尼亚大学推出

---

① Carol HirschonWeiss, Introduction. Helping Government Think. Functions and Consequences of Policy Analysis Organisations, in Weiss and Hirschon Carol (ed.), *Organisations for Policy Advice*: *Helping Government Think*, London: Sage, 1992.

② Tim Hames and Feasey Richard, Anglo - American Think Tanks Under Reagan And Thatcher, in Andrew Adonisand Hames Tim (eds.), *A Conservative Revolution?*: *the Thatcher - Reagan Decade In Perspective*, Manchester: Manchester University Press, 1994.

③ Hartwig Pautz, Think Tanks in the United Kingdom and Germany: Actors in the Modernisation of Social Democracy, *British Journal of Politics and International Relations*, 2010, 12: 274—294.

④ 我们承认，在编制本次排名所采用的方法可以说太具自我参照性。

的年度报告，其由"国际关系项目"（International Relations Programme）之下的"智库与民间团体项目"（Think Tanks and Civil Societies Prog ramme）资助。这份报告"在对全球范围内数百名学者与专家进行调查的基础上，首次对世界顶级智库进行了综合排名"。[①]《2009 年世界智库排名》（不包括美国）把查塔姆研究所推举为最有影响力的智库，并排在透明国际（排名第 2）与国际特赦组织（排名第 5）之前。接下来的两家入榜的英国外交事务智库是排在第 6 位的国际战略研究所与排在第 25 位的防务与安全研究所。

表 1 与图 1 都显示了这些智库的一些关键特征。总体而言，在工作人员方面的差异十分显著。查塔姆研究所刚好与学术界具有更好的联系，并且易于吸引学术专家参加其活动与出版。我们认为这是它拥有更多学者及使用学术职称的结果（比如说，副研究员肖恩·布雷斯林［Shaun Breslin］教授）。考虑到这一点，可以预期，查塔姆研究所可能会利用学界的声音（academic voices）以及人脉网络开展战略咨询。[②] 与学术界所建立的联系不但变成了合法性的来源，而且变成了一种向专业学术社群传播思想的资源。通过对在海外的卫星办公室（satellite offices）的投资，另外两个智库已经开发出一种不同的模式。从给成员所带来的好处来看，这些办公室的设立产生了其他各种资源，比如，打通获得第一手资料的通道，影响对外政策的实施，参与各种各样海外人脉网络等。在展示这三家智库一系列基本特征之后，我们接下来将更深入讨论这些智库中的每一家智库的组织结构与领导机制。我们将尽可能参考在界定这些智库的意识形态方面最为重要的事实与思想。

**表 1** 三大智库的概况

| 智库名称 | 成立时间 | 所在地 | | 工作人员 | |
|---|---|---|---|---|---|
| | | 主要 | 其他 | 研究人员 | 其他人员 |
| 查塔姆研究所 | 1920 年 | 伦敦 | — | 165 | 62 |

---

① James McGann, *The Global Go - To Think Tank. The Leading Public Policy Research Organizations in the World*, Think Tanks and Civil Society Program, University of Pennsylvania, 2010. 网址：http://www.sas.upenn.edu/irp/documents/2009 Global Go To Report Think Tank Index _ 1.31.2010.02.01.pdf.

② D. Stone, 2007.

续表

| 智库名称 | 成立时间 | 所在地 | | 工作人员 | |
|---|---|---|---|---|---|
| | | 主要 | 其他 | 研究人员 | 其他人员 |
| 国际战略研究所 | 1958 年 | 伦敦 | 新加坡、巴林、美国 | 25 | 41 |
| 英国皇家联合军种防务与安全研究所 | 1831 年 | 伦敦 | 卡塔尔、美国 | 77 | 24 |

资料来源：在下述网站所提及的文件：查塔姆研究所，http：//www. chathamhouse. org/；国际战略研究所，http：//www. iiss. org/；英国皇家联合军种防务与安全研究所，http：//www. rusi. org/；最后浏览时间：2011 年 1 月 5 日。

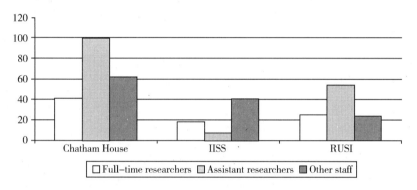

**图 1　三大智库员工构成情况概览（截至 2011 年 1 月）**

资料来源：三大智库在下述网页所载员工情况文档：查塔姆研究所，http：//www. chathamhouse. org/about – us/staff；国际战略研究所，http：//www. iiss. org/about – us/staffexpertise/；英国皇家联合军种防务与安全研究所，http：//www. rusi. org/about/staff/；最后浏览时间：2011 年 1 月 5 日。

### 查塔姆研究所

查塔姆研究所是迄今为止英国国内外最负盛名的英国智库。[1] 查塔姆研究所成为其他同类智库的楷模基于两个原因：其一是它创立很早，其在1920 年即宣告成立，其二是它定期推出科学期刊与学术著作，其高质量的出版服务赢得了公众认可。[2] 被称为英国皇家国际事务研究所（Royal In-

---

[1]　Andrew Denham and Garnett Mark，*British Think – Tanks and the Climate of Opinion*，London：UCL Press，1998a.

[2]　Andrew Denham and Garnett Mark，Think Tanks，British Politics and the "Climate of O-pinion"，in DianeStone，Andrew Denham and Mark Garnett（eds. ），*Think Tanks Across Nations. A Comparative Approach*，Manchester：Manchester University Press，1998b.

stitute of International Affairs；RIIA）的它是基于一个愿景而建立起来的，即莱昂内尔·柯蒂斯（Lionel Curtis）首次提出的在英美两国共同立场的基础上促进和平。在1919年巴黎和会之后，英国代表在伦敦创立了英国国际事务研究所，他们的美国同行则在纽约创立了外交关系协会。根据它们所在时代的意识形态主流，这两家智库在外交事务上都持有一套建立在自由国际主义（liberal internationalism）、机构独立、"盎格鲁—萨克森"精英主义、基督教精神以及无党派基础之上的信仰。①

当时，政府公开反对建立"行政部门的对手"的企图。② 因此，在20世纪30年代，这家研究所获得了公众赞助，并加强了咨询功能，促进了研究成果的产出。③ 自第二次世界大战开始以来的经历表明，查塔姆研究所在评估威胁与优先事项方面与英国的外交及联邦事务部（Foreign Office）十分相近，所存在的争议主要在"战术、细节、时间安排与着重点"方面。④ 心怀这种想法，可以理直气壮地认为，查塔姆研究所的主要志向是：第一，通过采用几种诸如学术期刊、媒体运用以及专家事件（expert events）等几种感知手段来鼓动公众舆论；第二，依据专家的分析来预测未来的危机，并据此在战略行动方面向政府提出建议；第三，在外交部需要智库帮助时，智库允许其领导人担任非官方外交人员。⑤

查塔姆研究所依赖它的非党派性保护自己的包容性观点，以求实现担任所有英国党派的代表的目的。通过其公司信息可以看出查塔姆研究所是如何

---

① Inderjeet Parmar, *Think Tanks And Power In Foreign Policy*, Houndsmills, Basingstoke, Hampshire：Palgrave Macmillan, 2004a；Inderjeet Parmar, Anglo - American Elites In The Interwar Years：Idealism and Power in the Intellectual Roots of Chatham House and the Council of Foreign Relations, *International Relations*, 2002, 16（1）：53—75.

② Richard Higgott and Diane Stone, The Limits of Influence：Foreign Policy Think Tanks in Great Britain and the USA, *Review of International Studies*, 1994, 20（1）：15—34.

③ William Wallace, Between Two Worlds：Think - Tanks and Foreign Policy, in Hill, Christopher and Beshoff Pamela（eds.）, *Two Worlds of International Relations：Academics, Practitioners And The Trade In Ideas*, London：Routledge, 1994.

④ Inderjeet Parmar, Institutes of International Affairs：Their Roles In Foreign Policy - Making, Opinion Mobilization And Unofficial Diplomacy, in Diane Stone and Denham Andrew（eds.）, *Think Tank Traditions. Policy Research And The Politics of Ideas*, Manchester：Manchester University Press, 2004b.

⑤ Ibid..

强调自己是一家"独立的国际事务智库与会员制组织"的。女王是这一组织的赞助人，而各党派的知名人物，如前国会议员及解放民主党（Lib-Dem）领导人阿什顿勋爵（Lord Ashdown）、前总理大臣及保守党领袖约翰·梅杰爵士（Sir John Major），以及前国会议员及新工党政府国防部长罗伯逊勋爵（Lord Robertson），都是这一组织管理的负责人。正如林德基斯特所指出，一家研究机构的知识声誉是"用以吸引令人敬重的学者的重要资源"。因此，研究所的成员都只在一定限度内参与研究所的事务，以免自己的诚实探究要接受妥协。① 不过，这种状态或许更多是"处于国家与公民社会之间的某个位置，而不是作为他们声称的作为完全独立的个体而不是政府权力的简单工具"。② 应当将这种职责的定位理解为这样的企图或努力，即扩展其游说能力、加强与政党的联系、更接近所有的机构论坛并有更多机会在媒体前展现自己。

此外，查塔姆研究所明确拒绝公共资助，虽然蒲鲁贤（Brewin）认为，"问题的选择要紧密契合政府的明确需求并禁止提出不受欢迎的研究课题"。③ 事实上，虽然一些政府部门成员就是自己的幕下之宾，但是查塔姆研究所常常应唐宁街的请求举办圆桌讨论会，参加会议的是那些来自可能更愿意将非正式接触当作直接接触的国家的学界和政界人物。④ 帕玛（Parmar）揭示了研究所自建立之初便同来自诸如商界、军界、学界和政界等领域的代表存在联系，由此坚决主张查塔姆研究所由精英构成。⑤ 与此相关，帕玛还介绍了在研究所创立之初及之后来自伦敦与华尔街的若干大额捐助。⑥

①　Evert A. Lindquist, Think Tanks or Clubs? Assessing the Influence and Roles of Canadian Policy Institutes, *Canadian Public Administration*, 1993, 36（4）：547—579.

②　I. Parmer, 2004, p. 167.

③　Christopher Brewin, Research in a Global Context：A Discussion of Toynbee's Legacy, *Review of International Studies*, 1992, 18：115—130.

④　John Dickie, *Inside the Foreign* Office, London：Chapmans, 1992.

⑤　I. Parmer, 2004a.

⑥　InderjeetParmar, Chatham House and Anglo-American Relations, *Diplomacy and State-craft*, 1992, 3（1）：23—47; Inderjeet Parmar, *Special Interests, the State and the Anglo-American Alliance*, 1939—1945, London：Frank Cass, 1995.

### 国际战略研究所

迈克尔·霍华德爵士（Sir Michael Howard）是英国军事历史学家，他与工党议员、国防部秘书（1964—1970）丹尼斯·希利（Denis Healey），以及记者阿拉斯泰尔·巴肯（Alastair Buchan）在 1958 年创建了国际战略研究所。国际战略研究所是为应对冷战之后的核紧张局势而建立的。由此，民族冲突、政治变革、地区军控以及维护和平等国际难题成为其关注的核心领域。诚如其宗旨所宣称的那样，国际战略研究所有五大目标："（1）提供军事与政治发展方面的客观信息；（2）就国际和平与安全问题提供政策分析；（3）组织政府部长、官员、国际公务员、独立分析家、商界人士及记者进行会谈；（4）扩大由具有影响与见识的个人、企业实体、政府与其他机构组成的国际人脉网络；（5）影响并推动良好政策的施行以维持与促进国际和平与安全以及文明的国际关系"。在这方面，国际战略研究所通过把其影响决策者的目标与当地顾问工作组结合起来，表面上"在亚非拉中东地区——这些地区已经允许国际战略研究所'在哥斯达黎加、埃及、约旦、韩国、墨西哥、巴基斯坦、俄罗斯、泰国、土耳其、阿拉伯联合酋长国与津巴布韦等国同当地的研究所和大学联合举办研讨会'——的各式冲突中"[①] 担当了一个务实的政治角色。

国际战略研究所公开展示自己的预算结构，并将此当成是从成员的可靠性中获得机构独立的方式。国际战略研究所提供不同类型的会员身份，它们对应获取利益和服务的不同渠道。事实上，它作为担保的有限责任公司被组建起来的，并且登记为一家慈善机构，它的执行委员会成员是该慈善机构的慈善受托人。[②] 国际战略研究所 2009 年的预算开支上升到了 770 万英镑，它们来自国际机构、基金会与个人成员的会费与捐赠。预算开支的一半用于会议费用（27％）与运营费用（23％），其他较小的开支部分分别与图书馆（3％）、出版物（8％）、利息（8％）、间接资助支出（12％）以及直接资助支出（19％）有关。它的基础类成员欢迎学生

---

① 此处摘自国际战略研究在其网站上介绍其历史时所做出的评论。可浏览下述网站找到：http：//www.iiss.org/about-us/history/（截至 2011 年 1 月 5 日）。

② 更多信息请参见国际战略研究所 2007 年组织章程大纲。

查询图书馆，并从中选出部分学生参与国际战略研究所的大事。它的执行类法人成员是最高级别的成员，国际战略研究所让他们积极参与国际战略研究所的大事，使用它受限的数据库，享用它的顾问服务。他（它）们都会收到一套国际战略研究所的出版物，包括期刊《生存》（*Survival*）、专著《阿德尔菲文集》（*Adelphi Papers*）、年度调查与总结报告《战略调查》（*Strategic Survey*）与《军事均衡》（*The Military Balance*）以及定期通报《战略评论》（*Strategic Comments*）。国际战略研究所力图使自己代表来自 100 多个国家的 2500 名个人成员与 450 个企业与机构成员。

## 英国皇家联合军种防务与安全研究所（RUSI）

威灵顿公爵（Duke of Wellington）在 1831 年创立了英国皇家联合军种防务与安全研究所，使其成为全世界最古老的防务与安全智库。包括指挥官亨利·琼斯（Commander Henry Jones）与克拉伦斯公爵（Duke of Clarence）在内的发起人的志向，是要建立一家专业性科学机构，而不是一家俱乐部。这种想法意在把军事事务包含在科学界之中，以提升这些军事事务在公民生活中的重要性。这就必然要把相关军事专家吸纳到执行机构当中来：著名的海军重炮专家霍华德·道格拉斯爵士（Sir Howard Douglas）成为研究所第一任所长。比德韦尔（Bidwell）评论说：

> 知识促进力将取决于普通成员自由表达自己思想的想象力和自由。为此，创始人在政治上足够精明，他们邀请当时最杰出的 30 名军官担任研究所副主席，但是他们同时也察觉到，这家机构的前途将取决于尽可能吸引众多最年轻与最初级的军官。[1]

根据那个时代的战争程序，在其创立之初，国际战略研究所主要关注军事与海军问题。然而在今天，它通过专门研究分析与讨论"军事学说、防务管理与防务采购的发展"，为"国内与全世界受众研究至关重要的政

---

[1] Shelford Bidwell, The Royal United Services institute for Defence Studies, 1831—1991, *The RUSI Journal*, 1991, 136 (2): 69—72.

策问题"。防务与安全研究所的六大会议表明它的关注点涉及地面部队、海上安全、空中力量展望、C4ISTAR（即指挥、控制、通信、计算机、情报、监视与侦察的缩写）、关键的国家基础设施与弹道导弹防御。此外，防务与安全研究所的出版物在专业人士及国际关系学者中享有很高的认可度。比如，创刊于 1857 年的防务与安全研究所所刊就是知名期刊，它与《防务系统》（*RUSI Defence Systems*）、《警卫》（*RUSI Monitor*）、《白厅论文》（*Whitehall Papers*）以及《白厅报告》（*Whitehall Reports*）等其他系列专著、政策研究论文一起研究国际关系话题。

防务与安全研究所旨在以举办高水平活动作为手段，让学者、决策者、官员与商人更紧密地聚合起来。由于防务与安全研究所在白厅的中心部位，其与国防部以及国会相距较近，这一距离部分契合了上述的努力。与其他智库相反，防务与安全研究所致力于透明运作，甚至在涉及包括英国国防部、英国财政部、美国国防部、英国外交与联邦事务部、美国国务院、欧盟以及大量国际防务与安全公司在内的大客户名单时也是如此。①这些官方机构通过委托研究方案在促使防务与安全研究所维持经济运转上做出了显著贡献。

有一个例子证明了防务与安全研究所在英国军界的声誉。美国前总统乔治·W. 布什曾经决定，他仅在由防务与安全研究所参与共同主办的一次（2003 年 11 月）的活动上发表演讲，数家媒体重复了他的这个决定，而对要求其出席议会会议的请求略而不提。近年来，防务与安全研究所的成员见证了美国将军大卫·H. 彼得雷乌斯（David H. Petraeus）、大使马克·赛德维尔（Mark Sedwill）以及英国国防部秘书利亚姆·福克斯（Liam Fox）所发表的演讲。此外，国际扩张也是防务与安全研究所最新的战略之一。自 2007 年以来，防务与安全研究所为加强全球联络而在卡塔尔与美国设立了卫星办事处。正如防务与安全研究所所指出的，"防务与安全研究所（卡塔尔）的设立是研究所将防务与安全研究活动扩展到世界重点区域的战略组成部分"。②换句话说，在卡塔尔与美国设立卫星办事

---

① 参见《RUSI 企业宣传册》，第 5 页。

② 摘自防务与安全研究所的网站。此处所指的是在卡塔尔设立办事处的原因。可浏览下述网站找到该文本：http://www.rusiqatar.org/about_us.php（最后一次访问时间：2011 年 1 月 5 日）。

处显示了主要的冲突区域（中东地区）以及英国21世纪早期外交政策在美国的影响。

## 活动、话题与声誉

智库的目的是把政府推向一定的意识形态方向。与意识形态相关的目标是复杂的，且造成临时性挑战。虽然要对影响政府政策的总体方向发起挑战，但也有必要影响日常的具体决定。因此智库的活动尝试具有双重功能：与决策者共享日常的关注点，又通过媒体传播口号。如此一来，分析智库在政治辩论上贡献的方法不一。由于许多日常接触是私密性的，因此智库的出版物是通过掌握这些政策参与者的成果来制造舆论的一种重要方式。出版物的价值之一在于其前瞻性或反馈性，它们对政府提案或在建立新提案方面十分敏锐。为此，智库广泛进行从书籍到时事通信的出版。事实证明，为了把成员与专家聚合到一起并能同时得到媒体报道，组织活动是一种很有用的方式。

这里的分析主要基于2005年至2010年之间的活动、期刊与出版物。为着手进行分析，我们把活动按照主题分为八类。这些归类是按照活动种类或活动发生区域进行的（见表2）。一方面，有三大类别用来区分与安全与恐怖主义、经济与治理以及气候变化有关的问题。这三个领域彼此尤有不同。各条目可被集成为以下几点：武器装备与军事战略（安全与恐怖主义）、经济危机与政府（经济与治理）、能源危机与气候（气候变化）。另一方面，有五大类别用于解释国际关系当中地缘政治领域的五个问题。第一类代表联合国事务与美国。虽然跨大西洋问题与拉丁美洲地区所占比例相对较小，但将其纳入这一类。第二类包括俄罗斯与亚洲的相关事务，比如，中国与俄罗斯两国政治事务、这一地区新兴国家、民主政治状况等。第三类包括欧洲、欧盟与英国所发生的事件。第四类以非洲国家为重点，关涉具有特色主题的事件。最后一类侧重于过去10年当中特别重要的地理区域：中东，包括在伊朗、伊拉克、巴勒斯坦、以色列、卡塔尔、巴基斯坦等各国所发生的冲突。

**表 2**                         **三大智库的活动主题**

查塔姆研究所（Chatham House）

| 年份 | 安全与反恐 | 经济与治理 | 气候变化 | 世界政治与美国 | 俄罗斯与亚洲 | 欧洲 | 非洲 | 中东 | 总计 |
|---|---|---|---|---|---|---|---|---|---|
| 2005 | 12 | 16 | 1 | 9 | 9 | 15 | 6 | 22 | 90 |
| 2006 | 15 | 19 | 5 | 20 | 17 | 12 | 12 | 20 | 120 |
| 2007 | 24 | 17 | 12 | 18 | 36 | 26 | 23 | 32 | 188 |
| 2008 | 28 | 47 | 15 | 26 | 83 | 26 | 40 | 40 | 305 |
| 2009 | 28 | 42 | 27 | 22 | 82 | 44 | 48 | 51 | 344 |
| 2010 | 43 | 49 | 13 | 20 | 91 | 50 | 53 | 33 | 352 |

国际战略研究所（IISS）

| 年份 | 安全与反恐 | 经济与治理 | 气候变化 | 世界政治与美国 | 俄罗斯与亚洲 | 欧洲 | 非洲 | 中东 | 总计 |
|---|---|---|---|---|---|---|---|---|---|
| 2005 | 8 | 0 | 2 | 5 | 16 | 0 | 1 | 19 | 51 |
| 2006 | 24 | 0 | 0 | 9 | 18 | 6 | 1 | 28 | 86 |
| 2007 | 19 | 1 | 0 | 15 | 24 | 2 | 2 | 28 | 91 |
| 2008 | 17 | 0 | 0 | 10 | 36 | 8 | 3 | 19 | 93 |
| 2009 | 25 | 1 | 7 | 16 | 35 | 9 | 0 | 27 | 120 |
| 2010 | 40 | 3 | 7 | 13 | 26 | 10 | 3 | 33 | 135 |

英国皇家联合军种防务与安全研究所（RUSI）

| 年份 | 安全与反恐 | 经济与治理 | 气候变化 | 世界政治与美国 | 俄罗斯与亚洲 | 欧洲 | 非洲 | 中东 | 总计 |
|---|---|---|---|---|---|---|---|---|---|
| 2005 | 20 | 1 | 0 | 5 | 0 | 16 | 1 | 4 | 47 |
| 2006 | 19 | 0 | 0 | 8 | 2 | 21 | 4 | 3 | 57 |
| 2007 | 26 | 1 | 3 | 15 | 6 | 18 | 4 | 12 | 85 |
| 2008 | 23 | 2 | 3 | 5 | 8 | 20 | 6 | 17 | 84 |
| 2009 | 21 | 0 | 2 | 10 | 3 | 18 | 3 | 16 | 73 |
| 2009 | 21 | 0 | 2 | 10 | 3 | 18 | 3 | 16 | 73 |
| 2010 | 42 | 1 | 1 | 1 | 5 | 19 | 2 | 10 | 81 |

资料来源：选自下述网站所载智库活动文档：查塔姆研究所，http：//www. chatham-house. org/events；国际战略研究所，http：//www. iiss. org/events - calendar/；英国皇家联合军种防务与安全研究所，http：//www. rusi. org/Events；最后浏览时间：2011 年 1 月 5 日。

从智库的主题来看，以上数据显示了三个总体趋势。首先，大部分智库都涵括了三大主题，即安全与恐怖主义、中东以及俄罗斯/亚洲。这在很大程度上契合了政府在外事领域的政策重点。例如，对恐怖主义与阿富汗的经常性提及可在英国政府的国家战略当中找到，如，《在动荡年代打

造强大英国：国家安全战略与外交及联邦事务部 2011—2015 年业务计划》
(*A Strong Britain in an Age of Uncertainty*：*The National Security
Strategy and Foreign and Commonwealth Office's Business Plan* 2011—
2015)。对中国与俄罗斯的指涉也频繁出现在政府的议程当中。其次，查
塔姆研究所相对于国际战略研究所与防务与安全研究所而言所关注的话题
数量更多。它对经济、气候变化与非洲尤有兴趣。这使得查塔姆研究所制
造的话语不仅仅以军事问题为基础，还以更为异质的会员为基础。最后，
国际战略研究所对英国与欧洲问题了无兴趣。这进一步加强了一种观点：
国际战略研究所寻求与其他智库不同的会员成分。

　　声誉是一个有趣的问题点。声誉评估的方法之一是观察被邀参加活动
的人具有多大的名望。比如，就 2009 年所举行的活动而言，查塔姆研究所
有能力安排一大批的教授、研究员、国会议员、部长、英国女王陛下的大
使、军人、外国总统、国际组织工作人员、企业管理人员、非政府组织主
管以及新闻记者进行会谈。这里仅举几例，其中有来自声名赫赫的大学
（牛津、曼彻斯特、华威、多伦多、莱比锡、谢菲尔德）的学者，有来自
英国、美国、丹麦、巴西、立陶宛、匈牙利、纳米比亚等国的高级代表，
有来自人权观察与国际特赦组织的工作人员，以及来自《时代周报》(*Die
Zeit*)、《新闻周刊》(*Newsweek*) 与《金融时报》(*Financial Times*) 的记
者。国际战略研究所也很突出，它邀请了如戈登·布朗 (Gordon Brown)、
戴维·米利班德 (David Miliband)、阿西夫·阿里·扎尔达里 (Asif Ali
Zardari) 等专家与决策者。防务与安全研究所在举办并邀请专家们参加活
动方面表现出相似的能力。总体而言，在智库声誉方面并没有什么足以大
书特书的差异。也许查塔姆研究所表现出了更大的人脉网络，这归因于它
所广泛举办的活动，也确实反映出它拥有更多的资源。

　　事实上，资源确实事关重大，对蓬勃发展的出版服务方面的资金投入
尤其如此。表 3 至表 4 说明了智库的出版战略。查塔姆研究所提供了更大
数量的出版物清单，包括两份学术期刊，以及文献摘要与简报文件。与此
相反，国际战略研究所在供给大量出版物方面没有特别兴趣。它在更新
"武装冲突数据库"(Armed Conflict Database) 与"战略调查"(Strategic
Survey) 方面尤为努力，而不是把重点放在与其他智库期刊进行竞争上。

事实上，国际战略研究所的发展逻辑似乎更侧重于举办特别峰会（"全球战略评论、香格里拉对话、麦纳麦对话、巴林全球论坛、印度全球论坛、国际战略研究所—日本国际问题研究所东京会议"）（Global Strategic Review，Shangri - La Dialogue，Manama Dialogue，Bahrain Global Forum，India Global Forum，IISS - JIIA Tokyo Conference）。最后，防务与安全研究所没有查塔姆研究所那样雄心勃勃，但在出版其 RUSI 期刊与《RUSI 简讯》方面仍然相当稳定。

表3　　　　　　国际战略研究所主要出版物（2005—2010 年）

| 年份 | 《时事通讯》 | 《军事均衡》 | 《阿德尔菲文集》 | 《战略评论》 | 《战略调查》 | 《生存》 |
|------|------------|------------|----------------|------------|------------|--------|
| 2005 | 4 | 1 | 7 | 10 | 1 | 4 |
| 2006 | 4 | 1 | 7 | 10 | — | 4 |
| 2007 | 4 | 1 | 8 | 10 | — | 4 |
| 2008 | 4 | 1 | 8 | 10 | 1 | 6 |
| 2009 | 4 | 1 | 5 | 10 | 1 | 6 |
| 2010 | 4 | 1 | 6 | 12 | 1 | 6 |

资料来源：国际战略研究所出版物文档，可在下述网址找到：http://www.iiss.org/publications/，最后浏览时间：2011 年 1 月 5 日。

表4　　英国皇家联合军种防务与安全研究所主要出版物（2005—2010 年）

| 年份 | 《时事通讯》 | 《RUSI 防务体系》 | 《RUSI 监控》 | 《白厅文档》 | 《白厅报告》 | 《RUSI 杂志》 | 专著 |
|------|------------|------------------|--------------|------------|------------|--------------|------|
| 2005 | 12 | 3 | 10 | 2 | 无数据 | 6 | 无数据 |
| 2006 | 12 | 3 | 10 | 2 | 3 | 6 | 无数据 |
| 2007 | 12 | 3 | 10 | — | 6 | 6 | 无数据 |
| 2008 | 12 | 3 | 10 | 3 | 2 | 6 | 4 |
| 2009 | 9 | 3 | 4 | 3 | 1 | 6 | 1 |
| 2010 | 6 | 3 | 1 | 2 | 2 | 6 | 1 |

资料来源：英国皇家联合军种防务与安全研究所（RUSI）文档，可在下述网址找到：http://www.rusi.org/publications/，最后浏览时间：2011 年 1 月 5 日。

## 公共知名度

考虑到任何一个旨在影响政府的组合，除非它的名字在媒体上定期出现，否则终将失败，因此作为一个权力概念，知名度一词相当准确地表征着某一既定行动者的公共认可情况。打造知名度也因此成为智库的核心目标。在这方面，"游说活动的大部分重要工作是制定议程，为决策者们确定替代政策方案，搜集证据，并说服别人某些类型的证据与即将出台的决定具有密切关系"。[①] 智库需要报刊呼应他们的建议，以便产生这样一种印象：他们所维护的那几点思想确实重要。此外，互联网在政治事务上的影响也不容否认。[②] 在博客、谷歌与 YouTube 日益突出地成为政治互动手段的时代，情况也是如此。照此推理，在观察智库的互联网知名度方面，也存在一些现实的利益问题

首先，本文以报刊引用情况探讨这几家智库知名度。一方面，我们已经从 11 家英国报刊收集到在 2005—2010 年期间这几家智库被引用的情况（表5）。另一方面，我们已经从包括英国报刊在内的世界各地的报刊收集到这几家智库被引用的情况（表6与图2）。表5显示，查塔姆研究所是被英国报刊引用最多的智库，接着依次是防务与安全研究所与国际战略研究所。更详细的分析表明，查塔姆研究所如此突出的引用归因于它频繁举办活动。在一般情况下，新闻报刊会对调查、新闻稿、演讲当中所含的关键性结果做出呼应。它们往往就与恐怖主义、伊拉克战争、中东冲突、英国军队的国外处境，以及政府在国际论坛当中所扮演的角色有关的危险发出警告。在意识形态偏见方面，调查数据并没有确证任何惊人的结论。报刊，无论是保守的（如《泰晤士报》与《每日电讯报》）或自由的（如《卫报》与《独立报》），都以同样分量发布查塔姆研究所的新闻。自由派报刊《卫报》突出报道防务与安全研究所的活动，但另一家自由派报刊《独立报》则仅仅有选择性地对其进行有限的报道。《泰晤士报》与《卫报》可能是具有较高威信的两家英国报刊，它们主要引用战略研究所的资料。表6证明，如果把英国报刊考虑在内，那么战略研究所在国际舞台上的报道度要低于查塔姆研究所和防务与安全研究所。然而，如果我们只分析外国报刊，那么战略研究所被引用数则增加。在这种情况下，

① Frank R. Baumgartner and L. Leech Beeth, *Basic Interests. The Importance of Groups in Politics and in Political Science*, Princeton, N. J.: Princeton University Press, 1998.

② Andrew Chadwick and N. Howard Philip, Introduction: New Directions in Internet Politics Research, in Andrew Chadwickand N. Howard Philip (eds.), *Handbook of Internet Politics*, London: Routledge, 2008; Stephen Coleman and BlumlerJay, *The Internet and Democratic Citizenship: Theory, Practice and Policy*, Cambridge: Cambridge University Press, 2009.

防务与安全研究所的国际威信有所下跌，而查塔姆研究所仍是更受国际报刊青睐的智库。

表5　　　　　三大智库被报刊引用次数概览（2005—2010 年）

| 报刊名称 | 查塔姆研究所（Chatham House） | 国际战略研究所（IISS） | 英国皇家联合军种防务与安全研究所（RUSI） |
|---|---|---|---|
| 《泰晤士报》（The Times） | 186 | 95 | 108 |
| 《卫报》（The Guardian） | 116 | 102 | 141 |
| 《标准晚报》（The Evening Standard） | 24 | 6 | 35 |
| 《每日电讯报》（Daily Telegraph） | 109 | 45 | 91 |
| 《观察员》（The Observer） | 51 | 5 | 23 |
| 《独立》周刊（The Independent） | 157 | 34 | 46 |
| 《每日快报》（Daily Express） | 23 | 6 | 33 |
| 《每日邮报》（Daily Mail） | 53 | 15 | 49 |
| 《太阳报》（The Sun） | 7 | 11 | 23 |
| 《每日镜报》（Daily Mirror） | 32 | 8 | 30 |
| 《星期日泰晤士报》（Sunday Times） | 52 | 20 | 35 |
| 引用总次数 | 810 | 347 | 614 |

资料来源：所涉报刊的新闻资料。

表6　　　三大智库被世界主要报刊引用次数情况概览（2005—2010 年）

| 查塔姆研究所（Chatham House） | | 国际战略研究所（IISS） | | 英国皇家联合军种防务与安全研究所（RUSI） | |
|---|---|---|---|---|---|
| 报刊名称 | 引用次数 | 报刊名称 | 引用次数 | 报刊名称 | 引用次数 |
| 《泰晤士报》（英国） | 186 | 《卫报》（英国） | 102 | 《卫报》（英国） | 141 |
| 《独立》周刊（英国） | 157 | 《泰晤士报》（英国） | 95 | 《泰晤士报》（英国） | 108 |
| 《卫报》（英国） | 116 | 《海峡时报》 | 87 | 《每日电讯报》（英国） | 91 |
| 《每日电讯报》（英国） | 109 | 《纽约时报》 | 52 | 《每日邮报》（英国） | 49 |
| 《基督教科学箴言报》 | 93 | 《先驱论坛报》 | 47 | 《独立》周刊（英国） | 46 |
| 《澳大利亚人报》 | 78 | 《每日电讯报》（英国） | 45 | 《标准晚报》（英国） | 35 |
| 《每日邮报》（英国） | 53 | 《基督教科学箴言报》 | 38 | 《星期日泰晤士报》（英国） | 35 |
| 《星期日泰晤士报》（英国） | 52 | 《澳大利亚人报》 | 37 | 《使者—格拉斯哥》（英国） | 31 |
| 《观察员》（英国） | 51 | 《独立》周刊（英国） | 34 | 《苏格兰人》（英国） | 31 |

续表

| 查塔姆研究所（Chatham House） | | 国际战略研究所（IISS） | | 英国皇家联合军种防务与安全研究所（RUSI） | |
|---|---|---|---|---|---|
| 报刊名称 | 引用次数 | 报刊名称 | 引用次数 | 报刊名称 | 引用次数 |
| 《新西兰先驱报》 | 39 | 《华盛顿邮报》 | 31 | 《每日快报》（英国） | 33 |
| 《每日镜报》（英国） | 32 | 《华盛顿时报》 | 30 | 《每日镜报》（英国） | 30 |
| 引用总次数 | 966 | | 598 | | 630 |

资料来源：所涉报刊的新闻资料。本文原载《政治透视》（Political Perspectives）2013 年第 7 卷第 1 分册第 46—74 页。

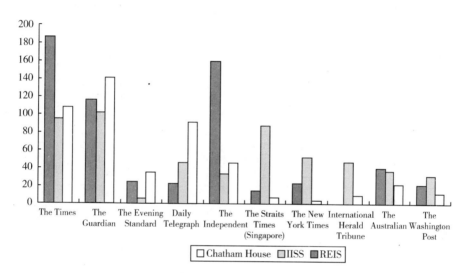

**图 2　三大智库被报刊引述情况概览（截至 2011 年 1 月）**

资料来源：所涉报刊的新闻资料。本文原载《政治透视》（Political Perspectives）2013 年第 7 卷第 1 分册第 46—74 页。

　　其次，表 7 显示了查塔姆研究所、战略研究所以及防务与安全研究所与英国、美国和欧洲其他智库相比所具有的互联网知名度。智库的内容遵循了麦克苷 2009 年的名单。这份榜单没有设置主题排除（thematic exclusion）。对一些主题进行排除的动因与智库在脸书（Facebook）、YouTube 与推特（Twitter）上绝少出现是有关系的。这就如法国的法国国际关系研究所、瑞典的斯德哥尔摩国际和平研究所以及德国的科学与政治基金会所形成的境况。有三点意见可能值得注意：第一，公共政策智库拥有更多追随者，因此拥有更高的知名度。这给它们提供了更多传播其信息的机会。它们更有能力发起运动来唤起人们对敏感事项的关注，从而为特定人群（比如说少数群体）提供支持。第二，比较而言，查塔姆研究所、国际战略研究所以及防务与安全研究所在互联网上的知名度非常一般。查塔姆研究所力求保持与其他美国智库相当的知名度，但又不致力于使自己与美国的外交关系委员会具有同样的知名度。第三，也许有人会认为，智库在互联网上如此低的出镜率，可能是受到一种观点影响，这种观点认为，智库的抛头露面应当理性、自愿。智库的意旨是在安全与防务这类有争议的问题上精心地打造出观点，所以，它们会倾向于避免冲突性的信息。它们宁愿在私域活动中进行更详细的辩论。事实上，智库在近年来所举行的活动大大增加了。从相反的角度来看，在敏感问题上的辩论与观点只进行有限的公共传播会导致民主赤字。智库的观点只能通过加入智库而获得。这就带来了对政策制定上的精英主义与政治活动上的公民控制的更深层次讨论。

表7　　　　　　　　各大智库互联网知名度（截至 2011 年 1 月）

| 智库名称 | 所在国家 | 类型 | 脸书上的粉丝数 | YouTube 上的粉丝数 | 推特上的粉丝数 |
|---|---|---|---|---|---|
| 查塔姆研究所 | 英国 | 国际关系 | 6569 | 228405 | 21289 |
| 国际战略研究所 | 英国 | 国际关系 | 154 | 72733 | 10715 |
| 防务与安全研究所 | 英国 | 国际关系 | 4594 | 42038 | 5894 |
| 大赦国际 | 英国 | 人权 | 57750 | 2956807 | 54928 |
| 亚当·斯密研究所 | 英国 | 经济/公共政策 | 6127 | 86479 | 9909 |
| 布鲁金斯学会 | 美国 | 经济/公共政策 | 13188 | 178936 | 13572 |
| 卡内基国际和平基金会 | 美国 | 国际关系 | 8485 | 72211 | 13348 |
| 外交关系委员会 | 美国 | 国际关系 | 40612 | 581345 | 41209 |
| 兰德公司 | 美国 | 公共政策 | 7465 | 21280 | 11848 |
| 美国传统基金会 | 美国 | 公共政策 | 421706 | 2956134 | 186307 |
| 美国战略与国际问题研究中心 | 美国 | 国际关系 | 63124 | 124155 | 2448 |
| 卡托研究所 | 美国 | 公共政策 | 113236 | 1826119 | 128781 |
| 国际危机小组 | 比利时 | 国际关系 | 14946 | 10572 | 23969 |
| 欧洲政策研究中心 | 比利时 | 欧洲问题 | 1383 | 7375 | — |

续表

| 智库名称 | 所在国家 | 类型 | 脸书上的粉丝数 | YouTube 上的粉丝数 | 推特上的粉丝数 |
|---|---|---|---|---|---|
| 贝塔斯曼基金会 | 德国 | 公共政策 | 1789 | 743736 | 1899 |
| 弗雷泽研究所 | 加拿大 | 公共政策 | 2448 | 172267 | 8133 |

资料来源：脸书、YouTube 与推特为每家智库设立的网页，最后浏览时间：2011 年 1 月 5 日。

## 结　论

本文探讨了一个具有挑战性的问题，即智库对政治进程的参与。我们从理论上对思想在政治活动当中运用的有限性进行了探讨，同时介绍了三家重要智库的主要特点与历史演变，它们是专注于英国对外政策与世界事务的参与者整体中的一部分。在就智库对政府施加影响的量化方式提出严重怀疑之后，我们决定集中分析两个方面（"知名度"与"活动"）。就对思想推广与创造施加影响的渠道而言，这两个方面可在一定程度上捕捉到一幅始终如一的图景。尽管存在这些方法上的困难，"影响力"依然是智库研究上的一个中心议题，而智库在其日常活动当中确实如此。正如决策者所指出的那样，影响力是智库的一种关键性资源。本节已经表明，施加这种影响的方式因情况而异。查塔姆研究所呵护着自己的声誉，使其成为一个具有较少政治投资性、以研究为基础的场所。在这种特定情况下，查塔姆研究所依赖的是自己充足的研究分支机构（包括大型学术协作）。因此，查塔姆研究所可被标记为以动摇政府的观点为目的的"研究机构"。在声望方面，智库学者普遍把查塔姆研究所视为最有影响力的机构，我们的数据也证实了这样一个位置。

然而，我们不应忘记国际战略研究正日益突出。相较公共研究而言，它更加热衷于召集知名专家讨论专门性问题。这是一种资源，可以用来吸引那些正在寻求以非学术形式的特定信息的新成员。

在这一点上，我们对一个重大困境提出质疑：究竟是什么造就了一家有影响力的智库？防务与安全研究所的混合模式似乎不能在任何领域成为领导者，而以提升人脉网络、学术合作（查塔姆研究所）或专家构成（国家战略研究所）为目的的模式则能更好地集中精力与资源，并能因此而更有效率。不过，这个结论很简单，以至于失去解释力。还应当考虑其他一些因素，比如政府促进智库发展的意愿、显示友好的方式、领导者在贯彻苛责制度以及在官员当中产出政治资本方面的良好业绩、对智库成员及其需求的归类，如此等等，不一而足。因为许多问题悬而未答，未来的研究兴许可以按多方法的研究进行，在这种研究中，人们已经收集了定性的实证新数据。更广泛的案例选择会对未来的研究工作有益。对具有不同背景与意识形态的智库进行考察，将是一件有益的事情。首要的关注是，未来的研究应当解决以下问题：他们是否采用了不同的方法，如果是，为什么？

# 智库的概念界定和评价排名<sup>*</sup>

帕特里克·克尔纳/文　韩万渠/译　李　敏/校译

【摘要】2014 年 1 月 22 日，宾夕法尼亚"智库和公民社会"项目发布最新版本的"全球智库报告"。这个起始于 2007 年的年度系列报告饱受智库研究学者或智库成员的质疑和批评。目前，学术界对智库的概念界定尚未取得一致意见。现有的大多数概念界定没有一个能够完全令人满意。国家情境下智库的运作存在诸多差异，智库运用不同的活动、扮演不同的角色、追求多元化的价值目标。因此，区域性或全球性的智库评价排名一直备受质疑。本文分析了智库界定、智库排名和影响评定方面现存的主要问题，指出应当审慎地对待当下的智库排名。

【关键词】智库　界定　概念化　排名　影响力

## 初始的分析

在过去的十年里，多个机构或出版商对智库进行国家层面的评价排名。排名靠前的智库总会在宣传资料或网站上公布其名次。这些评价排名有助于将公众的注意力吸引至全球范围的智库发展，因此也备受欢迎。但是目前的评价排名存在着令人担忧的问题，尤其普遍的是智库概念界定含混不清和评价排名方法论缺陷等问题。因此，我们应该对现有的评价排名

＊　原文题名：Think Tanks：The Quest to Define and to Rank Them（智库：寻求其定义并对其进行排名），现略改为今题。原文来源：*GIGA Focus International*，2013，p. 10。本文曾由韩万渠博士翻译发表于《中国行政管理》2014 年第 5 期。我也曾请李敏同学将此作为习作翻译，今征得韩万渠博士同意，将李敏同学译文中能补原译之处也一并吸纳，故署名也尊重两人的劳动，特此说明。

持谨慎态度。给智库排名的主要问题包括：

1) 缺乏统一而明确的关于智库的定义。虽然现存释义很多，但没有一项是完全令人满意的。考虑到智库概念化过程中普遍存在的模棱两可、含混不清的现象，我们很难准确判定某一机构是否应被视为智库机构；

2) 智库的运作方式因国家而异，与此同时，不同的智库在完成各种任务时所执行的活动和扮演的角色也不尽相同。因此，很多区域或全球的智库排名并不十分令人信服；

3) 成果输出、公众推广和其他以业绩为基础的标准常用来支撑智库排名，但这些标准通常未经仔细衡量或恰当操作；

4) 评定智库对政策导向的影响并非易事。许多排名试图对智库的输出能力进行评估——也可以被理解为对"中间产品"的输出。统计此类产品虽有助于了解智库的知名度，但并不能代表其对公共政策的实际影响力。

## 智库界定：做不可能完成的事？

智库内涵丰富导致对其概念的模糊性。日本智库研究专家铃木尚广（Takahiro Suzuki）[①] 对智库做出了一个非常精练的界定："智库是从事公共政策研究的机构。"智库研究领域知名专家戴安娜·斯通（Diane Stone）则将智库视为"相对独立于政府、政党和压力集团，从事当下政策议题研究和分析的机构"[②]。在一部重要的政治科学百科全书中，斯特拉·拉蒂（Stella Ladi）将智库描述为"有别于政府机构的，致力于运用专业知识和网络活动为多元政策议题提供建议的研究机构"。安德鲁·里奇（Andrew Rich）基于美国视角将智库界定为"独立的、中立的、非营利性的，以专业知识和思想观点产出为基础获得资助并影响政策过程的研究机构"[③]。考虑到上述各位的学者身份，我们可以断定他们对于定义的选择及其所涉概

① Takahiro Suzuki, *Think Tanksand Policy Formation in Japan*, 2006. Online：〈www. tt2005. jp/modules/overview/index. php？id＝17〉10 October, 2010.

② Diane Stone, Think Tanks, in：Neil J. Smelser and Paul B. Baltes（eds.）, *International Encyclopedia of the Social & Behavioral Sciences*, Oxford：Elsevier, 15668—15671, 2001.

③ Andrew Rich, *Think Tanks, Public Policy, and the Politics of Expertise*, Cambridge：Cambridge University Press, 2004.

念的含义一清二楚。关键在于特定的概念将会放大或缩小判定智库的范围。例如：一个从属于政党组织的智库可能契合铃木和拉蒂对智库的定义，但却不符合斯通和里奇对智库的释解。

更为广泛的是，我们注意到，概念界定中智库属性的数量和该概念涵盖的机构数量之间成反比关系。比如：在一个智库概念界定中，出现的属性越多，符合这一概念的智库就越少；同时也可以发现：概念界定中的一些属性本身存在问题，它们看起来并非不证自明。就智库而言，诸如"独立性"的属性就存在着多种解释：既可以是财务上的独立性，也可以是机构运作的独立性，甚至可以是智识活动上的独立性。在财务独立性的维度，我们可以调查智库的资助模式来判定给定的智库是否独立；在机构运作的独立性方面，我们可以考察组织的隶属关系；在思想独立性方面，蕴含在智库提供的政策建议中的思想观点或者意识形态，同样可以用来判定智库的独立性。而且，对于"独立性"的评价同样因国家的不同而表现出差异性。比如：一个美国的评论者可能会认为政府资助下的智库并无独立性可言，而在一个来自西欧的评论者看来，政府资助与独立性则毫不冲突——或者可以不构成冲突。总之，智库的概念界定存在模棱两可和含混不清的问题。

因此，智库概念界定面临的挑战在于既要尽可能地简化又要尽力涵盖智库必需的属性，同时也需要足够的精准以便能够划清智库和非智库组织机构的界限。置于跨国智库分析的情境，笔者将智库界定为：由专职或兼职人员的研究和分析为基础，以传播和影响公共政策（有时包括一些企业事物）为主要任务的组织。这样的界定间接表明了智库的多样性。就其运行的外部环境（外源性因素）及特定的组织特性（内源性因素）而言，智库：

· 规模不尽相同；

· 以独立自主或挂靠政府部门、基金会、大学、政党的方式运营；

· 以不同的比例雇用不同专业的工作人员（研究员、公共关系专家、前政府官员等）；

· 专注于特定的研究议题，有时领域较广，但依然界定明确；

· 采取不同的资金筹措方式，包括公共资助、私人捐赠、会费和特定项目的合同拨款等；

·致力于通过不同活动来影响公共政策，这些活动包括：出版政策相关论文和简报、组织或参与政策相关的论坛或网络活动、提供政策评价、在不同类型的会议上为立法机构或政府部门的政策制定者提交听证报告或政策建议、接受媒体采访、为政府部门提供短期借调或长期供职（如在政府换届时）的人才。

供需因素影响着智库的发展、特征及其在国家体制下的运作方式。这些因素包含政权类型、政府组织的制度特征、政治传统、管制环境、多种资金筹措方式的可行性、劳动力市场特征与既定的职业选择机会、公民社会发展状况等。[①] 但是，值得注意的是，就像存在于全球及世界不同区域间的多元性一样，这些因素并非按照同样的轨迹运转。为了更好地理解智库的运作机理，我们要么以某个国家或某种议题为坐标对智库进行讨论，或放大某个智库并对其进行特写。[②] 受益于汤姆·梅德维茨（Tom Medvetz）对智库所做的"介于学术界、政界、商界和传媒界之间的混合型组织"的定义，我们得以进行剖面分析和案例研究。智库一方面需要深入这些领域（从而获得权威、资金和与政策制定者接触的机会），但另一方面智库则需与它们保持一定距离从而保证其作为智库的特殊身份。因此，智库的运行需要谨慎地权衡方案，[③] 而这些方案也会随着时空的变化而进行调整。

---

① Diane Stone, Introduction: Think Tanks, Policy Advice and Governance, in: Diane Stone and Andrew Denham（eds.）, *Think Tank Traditions: Policy Research and the Politics of Ideas*, Manchester: Manchester University Press, 2004, pp. 1—16; Diane Stone, Think Tanks and Policy Advice in Countries in Transition, in: Toru Hashimoto, Stefan Hell and Sang - Woo Nam（eds.）, Public *Policy Research and Training in Vietnam*, Tokyo: Asia Development Institute, 2005, pp. 38—109; Online:〈www. adbi. org/files/2005. 12. book. policy. research. vietnam. pdf〉3 February, 2011.

② 近期的案例包括，鲍彻富有洞察力的研究（Boucher, 2004）、米西罗利和约安尼季斯（Missiroli and Ioannides, 2012）对于欧洲智库，尤其是欧盟条例的研究、桑德特（Thunert, 2008）关于德国智库的研究以及维尔德（Wiarda, 2010）对于美国外交政策研究中心的深度解析。详见参考文献。

③ Tom Medvetz, *Think Tanks as an Emergent Field*, *Social Science Research Council*, October, 2008. Online:〈http: //sociology. ucsd. edu/faculty/bio/documents/Medvetz. 08. SSRC. pdf〉9 December, 2011; Tom Medvetz, *Think Tanks in America*, Chicago and London: University of Chicago Press, 2012.

上述讨论足以证明，恰当定义或者说（从宏观上讲）将智库概念化的难度——即便把相关的讨论和解释限定在某个单独的国家仍是如此——而跨国案例势必会更加复杂。尽管如此，最知名的全球智库排名中仍有一家将其作为致力的目标。在下面的部分，笔者将对宾夕法尼亚大学的智库与公民社会项目从 2007 年起发布的年度《全球智库发展报告》（以下简称《报告》）相关的概念和方法论问题进行讨论。

## 全球智库排名：运作方式和失败原因

排名是一种整理产出绩效的工具，至少是对之进行评估的一种工具。但它因为通常过于简单而饱受争议。这些评价排名基于或多或少的硬性指标，而更多是采用主观性评价指标，然而在进行社会科学研究和公共论述时，我们更倾向于选用基于硬性指标的排名。① 《报告》展示出了其对"全球领先智库进行排名"所做的努力。② 这个报告的确有助于将人们的目光吸引至"智库"这类以学术研究为基础的政策建议机构。据詹姆斯·麦克甘（James McGann）和他的助理在全球 182 个国家中所做的统计表明，全球智库的数量已达到 6603 个。尽管这个数目可能过高③，但大多数的学者都认可，美国、中国、英国、印度、德国等国家的智库居多（数量排序也是如此先后）。④ 此结论的得出主要是由于大多数现存的智库相关文献都涉及位于美国的组织机构，但任何克服这种偏见的努力都会受到欢迎和鼓励。

---

① 这并不代表依据主观评判的排名不受关注——只消想想那些国内最受/最不受欢迎政治家的排名便知。

② James G. McGann, 2012 *Global Go To Think Tanks Report and Policy Advice*, 28 January, 2013. Online:〈http：//repository. upenn. edu/cgi/viewcontent. cgi? article = 1006&context = think _ tanks〉20 September, 2013.

③ 虽然《报告》中"智库"的定义很长，但其统计的智库数目和国家级别仍让人不禁想问：《报告》的组织者们在全球范围内鉴定智库时是否认真参考过他们自己的定义。2012 年的排名纪录包括国际特赦组织、国际透明组织和人权观察组织（三大国际倡议团体），以及世界经济论坛（一个设立企业会籍的世界组织）和"马克思·普朗克研究所"（这里的马克思·普朗克学会可能仅仅是一个伞状组织，其中包含 80 多所德国马克思·普朗克研究机构，而所有这些机构都致力于基础性研究），以及美国国家民主基金会和开放社会研究所（两者皆是基金会）。此外，关于 2012 年阿根廷的智库数目为 137，南非 86，罗马尼亚 54，肯尼亚 53，玻利维亚 51，多米尼克共和国智库数目为 28 的说法，真实可信吗？

④ J. McGann, 2013, p. 34.

　　然而，重要的是，不应该只以表面价值判断这一排名活动。《报告》的组织者坦言其排名中存在一些问题和偏见：比如诸如非洲和亚洲某些区域的智库没有得到充分展示，尽管在近年来的排名过程中，他们尝试通过提名推荐的"民主化"方法来解决这一问题。即首先让来自全世界 6603 所智库的"同人"与 3500 名记者、"公共和私人捐赠者"及部分决策者一起，为 38 项排名类别里的一项或多项进行智库提名，每项提名数最多不得超过 25 个（不允许自我推荐）。在第二轮，同一批投票者对第一轮中获得五票及以上的智库进行排名，他们有权决定有多少参评的智库能够进入现存的某一类别中（不允许自己给自己排名），然后，排行列表会由若干"职能和区域专家"进行检审，查找存在的"任何翻译、排印或严重缺漏等错误"。第三轮评审中，同一批专家有权确定最终的排名，将有机会预览最终排名，并可向组织者提出"合理的"更改建议，之后便准备将最终结果公布于众。这一过程的结果就是，每年初我们都会看到世界范围内、区域范围内、"某研究领域"内或依据其他标准而产生的"智库之最"。然而这些结果真的可靠吗？

　　不幸的是，这些排名存在着一些严重的问题。当我们对智库进行评价排名时，采取明确的标准是基础。比如，如果一个智库在类别 A 或类别 B 中排名或高于或低于其他智库，我们应该知道为什么。《全球智库发展报告》的排名参与者们会收到一份很长的列表（但据组织者称这并不完整），其中有 18 个主要标准，包括"与决策层、媒体和学术界精英接触的渠道"、"给决策者建言献策的数量"、"为决策者提供顾问服务的人员数目"、"学者的获奖情况"以及"突破决策者传统思维和形成创新观点与项目的成功案例"等。列表里的很多标准对于智库评定的意义不仅有待考量，而且评审者们也并没有得到什么如何运作和比较这些标准的指导。此外，他们还要考虑"资源指标"、"实用指标"、"产出指标"和"影响指标"之间的差异，而这些指标与之前提到的标准也存在关联。

　　然而问题的关键是，无论是普通的评判者还是"专家评委"，他们运用上述指标和标准的意愿和能力有多大？这些参与者大都十分忙碌，所以不要指望他们聘用一支精于此道的团队来协助其评审。于是，大多数的参与者将会在评审时选择捷径，要么依据个人与一些智库的私人联系，要么关注一些知名的、历史悠久的智库。很明显，这样的结果主观性很强，况且智库的知名度并不等同于其影响政策制定的能力。虽然人们往往认为排名是在对选定标准和指标的公正参考下完成的，可事实并非如此。排名结果主要是基于评委的印象而非分析。[①] 当然，不仅排名的方式及过程存在弊端，其结果也如此。

总之，如安立奎·蒙德扎布尔（Enrique Mendizabal）、戈兰·庇尔德斯基（Goran Buldioski）以及其他人所言，《报告》的排名存在诸多问题，而其中大部分问题是无法解决的。[②] 更进一步讲，对全球或地区的智库（即在不同的国家和背景下，以不同方式运行的机构）进行排名意义何在？[③] 尽管如此，排名靠前的智库依然对其领先位置颇以为傲并善加运用（不仅仅是在寻求资助时），而且诸如此类的排名会驱使各智库在公共关系上投入的更多而非投入核心政策领域的研究。[④] 那么，对各智库的某特定方面——即智库政策对国家和环境的影响——加以比较，并据此进行排名的方法是否可行呢？接下来我将对此进行阐述。

## 智库影响评定：以产出为标准的衡量方式及其局限性

经常有人会提出，智库是否有影响力、如果有有多大这类问题[⑤]，有勇气者提供出的答案也是五花八门，这种差异性显然基于不同的理论渊源

---

① Enrique Mendizabal, *Another year*, *another ranking of think tanks* (*and surprise surprise*, *Brookings is still the best*), 21 January, 2011. Online: ⟨http: //onthinktanks. org/2011/01/21/another – year – another – ranking – of – think – tanks – and – surprise – surprise – brookings – is – still – the – best/⟩ 24 October, 2013.

② E. Mendizabal, 2011; Goran. Buldioski, *Mirror*, *mirror on the wall* ··· *tell me who is the best think tank in the world*?, 23 January, 2011. Online: ⟨http: //goranspolicy. com/mirror – mirror – wall – tank – world/⟩ 24 October, 2013.

③ 蒙德扎布尔曾指出，"除非所有的智库特征都一致，否则全球及跨区域的比较将毫无借鉴价值。"参见 Enrique. Mendizabal, *This year*, *instead of ranking think tanks let think about them more carefully*, 26 November, 2012. Online: ⟨http: //onthinktanks. org/2012/11/26/this – year – instead – of – ranking – think – tanks – lets – think – about – them – morecarefully/⟩ 26 November, 2012。

④ E. Mendizabal, 2011.

⑤ 参见 Donald E. Abelson, *Do Think Tanks Matter*?, second edition, Montreal and Kingston: McGillQueen's University Press, 2009; Murray Weidenbaum, Measuring the Influence of Think Tanks, in: *Society*, Vol. 47, No. 2, 2010, pp. 134—137。

和提出问题的倾向性。权力精英理论的拥趸认为智库能够并且可以发挥影响力，因为他们属于统治精英的一部分。新马克思主义者则从葛兰西学派的"话语霸权"理论出发，认为智库有助于形成和掌控国际政治经济的话语霸权。多元主义理论者则将智库视为政策思想市场的主要供给者。当然，智库本身也倾向于夸大其在政策制定过程中的影响力（"邀功请赏"），以向资助者证明其价值。① 正如默里·韦登伯姆（Murray Weidenbaum）所言，"有些智库的声明难免存在自我吹嘘的情况"。然而大多数的观察家都会同意韦登伯姆关于智库的影响"根据机构、论题和时期的变化"而有所不同的评论，于是这样就顺理成章地引出了"影响力"的构成问题。② 安德鲁·里奇对于智库影响力的解释是，"专家们可以使其观点为政策制定者所了解，并成功运用到公共政策形成过程中的能力"③。尤其是"在关键的转型时期"④，例如选举后期政府换届时或现行体制遭到实时事件和（或）新任政府行为者挑战时，都为智库提供了影响政策制定的机会。

无论是议程设置阶段还是政策审议阶段，追踪智库在政策过程中的真正影响力，在现实实践中都是非常复杂的。高层决策者通常不会公开承认在政策制定过程中引入智库思想，况且智库对一些政策的语篇分析及解读虽然有助于更好地理解决策过程，但算不上真正起到了推动作用。因此，若要衡量智库对决策过程的影响，则需要对具体的案例进行全程追踪。但这样做面临着方法论层面和其他原因的困境。例如，原始理念或想法要转化为最终法案和政府行为往往需要几年（甚至几十年的时间），不仅如此，一桩成功的转化案例会有很多监管者（至少是声称实施监督的行为人），而失败的案例则被搁置一旁，鲜有人提及。⑤ 这就涉及了常见的贡献问题："政策的引入通常是多方作用的结果。公共和政府政策的发展是一个复杂且不断重复的过程，政策理念要经过不断地研究、分析、讨论和提炼，并由相关权益人参与听证后才能得以实施。当一项政策最终确立时，它已染

---

① D. Stone, 2004, pp. 1—16.

② M. Weidenbaum, 2010, pp. 134—137.

③ 当然，我们也不能忽略这样的可能性，即智库只在事后对一些已经立项并表决的政策进行"智力分析"。参见 A. Rich, 2004, p. 153.

④ D. Stone, 2004, pp. 1—16.

⑤ M. Weidenbaum, 2010, pp. 134—137.

上了多种指纹。"① 总之，追踪的过程需要花费大量的时间，想要使成果得到合理的解释，必须细心地把一切有效证据拼合起来。但是，学者们关注的似乎就是试图否认对智库产出的不同解释，这样的情况是不可能完全被避免的。

这就难怪获取和评价智库影响力通常依赖于数量众多的指标和易于获取的数据。比如，在评判某智库对决策"输入"过程的影响时，可以通过统计其发布的政策文件和纲要的数量、员工向立法和行政官员提供的口头报告和书面推荐的次数等来衡量。此外，还可以通过统计智库及其工作人员组织和参与政策相关型活动的次数、其成员的媒体曝光率，及接受政府机构临时调任的情况等方面进行衡量。② 茱莉亚·克莱克（Julia Clark）和大卫·路德曼（David Roodman）最近试图用一种类似的方式来衡量美国智库的公众宣传和国际影响，包括以下五个指标：（1）"社交媒体粉丝"的数量（即脸书、推特等关注者）；（2）相关国际网站点击率排名；（3）外部网站链接数；（4）在国际新闻（所有语言包括在内的）中的曝光次数；（5）"谷歌学术"的引用次数。考虑到效率问题，预算标准也会对排名结果有一定的影响。克莱克和路德曼也清楚地意识到了其方法论上的问题及排名的片面性，但他们无疑超越了印象排名的基准。③ 虽然追求"完美"的智库排名并不容易，但上述做法则展现了进步的空间和可能性。

总而言之，量化的衡量标准只能反映智库及其成员的产出和知名度。定量性的指标只能衡量智库所提供的"中间产品"的价值。④ 然而这样的

---

① 例如，非营利性组织"公平精确报告会"Fairness & Accuracy in Reporting（FAIR）便根据媒体的引用次数来对美国智库进行排名，查看近期公布情况（http://fair.org/extra-online-articles/fair%E2%80%88studythink-tank-spectrum-2012/于2013年9月23日登入）。Fred. Kuntz, *Communications and Impact Metrics for Think Tanks*, Centre for International Governance Innovation, July 11, 2013. Online: ⟨http://www.cigionline.org/blogs/tank-treads/communications-and-impact-metrics-think-tanks⟩ 16 December, 2013。

② F. Kuntz, 2013.

③ 另外一个定性分析的案例，是英国《视野》杂志 Prospect Magazine 自 2001 年起采用的一种方式，即由一些专家构成的组委会来对智库进行每年一次的评判与奖励（网址：⟨http://www.prospectmagazine.co.uk/thinktanks/the-awards/⟩，于 2013 年 12 月 21 日登入）。

④ M. Weidenbaum, 2010, pp. 134—137.

测评并不能代表单个智库或智库作为一个整体对政策制定过程的真实影响，况且决策者最终是否采纳这种产品还有待考证。信誉资料——基于对决策者的调查，征询其对单个智库及成员的评估意见——可以在一定程度上反映智库的影响力，但同样地，这些数据更多的是关乎印象而非真实影响。此外，想要把此标准与其他量化数据联系起来并不容易。[①] 由这些现存问题可见，根据影响力对智库进行排名依然是一种欠妥的尝试，即使是在国家范围内进行也存在诸多问题。

### 结论：谨慎看待智库排名

本文意在警示读者现行智库评价存在的诸多问题和挑战。但并非意在否定智库排名现象，相反，这种状况将在多种原因的作用下，继续保持活力。排名不仅能满足我们了解不同智库良莠表现的好奇心，更有助于树立成功智库的标杆、改善政府和机构的政策。排名在一段时间内会继续存在，我们需要做的是，当我们阅读和使用这些排名时应该持谨慎态度。此外，就现存的排名而言，我们应充分了解其概念及方法论基础，以认清其中存在的弊端和局限，尤其不能把基于印象为主的排名错误地理解为是建立在可靠而严谨的研究基础之上。尽管如此，如果我们本着必要的谨慎态度看待这些排名，依然会收获一些合理而可靠的答案。

---

① 关于把信誉数据与学术期刊出版和媒体介入数据相联系的尝试，参见德国日报《法兰克福汇报》Frankfurter Allgemeine Zeitung（FAZ）近期对于"最具影响力的"相关经济学家和组织者的排名。（FAZ 第 26 页 2013 年 9 月 10 日网站：〈www. faz. net/oekonomen〉，2013 年 9 月 21 日登入）。方法论上更具争议的则是由韩国商报提供的智库排名，此排名混合了"公共影响力"、"研究文献质量"、"学者竞争力"及"机构规模"（网址：〈http://magazine. hankyung. com/business/apps/news? popup=0&nid=01&c1=1001&nkey=20111122100837000421&mode=sub _ view〉，2013 年 12 月 12 日登入）。

# 智库与网络:知名度与影响力的评估[*]

凯思琳·麦克纳特  格雷戈里·马其欧顿/文  韩侃瑶/译

【摘要】评估智库影响力的文献浩如烟海,但就智库研究活动的网络影响力而言,相关文献却寥寥无几。若要衡量政策机构的网络影响力,那么就需着重考虑,如何将政策型智库的热门度同它的政策相关度区别开来。本项研究所测知的信息的可靠性由网络用户决定。为了测算智库的网络热门度及其政策相关度,我们通过超链接分析来研究智库在五个单独的政策领域中参与度几何,这五个领域包括社会政策、均衡状况、气候变化、清洁能源和调停冲突/和平建设。

【关键词】智库 互联网 共同体 知名度 影响力 加拿大

## 导 论

在智库的发展及其全球化过程中,因特网(Internet)和互联网(Web)是关键性变量,它们以前所未有的方式为公共政策机构提供了宣传研究项目和支持政策结果的机会。因特网促进了政策型智库研究的发展,提供了通向更广大政策信息消费受众的渠道。通过互联网来互通信息的做

---

  * 原文题名:Think Tanks and the Web:Measuring Visibility and Influence;原文出处:*Canadian Public Policy*,2009,Vol. 35(2),pp. 219—236。作者另有致谢说明如下:"我们在这里向帕特里克·费发德、汤姆·麦金托什、伊恩·皮奇和另两名匿名评审者的评论与建议表示感谢。我们还要感谢肖恩·博内特和亚当·米尔斯在研究中所提供的帮助。此外,如若没有理查德·罗杰斯和位于阿姆斯特丹的 govcom. org 基金会提供给我们接触'问题采集'引擎的机会,这项研究便不可能被完成"。

法在北美、欧洲和部分亚洲国家地区已然司空见惯，它们的政府、支持型组织、大学和无数其他的政策参与者利用互联网来向网络受众兜售自己的思想。[1] 加拿大人认为智库已经非常活跃地运用互联网来展示研究发现、提升机构声誉。然而，虽然评估政策活动线下影响力的文献已浩如烟海，但是聚焦于智库研究活动网上影响力的文献却寥寥无几。

　　加拿大的智库常常沉溺于展示自己的影响力水平。人们试图运用多样的衡量标准——包括媒体曝光程度、出版物发表状况或被国会委员会邀请演讲的次数——来判断影响力。然而，正如阿贝尔森（Abelson）所说，虽然这些衡量标准能够展示"智库在某一特定的政策辩论中的活跃度，但这种信息却难以洞察，智库在公共政策形成过程中所施加的影响几何……宣称自己拥有影响力要远比证明自己如何获得影响力简单"。[2] 总体而言，就如难以决定智库是否要制定议程、扩大政策辩论、影响决策或仅仅跟随政策风向那样，衡量智库影响力也很困难。[3] 毫无悬念的是，一旦人们在网络领域研究智库，那么就会遇到相同方法论上的挑战。

　　虽然加拿大的智库已经采用了多样的指标来评估它们在政策发展中说服他人的能力，但这些指标却不仅一贯缺少基于证据的牢固基础，还忽视了有效性和可靠性这两个因素。[4] 现今，只有数量有限的指标被用于衡量网上影响力，其中包括智库论文下载量和网页访问量。使用单个指标（如计算公布的文件数量）能够衡量某些政策出版物中所体现出来的兴趣点，

　　[1] Parent，M.，C. Vandebeek，and A. Gemino，"Building Citizen Trust through E–Government，" Government Information Quarterly 22 （4），2005. pp. 720—736；Theofanos，M. and C. Mulligan，"Empowering Patients through Access to Information：The United States Department of Health and Human Services E–Health Enterprise，" Information，Communication and Society，7 （4），2004. pp. 466—490.

　　[2] Abelson，D. E.，*A Capitol Idea*：*Think Tanks and US Foreign Policy*，Montreal and Kingston：McGill–Queen's University Press，2006.

　　[3] Abelson，D. E.，*Do Think Tanks Matter? Assessing the Impact of Public Policy Institutes*，Montreal：McGill–Queen's University Press，2002；Lindquist，L. *Think Tanks*，*Foundations and Policy Discourse*：*Ebbs and Flows*，*Investments and Responsibilities*. 2006. Accessed 15 May 2007 on the Canadian Policy Research Networks website at http：//www. cprn. org/doc. cfm? doc＝1563&l＝en.

　　[4] Abelson，D. E.，"Any Ideas? Think Tanks and Policy Analysis in Canada"，In *Policy Analysis in Canada*：*The State of the Art*，ed. L. Dobuzinskis，M. Howlett，and D. Laycock，Toronto：University of Toronto Press，2007.

但这对于衡量政策发展进程中的智库影响力而言却并不可信。相似地，虽然对网页访问量的计算可能是衡量某一机构热门度的标准，但一涉及智库的影响力，这至多也就是一个粗略的衡量标准。

衡量智库的影响力便是衡量智库有何种能力去影响他人，与之截然相反的则是衡量机构的研究活动（或建议）与相应的研究结果之间有何关系。正如阿贝尔森解释的那样，"所有智库都觊觎影响力，但现实却是，大部分智库只在某种感觉中获得满足：觉得自己正在施加影响"。① 拥有直接的影响力意味着某一行为者有能力说服另一行为者去遵循某一被建议的行动方案。然而，考虑到民主制的性质以及试图影响政府政策行为的无数参与者，相信某一机构或某一行为者能对相关结果负责的想法并不切实际。与实施权力的政府部门不同，政策分析产业忙于政策对话。通过这些对话，智库才能在政策共同体的各式成员中散布它们的影响以塑造政策形成的进程。

网络使得智库能够促进信息的供给，但争夺政策消费者注意力的竞争却也很是激烈。本文介绍了两种衡量智库网上影响力的方法：热门度与相关度。在网络之上，一家机构的影响力同它在可靠信息供给方面的声誉密切相关。换句话说，对智库所提供的信息来源之可信度的认可展现了智库在网络上的地位。要衡量一个机构的口碑，可以通过超链接的热门度竞赛，也即是说，同其他信息的链接可被看成对某一信息的可靠性和可信度的选票。

虽然极难识别智库活动和政策发展之间的因果联系，但是通过分析政策共同体中的链接行为，人们还是能够衡量智库的网上活动的相对影响力。关键的问题在于如何去衡量政策研究机构在网上的影响力。有人解释说，虽然一家机构的网络热门度是一项重要的衡量标准，但是当今所使用的衡量工具既不可信也不有效。为了克服这一分析上的难题，我们检验了两种替代性的指标，第一种指标衡量智库的网络热门度，而第二种则衡量智库在网络上的政策相关度。我们用以检索数据的搜索引擎为超链接分析而设计，它作为一种工具被用来追踪网络链接结构、分析原始的关系型数据（网页链接和共享链接状况）。② 为了评估智库的网络热门度和它们同政

---

① Abelson，2006，p. 171.

② Rogers，R. *Information Politics on the Web*，2nd edition. Cambridge，MA：MIT Press，2006.

策发展进程的相关度。我们将智库的网上影响力置于以下五个政策主题的情境中（它们对于加拿大而言比较重要）：社会政策、儿童的赋税优惠、均衡状况、清洁能源政策和调停冲突/和平建设。

### 智库与政策网络

因特网已经改变了研究的运作方式、共享方式和交流方式。随着政策研究和相关信息愈加可搜索化且更为易得，现代通信越来越多地围绕着计算机媒体技术进行自我组建。随着空间容量的不断增加与费用的不断降低，信息通信技术（ICTs）使得大量信息的搜集、储存和搜索行为成为可能。政府已经变得愈加专注于信息的处理过程（搜集、储存和处理原始数据），以此增加自己在公共事务方面的成果产出。作为与政策相关的信息的制造者和传播者，加拿大智库（和全世界其他地方的智库一样）在使用信息通信技术方面已然游刃有余，即通过信息通信技术搜集和展示同政策相关的信息与分析，并向各地受众兜售自己的政策分析、建议和结论。

政策型智库被定义为"独立的"、"研究型"机构，它们的存在理由便是影响政策议程。尽管不可能给予"智库"一个简单且单一的定义，[1] 但是斯通从大量讨论智库的文献中提炼出了五个定义性特征（defining characteristics）。[2] 在某种程度上，我们能够在勾勒斯通的分析之中将这些定义性特征总结如下。

1）所有智库在组织和形式上都不依赖于任何公共或私人组织，这主要得益于它的非营利性组织形式（常常处于被捐赠的状态）；

2）尽管智库也许在某种程度上依赖于一些赞助者，但是它们力图在制定研究和政策议程时不受外部干扰；

3）它们的员工和出版物都有着很强的学术倾向和分析倾向；

4）它们的研究产出同两方面接洽，政治官僚阶层和社会中关心政策变化的私人组织与非政府组织；

5）它们宣称自己的政策建议为公共利益做贡献，而不是仅仅响应既

---

① Abelson，2002.

② Stone, D., "Think Tanks across Nations: The New Network of Knowledge", *NIRA Review* 34 (4), 2000, pp. 34—39.

得利益者（包括赞助它们的既得利益者）。

政策型智库提供形式多样的信息和研究，其中包括学术论文、绩效审查、政策分析和项目评估。研究型智库需要同支持型组织区别开来。支持型组织的研究能力有水分甚至是微不足道，或者它们只是一些为显而易见的特权阶级提供政策支持研究的爪牙。比如，贺维学会、菲沙研究所和加拿大替代政策研究中心不同于加拿大首席执行官理事会和加拿大劳工议会。尽管前三者都同它们各自的赞助者有着密切的关系，但是它们都宣称自己是独立的。这一足以被认可的宣称使它们处于合法的被捐赠状态。而后两者尽管开展且宣传着一些政策研究，但它们的首要重点却是服务于同它们的事务相关的狭小利益集团和工会成员。

智库还需要同典型的大学研究中心相分离。后者的主要任务是进行与政策相关的学术研究，这同智库在政策方面积极主动地接触公共或私人组织截然相反，和政策思想与建议的宣传也完全不同。这并不是说一些大学研究中心不能够像智库一样受命进行"深入接触—强烈鼓吹"的工作，而是说，现实表明大学研究中心很少在上述意义上像智库那样运转。[1] 虽然存在极少的一些机构，它们"在组织结构方面明确地表明自己是在进行智库研究工作，而这些研究工作使它们从大学、咨询公司和非政府组织中分离出来"，[2] 但是本文排除了非政府组织、咨询公司、政府和大学中的这些研究单元。

智库设法为他人提供政策建议并影响政策成果。同样地，智库也力图通过将信息和知识提供给政策分析的主导者和决策者来制造辩论。许多学术分析表明，决策涉及了政府内外部参与者之间的各种关系。参与者所构成的集群往往被称作"政策共同体"，他们渗入了各组织的政策发展进程。随着已被建立的制度关系生产出某些规范以及可预测的话语模式，政策共同体在一段时间之后便形成了。人际网络中的参与者"集中讨论那些他们

---

① 在这里所考虑的研究部门中，只有一家大学研究中心有网络简况：多伦多大学儿童保育资源与研究单元，它在儿童赋税优惠政策共同体中排名很高。

② Stone, D., "Recycling Bins, Garbage Cans or Think Tanks? Three Myths Regarding Policy Analysis Institutes", *Public Administration* 85 (2), 2007, p. 260.

所关心的问题，而且必须在资金、政治以及其他'资源'方面相互支持，以此来维持运作、影响公共决策"。① 制度关系便围绕着这一系列核心的参与者被构建起来。

智库往往是政策共同体的成员，它们一方面为决策者提供专业的政策建议，另一方面又塑造了公共辩论。我们将阿贝尔森的模型引入衡量政策共同体中的智库在线下的相对影响力之中，以此来评估智库的网上影响力。据阿贝尔森所言，"影响力并不直接同相关的政策结果相联系，而是通过不同参与者（他们直接或间接影响决策进程）之间的相互作用与资源交换来达到目的"。② 随着一些机构在公共领域具有较高的知名度以及另一些机构力图直接向决策者提供建议，智库施加着各种类型的影响。智库的知名度尽管同媒体曝光率和公众接受度相联系，但同机构的政策相关度和塑造决策者倾向的能力并不完全相同。在一个政策共同体中，知名的智库能够抓住公众和媒体的注意力，以此来塑造政策议程，并对政府施压迫使其就范。然而，正是这些智库提供了相关度最高的政策蓝图和政策实施方式，它们加入核心网络之中，并且更为直接地影响政策结果。

政策共同体能够被再分为两种类型：参与决策进程的核心参与者团体，关注某些政策领域的相关利益受众所组成的大团体。③ 这些大量的利益受众或是关注政策的公众并不直接参与决策，而是能够在政策咨询过程中或是通过公众舆论来影响政策结果。而共同体中的核心参与者团体则被称作"政策网络"，即直接同决策者或其他参与者进行沟通的参与者集合。关注政策的公众难以塑造政策结果，而政策网络中的成员则与之不同，他们对政策发展和决策者都有着不同程度的影响力。

智库期望决策者的内部网络和公众都能关注自己，因此乐于向政策共

① Rethemeyer，K.，"Policymaking in the Age of Internet：Is the Internet Tending to Make Policy Networks More or Less Inclusive?" *Journal of Public Administration Research and Theory* 17（2），2007，p.261.

② Abelson，2006，p.167.

③ Coleman，W. and G. Skogstad，eds.，*Policy Communities and Public Policies in Canada.* Toronto：Copp Clark，1990；Pross，p.，*Pressure Group Behavior in Canadian Politics*，Toronto：McGraw - Hill，1986.

同体兜售自己的研究。林德奎斯特（Lindquist）和斯通（Stone）解释道，智库在政策共同体中扮演着至关重要的角色。[①] 正如斯通所说，因为智库经常从事前摄性知识的发展和信息的搜集，因此"智库提供知识资源"。[②] 在政策共同体中，智库起到了一系列的作用，其中包括问题界定（政策分析）、挑战现存项目（评估）、拓展公共辩论（拓展共同体）、创新（政策研究）和充当知识经纪人（协同合作）。

由于政策分析拓展了国家的能力——阐明公共政策难题、提出解决方案以及调和相矛盾的利益，因此它在现代决策进程中是一种关键性的资源。政策分析产业包含一系列不同的信息供应商，其中包括政府政策研究机构、大学、顾问委员会、议会委员会、工作小组和智库。政策分析常常被政策共同体用以影响决策，"因为它的流通就是一种信息资源"。[③] 智库在两个方面起着至关重要的作用，一是政策分析交流，二是就潜在的问题解决方法的效率和效益方面给出建议——"智库的用途和功能将它们置于学界和政界的十字路口之上，在这里，它们旨在联结政策分析和政策制定"。[④]

决策者同时接收提供一系列信息的内外部建议，并从中形成想法或是考虑另外的替代性政策。当政策形成后，决策者还要经历一段学习的过程来决定如何介入公共问题最为妥当。由于学习过程中的任何一份文件或任何一个组织都不可能是孤立的，因此，试图衡量某一智库的研究对相关的政策结果产生了何种影响显得并不现实。在公共政策的世界中，与政策相关的分析和观点有着过剩的来源，其中包括媒体、网络博客、施压团体、专业协会、公民联合、政府以及它们旗下除了智库之外的组织。这些分析和观点会引起雪崩，掩埋了政策消费者和决策者。结果便是，在日益激烈

① Lindquist, L. , "Think Tanks or Clubs? Assessing the Influence and Roles of Canadian Policy Institutes", *Canadian Public Administration* 36 (4), 1993, pp. 547—79; Stone, 2000.

② Stone, D. , "Introduction: Global Knowledge and Advocacy Networks", *Global Networks* 2 (1), 2002, p. 38.

③ Meltsner, A. , "The Seven Deadly Sins of Policy Analysis", *Science Communication* 7 (4), 1986, p. 369.

④ Stone, D. , "Public Policy Analysis and Think Tanks", In *Handbook of Public Policy Analysis: Theory, Politics, and Methods*, ed. F. Fischer, G. Miller, and M. S. Sidney, Boca Raton, FL: Taylor and Francis, 2007, p. 149.

的竞争中，智库努力吸引政策消费者和决策者的注意力。信息通信技术有助于智库获得潜在政策消费者和决策者的注意力。

## 网络影响力的衡量

智库常常沉迷于通过多样的衡量标准展示它们的影响力水平，这些标准包括媒体曝光率或出版物下载量。人们优先考虑后一种标准，因为网络已经变成了"第一手网上研究资料最重要的传输系统"。① 然而，需要注意的是，网络包含了各式政策内容，并经营着从原始数据到政策信息（即向用户提供附加价值的原始数据）最后再到政策分析（即已经被阐释了的或已经附加了意义的政策信息）的所有内容。智库精于出产其实已被反复阐释的政策分析②，而评估这类信息的网络影响力提出了方法论方面的挑战。

然而，超链接的性质确实提供了用知名度和政策相关度来衡量智库的网络影响力的机会。网络影响力指的是机构或个人的网站或网页的知名度（热门度）或相关度，而且它常常通过超链接分析来衡量。③

在网络上，由于入站的超链接习惯于认证信息来源，因此参与者的知名度通过超链接的热门度竞赛被建立起来。④ 知名度在这种环境中是一个极度重要的指标，因为争夺网络用户注意力的竞争非常激烈。比如，仅在谷歌搜索"政策"就会出现 300 万个网页，其中维基百科为顶置网站。维基百科显然是网络上知名的信息源，然而它却不大可能直接影响中央政府或省政府的决策进程，因为它所提供的政策信息同政策分析或政策建议截然相反。

---

① Hewson, C. , P. Yule, D. Laurent, and C. Vogel, *Internet Research Methods: A Practical Guide for the Social and Behavioral Sciences*, London: Sage, 2003. p. 63.

② Fischer, F. , *Reframing Public Policy: Discursive Politics and Deliberative Practices*. Oxford: Oxford University Press 2003; Radin, B. A. , *Beyond Machiavelli: Policy Analysis Comes of Age*, Washington, DC: Georgetown University Press, 2000; Rich, R. F, "Measuring Knowledge Utilization Processes and Outcomes", *Knowledge and Policy: The International Journal of Knowledge Transfer and Utilization* 3, 1997, pp. 11—24.

③ Björneborn, L. and p. Ingwersen, "Toward a Basic Framework for Webometrics", *JASIST*, 55 (14), 2004. pp. 1216—1227; Kleinberg, J. , "Authoritative Sources in a Hyperlinked Environment." *Journal of the ACM*, 46 (5), 1999, pp. 604—632.

④ Park, H. W. , "Hyperlink Network Analysis: A Method for the Study of Social Structure on the Web", *Connections*, 25 (1), 2003. pp. 49—61.

　　虽然某份文件或某个网页的热门度是一家机构的网络影响力的重要方面，但是被用于评估热门度的现行方式的可靠性和有效性却问题重重。如果一种衡量方式随着时间的变化保持着延续性，而且能提供被研究现象的精确表象，那么它就是可靠的。如果一种衡量方式能够评估它自己想要评估的方面，那么它就是有效的。① 勒孔特（LeCompte）和布莱斯勒戈茨（Preissle - Goetz）解释道，"可靠性关乎科学研究的可复制性"，而"有效性则关乎科学发现的精确性"。② 一项有效的评估必须在内外部都是精确的。内部有效性指的是某种程度的必然性，在这种必然性中，一个或一组变量能被用来推断出它们会带来怎样的后果；而外部有效性则是另一种程度上的必然性，在这种必然性中，得出的结果能够推广到其他事例当中。

　　比如，我们会认为，如果一个政策组织在某一活动中提供了一个展示平台用以散布机构资料，那么这就算影响决策进程了吗？我们会认为传播信息最多的机构就是同政策发展最为相关的机构吗？我们会认为任何一个看了或是拿了资料的人就消费了那些资料吗？如果答案是否定的，那么我们就很难确保任何一种内在或外在的有效性。在内在的有效性中，我们无法知道被传播的资料有没有被消费；在外在的有效性中，我们无法确保分发出去的政策材料和影响智库进程之间有何关系。网上的情况也是一样。网页点击量或文件下载量并不是可靠的影响力衡量标准，因为如若人们假设每一访问者都阅读了挂在网页上的政策分析，或信息消费者对决策进程有着影响，那么这些假设本身就问题重重。

　　为了确定智库影响力的衡量标准的可靠性，我们需要询问，某一程序或某一方法论所制造的证据是否符合通过另一替代性的程序所生产的数据。可以预见，这一说法意味着我们需要询问，在衡量智库对大众的影响力和对精英或"内部人士"的影响力时，其根据不同衡量标准所得出的评分或评级是否相关联。为了确定智库研究的影响力的有效性，我们必须询问，这一观察方法所制造的是否只是琐碎或具有误导性的衡量标准。

　　① Golafshani, N., "Understanding Reliability and Validity in Qualitative Research", *The Qualitative Report*, 8 (4), 2003, pp.597—607.

　　② LeCompte, M. and J. Preissle - Goetz, "Problems of Reliability and Validity in Ethnographic Research." *Review of Educational Research*, 52 (1), 1982, p.32.

我们在这里所检验的衡量标准是基于智库和其他政策参与者（包括政府、大学、非营利或营利组织和国际政策组织）的网站之间的超链接状况，而不是基于网页访问量和文件下载量计算。人们认为的最可靠的信息来自具有良好声誉的信息源，因此，以开展"良好的研究"而闻名的知名智库更可能影响公共辩论和决策进程。人们通过信息源的可信度——信息的血统——来决定网络信息的可靠性。① 血统指的是信息的组织从属关系。比如，政府和大学在提供可靠信息方面有着良好的声誉。正如维德（Vedder）和瓦赫布莱特（Wachbroit）所解释的那样，"可靠的信息"意味着"我们有理由相信且会信赖的信息"。② 大量的实证证据表明，超链接展示了人们对网站内容的认可度和暗含的信任。③

本文样本中的网站通过超链接分析得到衡量：研究超链接的主干结构特征以及出版和信息的检索状况。超链接分析涉及两方面的活动：采集（搜集）和利用连通性进行评级（分析）。采集指的是通过旨在浏览网页和检索信息的计算机算法来搜集网页。超文本链接根据网站结构的网络模式将引擎从一个网页领向另一个网页，采集的进程便取决于对此种超文本链接的探查。作为一种战略性的行为，超链接将信息权威（来源的可信度）授予供选择的网站信息内容。④

同这种衡量方式相关的潜在假设是，网站搜集越多的链接，那么信息源的可信度也就越高。⑤ 当网络内容的作者建立一个链接时，他们便是在自我报告网站内容同信息源的熟悉度。换句话说，他们利用同某一网页进

① Briggs, P. , B. Burford, A. De Angeli, and p. Lynch, "Trust in Online Advice. " *Social Science Computer Review*, 20 (3), 2002. pp. 321—332; Duffy, M. "The Internet as a Research and Dissemination Resource," *Health Promotion International*, 15 (4), 2000. pp. 349—353; Wang, Y. D. and H. Emurian, "An Overview of Online Trust: Concepts, Elements, and Implications. " *Computers in Human Behavior*, 21 (1), 2005, pp. 105—125.

② Vedder, A. and R. Wachbroit, "Reliability of Information on the Internet: Some Distinctions," *Ethics and Information Technology*, 5 (4), 2003. p. 211.

③ Henzinger, M. , "Hyperlink Analysis for the Web," *IEEE Internet Computing*, 5 (1), 2001. pp. 45—50; Park, 2003.

④ Smith, P. A. , A. I. Newman, and L. M. Parks, "Virtual Hierarchies and Virtual Networks: Some Lessons from Hypermedia Usability Research Applied to the World Wide Web," *International Journal of Human Computer Studies*, 47 (1), 1997. pp. 65—95.

⑤ Kleinberg, 1999.

行超链接的数量来衡量这一网页的质量，这使得他们能够通过"在递减的相关度中排序返回的文档"从而给网站排名。[①]

人们已经在传统意义上通过一些调查工具研究了政策网络，而分析家们也从这些调查工具中搜集了关于政策参与者之间关系的资料。在这些调查中，参与者采取的方法是自述自己同其他政策参与者之间的关系。当某名参与者将另一名参与者视作自己的熟人时，那么人们就可以假设，这一事实构成了政策关系的构建活动。既然超链接将信息权威授予供选择的网页信息内容，那么超链接也可以用同样的方法得到解释。超链接显示了网站经营者将什么视作良好的信息源，而不是显示一种熟人关系。在热门度方面排名较高的智库在可靠信息的生产方面有着良好的声誉。相似地，网络上高热门度的智库运用自己的信息权威来影响政策制定、实施与评价，它同政策发展进程的相关度更高。

## 智库与连通性评级：网络影响力的评估

知名的智库学者通常把智库影响力置于政策共同体的大环境之中，因为这些机构的分析直接指向政策受众。[②] 比如，关于均衡方案对节能收益之影响的研究所针对的是非常特定的受众，大概即是那些对现行均衡计划的技术和行政方面非常熟悉的人。[③] 在另一方面，如若某一描述性综述解释了联邦政府在流浪状况方面所扮演的角色，并且提供了各式综合性的解决方案，那么这一综述则面向更为广泛的利益受众。[④] 在评估智库所提供的信息影响力时，一个非常重要的考虑便是将共同体中政策型智库的知名度和它在核心政策网络中的影响力区别开来。

然而，正如前面所讨论的那样，对于智库网络影响力的衡量常常通过计算网页点击量或出版物下载量来完成。如果这是衡量智库政策建议的可

---

① Henzinger，2001，p. 46.

② Lindquist，1993；Stone，2000.

③ Courchene，T. J.，"Confiscatory Equalization：The Intriguing Case of Saskatchewan's Vanishing Energy Revenues，" *Choices*，10（2），2004. Available on the Institute for Research on Public Policy website at http：//www. irpp. org/choices/archive/vol10no2. pdf.

④ Leo，C. and M. August，"The Federal Government and Homelessness：Community Initiative or Dictation from Above?，" Canadian Centre for Policy Alternatives，Winnipeg，Manitoba，2005.

信赖的方法的话，那么一家智库在政策网络中的影响力应该符合它在更大的政策共同体中的影响力。因此，我们假定智库对大众影响力的排名同它对内部人士影响力的排名相一致。为了检测这一假定，我们在五个截然不同的政策领域中来思考智库的网络知名度和政策相关度，其中包括一套社会的、环境的、政府间的和国际的政策领域。

在 2006 年 12 月和 2007 年 1 月，我们通过用于追溯超文本链接的网页采集器搜集了数据。埃文（Evans）和沃克（Walker）将网络采集器定义为："解析某一网页的一种应用程序，它能从网页中检索或索引信息、识别同其他网页相连的网页，并随后据此再一次开始对新网页的采集程序。通过这种方式，这种应用程序通过追踪链接结构和一如既往地勘校、索引和检索信息来逐个采集网页。"[1]

网络环境下的信息交流互通行为利用正式且实用的超链接分析法制造了可观察的模式，因此，交互行为展现了一幅网状肖像：个人和组织的关系情境。[2]

某一网站在提供可靠信息方面的声誉会决定它的热门度。[3] 当人们在网上搜寻信息时，谷歌等搜索引擎通过索引网站内容来引导网络活动，并根据认可信息来源的用户数量来确定信息的权威性和合法性。当某一网站内容的作者同另一网站的信息相联系时，链接行为就会赋予相关内容以信息权威，因此在提供可信信息方面有着良好声誉的网站会接收许多入站超链接。[4] 同目标网站相链接并不总是意味着授权者赞同被提供的内容，而是表明，信息源将对象视为提供可信赖的相关信息的网站。因此，随着拥有最多入站链接的网站被当成最受欢迎的网上信息源，某一智库的网上声誉便通过热门度竞争被建立起来。[5]

---

[1]　Evans，M. and A. Walker，"Using the Web Graph to Influence Application Behavior." *Internet Research*，14（5），2004，p. 373.

[2]　Rogers，2006.

[3]　Wang and Emurian，2005.

[4]　Gibson，D.，J. Kleinberg，and p. Raghavan，1998，"Inferring Web Communities from Link Topology." Proceedings from the Ninth ACM Conference on Hypertext and Hypermedia，1998. Accessed 25 May 2009 at http：//www. cs. cornell. edu/home/kleinber/ht98 - comm. pdf.

[5]　Park，2003.

本文的研究所使用的网页分析工具是"问题采集器"（Issue Crawler），它作为一种网络引擎，通过植入其中的全球资源定位器（URLs）来描绘网页间的链接状况。问题采集器运用旨在通过网络超链接结构采集数据的算法来提取数据，而后这些数据被录入大数据库当中。为了定位政策网络，初始节点（URLs）进入引擎当中，之后这一引擎开始从种子的出站链接中捕捉超链接的链接情况。每一个采集任务开始于筛选初始节点，我们运用布尔标准从谷歌中搜集到它们。布尔标准命名了政策领域（在这里便是社会政策、均衡状况、气候变化、清洁能源和调停冲突/和平建设）并引导采集任务聚焦于加拿大的网页。[①] 在这一计划当中，被反馈的前15个网站被用作初始节点。在种子进入引擎之后，通过超链接追踪，问题分析器根据网址来识别政策网络的成员。由于每个主导某一超链接的网站包含在政策共同体之内，超链接的组织结构便决定了哪些站点会被访问以及采集器会追踪哪条路线。网络引擎从总计165856个网页中为这个项目搜集了数据。

除了追踪超链接结构之外，引擎还计算每个网站从政策共同体中接收的导入链接（In-links）的数量。政策共同体由在采集期间被访问的网站组成，而且某一网站在共同体中的热门度由它们从其他网站中所得到的导入链接数决定。导入链接数评定了热门度是因为任何关心相关议题的个人或组织都能制造一个同智库相连的链接，从而授予信息可信度。换句话说，计算某一网站所接收的导入链接总数提供了一种有效的衡量标准来衡量智库在政策共同体中的热门度。

正如建议的那样，政策共同体以关注政策的公众和内部网络为特点。由于政策共同体的核心群体成员在某些政策议题上有共同的利益、共享有关政策议题的知识、通过交换资源（信息、资金和支持）来塑造决策，因此核心群体构成了一个内部网络。通过在结构上定位涉及其他所有参与者的参与者，内部网络被赋予了重要地位。[②] 识别在内部核心群体中拥有最多链接的网站能够让我们洞察哪些组织或个人在决策进程中具有最大的影响力。[③]

---

① Rogers，2006.

② Coleman and Skogstad，1990.

③ McNutt，K.，"Policy on the Web：The Climate Change Virtual Policy Network," *Canadian Political Science Review*，2（1），2008，pp.1—15；Vedder and Wachbroit，2003.

正如约斯特（Jost）和雅各布（Jacob）所说的那样，被"核心网络认定为最重要的信息源便意味着影响力"。[①] 通过配对超链接和核心网络中的政策参与成员，问题采集器利用共链分析确定内部网络；从初始化种子中至少接收两个入站链接的参与者"至少被认为是联结松散的网站网络的部分"。[②] 这种网络分析衡量了政策参与者在政策网络中的相关度。因此，虽然热门度通过网站的全球曝光率被衡量，但是影响力却通过核心网络连通性被评估。

基于连通性的评估是关键的衡量方法，这一方法可被用于评价组织或网络信息的影响力。这种可能性基于这样一个前提：网站所接收的链接越多，信息的政策相关度和信息源的可信度也越高。[③] 基于连通性的评估提供了一种标准来衡量某一智库的研究成果在所有信息消费者中的相对网络影响力。第二种衡量方法仅限于政策用户和政策生产者的狭小网络中的超链接，它提供了一种"内部"的衡量方式，即衡量在智库和决策者共同构建的共同体中智库的相对影响力。我们会首先根据内部衡量方式，而后根据更广泛的基于连通性的衡量方式来评估智库。我们选择社会政策、均衡状况、气候变化、清洁能源和调停冲突/和平建设作为很小一部分的例子，它们来自无限潜在的社会、经济、环境和国际政策主题。我们基于政策关注点或过去十年中加拿大人的利益争论点选定了这五项政策主题或五个"领域"。在社会政策领域，我们决定举两个例子，第一个即是社会政策本身，第二个则关乎社会政策的一个子条目——儿童赋税优惠，这是一种重新区分社会政策的方法，它是在 20 世纪 90 年代后半段被联邦政府提出来的。我们选择均衡政策作为经济政策的例子是因为在过去四年中，它在加拿大的政策争论中占据着突出地位。在环境政策方面，我们将调查限制在"清洁能源"上，但是初始结果太过散乱，以至于为了得出更易掌控的结果，我们将这项任务限定在一个省中。至于国际政策，我们基于加拿大的

---

① Jost，G. and K. Jacob，"The Climate Change Policy Network in Germany，"*European Environment*，14（1），2004，pp. 1—15.

② Bruns，A.，"Methodologies for Mapping the Blogosphere：An Exploration Using the Issue Crawler Research Tool，"*First Monday* 12（5），2007，Available at http：//firstmonday. org/htbin/cgiwrap/bin/ojs/index. php/fm/article/view/1834.

③ Kleinberg，1999.

历史角色选择了维和作为我们的主题，但是为了确保搜索更为精确，我们用了两个在当今文献中常见的术语——"调停冲突"（Peacemaking）和"和平建设"（Peacebuilding）——来进行我们的搜索。

## 社会政策共同体

全球和国外的智库对广义上的加拿大政策共同体影响甚微。正如表1所展现的那样，一家智库——加拿大政策研究网络（Canadian Policy Research Networks，CPRN）——主导了这个领域。除了在内部网络中占据最重要的地位以外，CPRN还同更广大的政策共同体有着极度紧密的联系，同其他智库相比，该紧密度显得几乎不正常。CPRN由加拿大经济委员会的前主席朱迪斯·麦克斯韦（Judith Maxwell）创建，它对加拿大的社会政策决策者施加着主要的影响，这部分是因为麦克斯韦在政策共同体中的名望和长时间积累起来的声誉。此外，CPRN的融资模式在一般情况下需要同政府（尤其是和联邦政府）紧密合作，这意味着在政策生产过程中，CPRN已经对决策者的需求进行了回应，因此它能在短时间内影响决策者。[①] 位于榜单第二位的是总部位于温哥华的菲沙研究所，它对内部网络所产生的重要影响相符于它对更广大的政策共同体所产生的影响。当然，菲沙研究所所提供的市场导向型政策建议同CPRN偏向中左翼的政策观点形成了鲜明的对比。

**表1　　社会政策网络共同体中的智库排名：内部影响力 vs. 热门度**

| 智　库 | 核心政策网络 | 更广大的政策共同体 |
|---|---|---|
| .加拿大政策研究网络 | 13 | 2722 |
| 菲沙研究所 | 12 | 199 |
| 公共政策研究所 | 11 | 137 |
| 加拿大联合会 | 11 | 60 |
| 卡列登社会政策研究所 | 10 | 71 |
| 贺维学会 | 10 | 65 |
| 加拿大西部基金会 | 10 | 27 |

---

① Abelson，2002.

续表

| 智　库 | 核心政策网络 | 更广大的政策共同体 |
|---|---|---|
| 大西洋市场研究所 | 9 | 42 |
| 加拿大替代政策研究中心 | 8 | 273 |
| 加拿大社会发展委员会 | 8 | 163 |
| 公共政策论坛 | 8 | 18 |
| 管理研究所 | 7 | 19 |
| 蒙特利尔经济研究所 | 6 | 46 |
| 生活水平研究中心 | 5 | 40 |
| 英国经济事务研究所 | 5 | 13 |
| 加拿大税收基金会 | 5 | 10 |

注：我们在 2006 年 12 月 2 日采集到了这些关于社会政策的虚拟政策网络。采集器总共访问了 36601 个网页，记录了 34007 个导入链接，核心网络中一共有 83 个网站。

资料来源：Authors'compilation。

公共政策研究所、卡列登社会政策研究所和贺维学会在内部网络中也占据着重要的地位，而且这同它们对更广大政策共同体的网络影响力相符。与此相反，加拿大替代政策研究中心和加拿大社会发展委员会则对内部网络并无多大影响力，尽管它们同更广大政策共同体的连通性非常高。相反的情况则出现在大西洋市场研究所身上，它对内部网络的影响力较高，但这却同它对更广大政策共同体的影响力并不匹配。

至于为什么智库对内部网络的影响力和对大众的影响力会背道而驰，我们只能做一个推测。一个可能的原因是，不管智库在某些主题上的专业知识是如何受限，一系列已被完全界定的（至少是被政策内部网络所界定的）且忠诚的智库"消费者"可能仍然将智库的网站当成关于一系列政策主题的主要信息源。另外，政策内部网络和决策者在搜索网页时则会将范围限制在那些已经在某一政策领域显示出专业性的智库上。

## 儿童赋税优惠政策共同体

在广大的社会政策舞台上，儿童赋税优惠政策是一项特殊的加拿大式主题。因此，我们原先预测只有加拿大的智库会出现在榜单之中，但令我们惊讶的是，在评估智库对内部网络的网上影响力时，一家英国智库——在 2004 年才创立的社会正义研究中心——赫然出现在前五名之中。然而除此之外，在智库对内部政策网络的影响力方面，这个主题便没有给我们更多的惊喜。作为一项政策，儿童赋税优惠受到了两支队伍的支持。第一支队伍是提供社会支持的中左翼智库联盟，该联盟由加拿大替代政策研究中心和加拿大儿童健康研究所组成；另一支队伍则是加拿大妇女进步研究所。因此，这些提供政策支持的智库和对社会政策具有广泛研究经验的智库——尤其是加拿大社会发展委员会、卡列登研究所、加拿大政策研究网络和瓦尼埃研究所——同时出现在政策共同体中并不是一件令人惊讶的事。近年来，研究型机构在总体上已经成了加拿大社会政策的主要影响者，尤其是儿童政策。比如，卡列登研究所的主席肯恩·巴特尔（Ken Battle）常被认为是儿童赋税优惠政策的首席撰写人。[①] 相反，市场导向型智库（比如菲沙研究所）、非专业智库（比如公共政策研究所）或经济导向型智库（如贺维学会）对儿童赋税优惠方面的核心政策网络的影响力较小，甚至不具有影响力。

虽然根据我们对"智库"定义，大学研究中心被排除在研究之外，但是非常值得注意的是，在上文所提及的五种政策共同体中，大学研究单元是唯一对内部政策网络具有重要影响力的机构。顺着加拿大最负盛名的儿童保育分析家与宣传家玛莎·弗兰德利（Martha Friendly），我们会发现儿童保育资源和研究中心（Childcare Resource and Research Unit，CR-RU）同多伦多大学相关联。同大多数大学研究中心关系良好的 CRRU 员工极少，弗兰德利兼任协调员、研究助理、后勤人员和网站开发员。CR-RU 对内部政策网络的影响力处于中间水平，但它在更广大的儿童赋税优惠政策共同体中却拥有极大的网络影响力。可能有两个原因导致了这一现象，一是弗兰德利在儿童保育政策共同体中拥有个人声望，二是网络开发员致力于将 CRRU 的网上信息传播给普通大众。正如表 2 所示，加拿大社会发展委员会对核心政策网络最具影响力，在更大的共同体中也同样受欢迎。

---

① Battle，K.，"The Rise of a Think – Tank in Policy Development：Caledon and the National Child Benefit，" *Horizons*，6（1），2003. pp. 11—15；Dobrowolsky，A. and J. Jenson，"Shifting Representations of Citizenship：Canadian Politics of 'Women' and 'Children'，" *Social Politics*，11（2），2004，pp. 80—154.

**表2　儿童赋税优惠政策网络共同体中的智库排名：内部影响力 vs. 热门度**

| 智　库 | 核心政策网络 | 更广大的政策共同体 |
|---|---|---|
| 加拿大社会发展委员会 | 29 | 320 |
| 加拿大替代政策研究中心 | 26 | 482 |
| 卡列登社会政策研究所 | 15 | 104 |
| 英国社会正义研究中心 | 13 | 61 |
| 加拿大政策研究网络 | 11 | 175 |
| 加拿大儿童健康研究所 | 11 | 36 |
| 瓦尼埃家庭研究所 | 9 | 103 |
| 加拿大联合会 | 9 | 45 |
| 菲沙研究所 | 8 | 80 |
| 加拿大妇女进步研究所 | 8 | 40 |

注：我们在2006年12月2日采集到了这些关于儿童赋税优惠政策的虚拟政策网络。采集器总共访问了29545个网页，记录了25801个导入链接，核心网络中一共有90个网站。

资料来源：Authors'compilation。

## 均衡政策共同体

加拿大的自由市场型和经济导向型智库在均衡政策方面的核心网络中有着最大的网络影响力。同时，美国一些保守的自由市场型智库也对加拿大的这个政策领域施加着一些影响。基于美国对于智库主题的学术研究，桑内特（Thunert）总结说，智库是"保守的"或是"以右翼为中心的"，而且它们至少促进了以下观念或议题中的两者：

1）自由市场体制包含了低赋税、私人化和反对管制；

2）受限制的政府介入；

3）个人自由和个人主义价值，以及/或者宗教（基督教）信仰的表达；

4）传统家庭观念；

5）高强度的防卫和安全措施。[1]

正如表3所述的那样，里面除了有美国智库外，还有两家外国智库。一家是经济事务研究所，它常常被描述为英国卓越的自由市场型智库；另一家则是总部位于澳大利亚的公共事务研究所，相似地，它也被认为是澳

[1]　Thunert，M.，"Conservative Think Tanks in the United States and Canada，" In *Conservative Parties and Right -Wing Politics in North America*，ed. R. Schultze, R. Sturm, and D. Eberle. Berlin：VS Verlag, 2003.

大利亚知名的自由市场型智库。

　　尽管一些右翼智库的统治地位归咎于它们的传统关注点——经济政策,但是均衡状况也主要和国家资源的地域重新分配(以此使得贫穷的省份所提供的公共服务能同富有省份的相媲美)相关联。因此,支持中左翼政策的机构在均衡政策方面的争论中应该有着天然的吸引力。然而尽管如此,加拿大中左翼智库——包括加拿大政策研究网络、卡列登研究所、管理研究所(Institute on Governance)——的热门度排名相当靠后。在这一领域,事实上只有加拿大政策研究网络在内部影响力方面处于上游。

　　有必要提及出现在榜单上的三家地方智库:大西洋市场研究所、蒙特利尔经济研究所和加拿大西部基金会。地方智库往往比加拿大智库的影响力更小,但是既然均衡状况几乎显然是地方性议题,那么我们就不必惊讶,一些地方研究所将均衡状况当成自己的研究重点,并且着重参与全国层面的辩论。表3展示了热门度和内部影响力排名之间最为重要的不同。美国智库从更大的政策共同体中赢得了更多的支持,而国内智库则似乎影响了核心网络中的辩论。

**表3　　均衡政策网络共同体中的智库排名:内部影响力 vs. 热门度**

| 智　库 | 核心政策网络 | 更广大的政策共同体 |
|---|---|---|
| 公共政策研究所 | 16 | 231 |
| 贺维学会 | 13 | 50 |
| 菲沙研究所 | 10 | 31 |
| 大西洋市场研究所 | 9 | 22 |
| 蒙特利尔经济研究所 | 8 | 41 |
| 加拿大政策研究网络 | 7 | 18 |
| 加拿大西部基金会 | 7 | 11 |
| 加拿大联合会 | 6 | 22 |
| 美国遗产基金会 | 6 | 18 |
| 美国企业基金会 | 6 | 13 |
| 澳大利亚公共事务研究所 | 6 | 9 |
| 美国卡托研究所 | 5 | 20 |
| 因果经济事务研究所 | 5 | 10 |

　　注:我们在 2006 年 12 月 29 日采集到了这些关于儿童赋税优惠政策的虚拟政策网络。采集器总共访问了 29545 个网页,记录了 37911 个导入链接,核心网络中一共有 77 个网站。

　　资料来源:Authors'compilation。

### 清洁能源（萨斯克其温省）

清洁能源政策共同体的特征和上述的政策共同体非常不同。清洁能源在萨省的政策议程中占据着极其重要的位置，因为相比于其他省份，萨省非常依赖于软褐煤（最脏的化石燃料之一），它是萨省首要的能源资源。由于清洁能源研究的科学性和技术性，我们起先假设，萨省政策共同体会严重地被专家们殖民，但现实情况却不是如此。相反，尽管在我们的比较调查中，只有那些环境组织才受命开展了实质性研究，但在构成该项政策共同体的智库中，政策支持型智库至少和政策研究与倡导型智库比例相当。在表 4 的 10 家智库中，5 家智库的总部在加拿大，4 家在美国而只有一家在欧洲。除了位于英国的经济事务研究所外，排名靠前的智库都专门从事环境政策或能源生产消耗的议题。

**表 4　萨省清洁能源网络共同体中的智库排名：内部影响力 vs. 热门度**

| 智　库 | 核心政策网络 | 更广大的政策共同体 |
| --- | --- | --- |
| 1. 美国忧思科学家联盟 | 15 | 79 |
| 2. 戴维·铃木基金会 | 14 | 112 |
| 3. 美国落基山研究所 | 12 | 28 |
| 4. 彭比纳研究所 | 9 | 179 |
| 5. 美国皮尤全球气候变化研究中心 | 8 | 116 |
| 6. 污染调查 | 8 | 18 |
| 7. 因果经济事务研究所 | 7 | 56 |
| 8. 美国能源效率经济理事会 | 7 | 42 |
| 9. 加拿大核责任联合 | 5 | 34 |
| 10. 牧场适应性研究联盟 | 5 | 28 |

注：我们在 2007 年 1 月 24 日采集到了这些萨省清洁能源政策的虚拟政策网络。采集器总共访问了 34007 个网页，记录了 34007 个导入链接，核心网络中一共有 93 个网站。

资料来源：Authors'compilation。

知名的加拿大智库彭比纳研究所（Pembina Institute）于 1985 年在阿尔伯塔成立。自成立以来它已经成为了一家在加拿大大部分地区都拥有分支机构的泛加拿大组织。尽管热门度很高，但它在内部影响力排名中却低于另两家总部位于美国的智库，一家是中左翼的忧思科学家联盟（Union of Concerned Scientists），它是 20 世纪 60 年代晚期美国反战运动的产物；另一家则是右翼的、支持自由市场的落基山研究所，其总部自 1982 年以来位于科罗拉多。

### 调停冲突与和平建设

虽然我们在搜索调停冲突的智库时发现了许多组织，但只有四家符合本项研究中所定义的智库的标准。在这 4 家智库中，只有一家——南北研究所——总部位于加拿大。此外，四者中，内部影响力方面排名最高的智库对更广大政策共同体的网络影响力却是最低的。这是唯一的一个政策结构，其中英美之外（更别说发达的工业国家之外）的智库拥有内部网络或大众影响力。正如表 5 所展示的那样，4 家智库中其中两家的总部位于发展中国家，这同通常所定义的权力与影响力中心相距甚远。此外有趣的是，国际冲突研究所（INCORE）产生于北爱尔兰的冲突和宗派暴力——宗教和民族冲突在发展中国家也颇为常见。

表 5　冲突调停/和平建设网络共同体中的智库排名：内部影响力 vs. 热门度

| 智　库 | 核心政策网络 | 更广大的政策共同体 |
| --- | --- | --- |
| 马来西亚第三世界网络 | 8 | 14 |
| 超越（玻利维亚） | 7 | 32 |
| 南北研究所 | 7 | 25 |
| 国际冲突研究所 | 6 | 35 |

注：我们在 2007 年 12 月 2 日采集到了这些调停冲突/和平构建政策的虚拟政策网络。采集器总共访问了 28589 个网页，记录了 15765 个导入链接，核心网络中一共有 91 个网站。

资料来源：Authors' compilation。

我们原先预测会有一家或多家总部位于加拿大的智库在内部影响力方面占据着前几位，但只有南北研究所进入了这一榜单——位于第三。这一排名很有可能反映了各组织涉猎了解决国际发展问题以及加拿大和发展中国家的关系的任务。结果便是，冲突调停/和平建设至多只是南北研究所的广泛任务中的一个附带部分。

### 结　论

智库运用网络去兜售思想、传播研究成果并提高自己作为政策专家的声誉。然而，智库的网络影响力却只是政策研究机构对决策进程所施加的影响力的一次演练。虽然定位、共享和交流信息的机会已在网络环境中被大大扩展，但是在兜售政策研究和影响政策发展时所花费的时间和金钱却难以评估。本文思考了智库在政策网络中的影响力。我们起先假设智库的热门度和相关度是一致的，但是这一预测却在某种程度上被一个事实反驳了——一些智库的知名度和内部影响力反差极大。

　　智库影响力的评估具有内在的困难性，因为对此做出判断需要确定，智库到底是仅仅在现存的政策趋势中受大众欢迎，还是在事实上设置了某些政策议程，抑或通过生产详细的政策选项或建议从而直接影响决策。[①]虽然智库采取了多样的指标来衡量它们在政策发展中的影响力，但是它们所选择的特定指标（常常是定量的）缺少证据性基础，因此它们同有效性和可靠性这两个因素毫不相关。[②] 比如，通过简单合计某份文件的下载量来量化影响力假设，每次下载都由一名与众不同的用户完成，以及网上的信息真的被使用了。相似地，论文数并不表明使用情况或信息质量。量化智库活动和政策发展间的因果关系极其困难。用热门度和政策影响力来衡量智库的网络影响力提供了重要的标准来衡量它们对决策做出的贡献。虽然一些研究的开展建基于弄清智库网络热门度的含义之上，但我们还是能够推测，政策共同体中高水平的导入链接意味着传播研究成果的成功和密切的公共参与度。[③] 相似地，大量的实证研究表明，如果一个参与者同政策网络中的其他参与者联系最多，那么它便拥有最高级别的影响力。[④] 因此，我们又能推断，如果组织和参与者在网上拥有无数来自内部政策网络的导入链接，那么它们所拥有的影响力要高于核心网络之外的参与者。为

---

① Abelson, 2002; Lindquist, 2006.

② Abelson, 2007; Kirk, J. and M. L. Miller. *Reliability and Validity in Qualitative Research*. Thousand Oaks, CA: Sage, 1985.

③ Ackland, R. and R. Gibson, "Hyperlinks and Horizontal Political Communications on the WWW: The Untold Story of Parities Online," Centre for Social Research, Research School of Social Sciences, Australian National University, Canberra, 2007, Available at http://voson. anu. edu. au/papers/hyperlinks_polcomm. pdf; Park, H. W. , M. Thelwall, and R. Kluver, "Political Hyperlinking in South Korea: Technical Indicators of Ideology and Consent," *Sociological Research Online*, 10 (3), 2005, Available at http://www. socresonline. org. uk/10/3/park. html.

④ Borgatti, S. and R. Cross, "A Relational View of Information Seeking and Learning in Social Networks," *Management Science*, 49 (4), 2003, pp. 432—445; Cowan, R. and N. Jonard. "Network Structure and the Diffusion of Knowledge. " *Journal of Economic Dynamics and Control* 28 (8), 2004, pp. 1557—1575.

了分解热门度和影响力，我们已经说明，同时衡量智库在更大共同体和内部政策网络中的影响力能够提供更为精确的评估。这些发现支持了阿贝尔森的观察，"我们不应该假设最知名的智库就一定是在决策进程中最具影响力且最值得信赖的机构"[①]。

在社会政策领域中，包括公共政策研究所、卡列登研究所、贺维学会在内的智库的热门度和内部影响力都很高。加拿大替代政策研究中心和加拿大社会发展委员会等另外一些智库在政策共同体中很受欢迎，但对政策网络却只有中等的影响力。加拿大政策研究网络在政策共同体和政策网络中都有着最高的网络影响力。在儿童赋税优惠政策领域，加拿大社会发展委员会对内部政策网络有着最大的影响力，而加拿大替代政策研究中心的热门度最高。在均衡政策领域，公共政策研究所有着最大的网络影响力，它在热门度和内部影响力排名中均位列第一。在萨省的清洁能源共同体中，智库的影响力根据热门度和内部影响力排名的不同发生着急剧的变化。彭比纳研究所被认为是最受欢迎的机构，但戴维·铃木基金会和忧思科学家联盟却最有影响力。最后，冲突调停/和平建设共同体中，一家智库的热门度通常和其内部影响力相反。

虽然政策型智库可能缺乏法律的、经济的和组织的权力，但是它们的确有机会去影响信息大潮。政策分析在政策网络中是一项关键性资源，因为它使得这些共同体中的社会参与者能够分享观点、发展批评、向政府施压、声明利益以及理解政策主题的含义与轮廓。扩展政策研究机构和它们的各式代理机构之间的信息交互途径促进了散播信息和交换知识的新策略。利用网络来促进智库产业的生产和散播需要合适的衡量标准，该标准在衡量智库的网络影响力的真实水平时超越了对热门度的考虑。

---

① Abelson，2002.

# 中国智库、政策建议及全球治理<sup>*</sup>

詹姆斯·麦克甘/文　唐　磊　蒋岩桦/译

【摘要】本文着重记述中国智库在国内和国际舞台的兴起历程，阐述其在国内外政治语境中的优势及不足，并与印度及巴西等其他新兴大国的智库进行横向比较。

【关键词】中国智库　政策建议　全球治理　公民社会

## 引　言

笔者将在本文中考察作为中国政府重要的政策建议者和参与制定者的中国智库在国内外舞台上的出现，并结合金砖国家的情形探讨中国智库的崛起。最后，笔者将考察独立智库和政府麾下智库各自所受的限制，以及它们对中国的政策咨询和公共政策的意义。

在这个电脑芯片运行速率最多每 18 个月就实现倍增、年轻人要为尚未成型的职业未雨绸缪而接受培训、搭乘飞机环绕半球不需一天的时代，由奔涌而至的信息所提出的问题远比其带来的答案多。在这个日益复杂、相互依赖和资讯丰盈的世界，政府和个体决策者都面临着利用专业知识承担政府决策的问题。于是，在过去几十年里，公共政策研究机构或智库数量暴增。除数量增长外，这些组织的视野和影响也令人瞩目地在国家、区域乃至全球范围上得到扩展。20 年前，当在西班牙巴塞罗那举办第一次全球

---

* 原文题名：Chinese Think Tanks，Policy Advice and Global Governance；原文出处：Indiana University Research Center for Chinese Politics & Business Working Paper，No. 21；原文链接：http：//www. indiana. edu/～rccpb/pdf/McGann％20RCCPB％2021％20Think％20Tanks％20March％ 202012. pdf。

智库会议时，我的很多同事提出"智库"一词还没很好地跨越国界，今天，该词已被接受为跨国概念。

2003年，高盛投行认定巴西、俄罗斯、印度和中国（金砖四国）在今后50年里具备高速经济增长的潜力。[①] 它预计，到2050年，金砖四国的经济规模将超过西方六国集团（G6），货币会升值300％，以美元计算的总支出额将4倍于G6集团。[②] 高盛的该报告所做出的预测假定了理想的国内形势，即政策和制度产生的经济政治环境将培育出长期稳定的增长和发展。

本文旨在揭示中国和国际的公共政策研究机构（也被认为是智库）在提供本国和国际事务的研判时所扮演的角色。这些机构一般独立于政府，是公民社会的有机组成部分。智库是公民社会组织（CSO）或者非政府组织（NGO）的一种形式，它们正致力于中国和其他金砖国家的持续增长与发展。如果智库能够提供有关这些国家增长和发展重大问题的高质量信息、分析和建议，它们对决策者和公众来说都将是不可或缺的。必须认识到，在国内层面建立和保持良好的政策是金砖国家经济持续增长的先决条件。这些机构所拥有的独立的专业知识、促进时下亟须的跨部门参与的能力和监督政府行动的作用使得它们对国家发展进程至关重要。本文将尝试考察中国当前的发展问题，并尝试评估哪些中国智库有能力协助政府面对这些挑战。包括南非在内的其他金砖国家也在考察之列。

## 金砖国家智库概述

从任何角度看，打造以后50年里能够保持长期增长的国内环境都极其不易。这些挑战不应仅仅由国内决策者和政府官员来肩负，国内智库也应有所担当。凭借从事独立分析的身份、促进跨部门参与的能力和监督政府行动的作用，智库是金砖国家制定有效的国家经济增长战略的重要资源。表1显示了金砖国家和西方主要七国（G7）在智库普及上总体存在的差距

---

[①] 威尔逊（Dominic Wilson）、普鲁修撒曼（Roopa Purushothaman）：《与BRICs（金砖四国）一起梦想：通往2050年的道路》。

[②] 高盛后来也认定了南非，因此，金砖四国（BRICs）现在常被称为金砖国家（BRICS）。

（按照智库总数和人均拥有智库数）。① 来自独立政策研究机构的指导与知情信息相对缺乏，将最终阻碍金砖国家制定并实施其持续发展所必需的经济和社会政策。

**表1** 金砖国家和 G7 国家智库数量

| 金砖国家（BRICS） | | | 西方七国集团（G7） | | |
|---|---|---|---|---|---|
| | 智库总数 | 人均拥有智库数②③ | | 智库总数 | 人均拥有智库数 |
| 巴西 | 82 | 0.43 | 加拿大 | 97 | 3.07 |
| 俄罗斯 | 112 | 0.77 | 法国 | 176 | 2.87 |
| 印度 | 292 | 0.24 | 德国 | 194 | 2.35 |
| 中国 | 425 | 0.34 | 意大利 | 90 | 1.58 |
| 南非 | 85 | 1.89 | 日本 | 103 | 0.81 |
| | | | 英国 | 286 | 4.86 |
| | | | 美国 | 1815 | 5.88 |
| 总数 | 996 | | 总数 | 2761 | |

## 巴 西

  未来 50 年，巴西的年平均 GDP 增长率预计为 3.6%，经济规模将在 2025 年超过意大利，2031 年超过法国，2036 年超过英国和德国。④ 尽管卢拉政府通过大规模公共支出项目在减轻通胀和填平国债上取得了显著成绩，但巴西的增长潜能在对其贸易和财政政策进行实质性的改革前不会被释放。⑤ 恰当的研究和实施新政策的变革正在变得更加渺茫，因为公共部门紧缩、外国援助减少，同时私人捐款又受到限制。巴西还在承受长期军事独裁的持久影响，独裁极大地破坏了独立的政策研究团体的发展和自我整顿。不过，经济发展的相对稳定和近来明显改观的政治团结度为智库和政府之间合作打造维持增长和发展的宏观经济政策创造了条件。由于国家

---

① 麦克甘（James G. McGann）：《2006 全球智库趋势调查》。

② 智库平均数单位是 6—10。

③ 用以计算智库平均数的人口数据来源：联合国统计司最新可用的估算：《人口和生命统计报告》。

④ 威尔逊、普鲁修撒曼，第 10 页。

⑤ 巴西研究所：《巴西研究所特别报告》，第 2 页。

回归民主，社会和政治自由已经恢复，巴西智库已能享受到知识生产和传播输出的高度自由。①

## 俄罗斯

到 2050 年，俄罗斯经济预计将超过其他金砖国家，而且其人均 GDP 将媲美 G6 集团国家的水平。② 这一预期只有在俄罗斯的行政和司法机构为国内私营部门（营利的和非营利的）创造更好的环境，同时技工匮乏的情况得到改善的情形下方能实现。由于中央集权的增加，智库处于越来越多的政府官员审查之下，资源也受到盘剥。俄罗斯的非政府组织被排除在决策过程之外，迂回的税收结构抑制了国内捐款。③ 2006 年生效的一项新法案，通过设置复杂不堪的注册要求而进一步影响了本土智库特别是接受外国捐赠的智库的生长空间。④ 非政治化的和持客观立场的智库其实有利于公私部门间的合作从而克服前述阻碍。俄罗斯智库的发展应当聚焦于那些鼓励决策者提出并实行促进持续经济增长的政策和改革的进程与项目，并告知公众一个充满活力、稳定的公民社会在持续经济增长中的必要性。此外，通过吸引公众参与的讲座和活动，俄罗斯智库和其他非政府组织能够改进公众对公民社会的认知，促进民主话语。此外，应发展智库和项目型非政府组织（program‐focused NGOs）的合作，为俄罗斯政府提供关键政策领域（如农业、教育、住房、公共健康等）的国家级计划的分析与实施。

## 印 度

印度经济将在 2050 年前接近 5％的增长水平，这将使其成为金砖国家中增长最快且保持持续增长的经济体。⑤ 印度面临的最大挑战是保持如此高增

---

① 加里森（John Garrison）：《从对抗转向合作：巴西公民社会、政府与世界银行的关系》，第 4 页。
② 威尔逊、普鲁修撒曼，第 4、10 页。
③ 美国国际发展署：《2005 年中东欧和欧亚大陆非政府组织可持续发展指数》，第 169—175 页。
④ 普罗斯库里亚科娃（Liliana N. Proskuryakova）：《俄罗斯公民社会将难以呼吸》。
⑤ 威尔逊、普鲁修撒曼，第 4、10 页。

长水平的同时又要确保增长的财富能够得到合理分配。[①] 为支持包容性增长，印度政府必须着力加强基础设施建设、振兴农业和创造就业机会。[②] 印度智库和非政府组织有能力制定减轻这些问题的政策，但是它们首先必须学习独立于政府来运作，并学习如何同政府之外的商业组织和社会团体合作。印度的非政府组织也面临着领导能力、职员素质和预算方面的不足。[③] 它们开始通过转向咨询业务来筹措资金，但这是有风险的，因为过多地牵扯进图利的活动可能会危害最初设定的独立性。[④] 如果印度非政府组织致力于能够抵抗不平等的政策，例如高产的农业实践和分散式医疗体系，它们将是最有效的。总理曼莫汉·辛格（Manmohan Singh）也曾强调有必要研究外国经济问题，培养研究印度与其他国家关系的本国专家。[⑤]

## 南　非

尽管南非没有像其他金砖国家一样被寄予同等经济增长的厚望，但它代表了发展中世界的一种重要的增长源，其面临的经济挑战要求政府和本土智库之间展开合作。[⑥] 像印度一样，南非经济政策应致力于收入平等。从1994年民主化转型起，南非每一年都在正增长，但是仍然没能克服高失业率、低水平投资、教育体系落后、基础设施匮乏和艾滋病等因素对经济的负面影响。[⑦] 非政府组织在对付这些问题时可能会有作为，但它们首先必须建立与政府互动的可靠路径。在种族隔离制度下，很多公民社会组织被压制了，因此政府—非政府组织合作是南非的一个新发展趋势。[⑧] 虽然最近来自外国的援助减少了，但南非的公共政策研究组织还在不断地吸引总量巨大的外国捐赠以资助它们的项目。[⑨] 为穷人发展医疗体系和在全国

---

①　达斯格普塔（Dipak Dasgupta）：《印度的经济挑战》，第1页。

②　同上书，第1—2页。

③　苏亚摩斯（R. Sooryamoorthy）、甘格瑞德（K. D. Gangrade）：《印度的非政府组织：横断面研究》，第4页。

④　麦克甘：《智库和世界各地的政策咨询》，第6页。

⑤　辛格（Manmohan Singh）：《经济类智库研究议程》。

⑥　威尔逊、普鲁修撒曼，第4、10页。

⑦　奈特（Richard Knight）：《南非2006：未来的挑战》，第1页。

⑧　发展研究所：《南非的公民社会与治理：案例研究》。

⑨　戈温德（Charm Govender）：《今日南非公民社会趋势》。

开展更多的初级教育是非政府组织最能对政府决策产生影响的方面。非政府组织应当进一步与政府合作，用贸易自由化的需求来平衡失业问题，而贸易自由化必须吸引更多的外国投资。

中　国

近年来，中国生机勃勃的经济获得了国际关注：可观的增长率、贸易顺差，作为国际舞台上的重要一员频频亮相。然而，中国在各类事务领域中面临着多种挑战，包括环境、能源资源、土地集体所有制的包袱、住房需求、放开对人民币升值限制而带来的压力。这些挑战亟须大量全面的研究和分析，超出了中国政府内部研究——信息收集机构的能力范围。本土经济智库的参与可以对之进行补充。然而，政府审查的加强对本土智库的自主性造成影响。另外，由于保持着苏联模式以及缺乏平行沟通与合作，中国智库的研究能力和效率受到抑制。不过即使在政府干预的情况下，智库（特别是经济类智库）仍然展现出未来扩大作用的希望。这一潜能来源于：私营部门对智库研究需求的增长，接受西方教育的高级政策分析家跨文化交流的增加，以及不再固守僵化的马克思主义（可见的转变包括研究重点转向寻找"放开市场、促进财产权和协调宏观经济的现实路径"）①。

### 智库：持续增长与发展的催化剂

尽管金砖国家及其智库的环境在许多方面是独特的，但它们也呈现出显著的共性：出色增长的潜能因为政治和文化上的限制而受到一定压抑。持续增长和发展的先决条件是政府与智库的合作，智库能够考虑更有效的经济社会政策的制定与实施。高盛报告确认了四个方面重要的政策挑战：经济政策、贸易政策、教育政策和好的管理。其他没有在报告中确认但是应获得关注的是环境、能源、就业和劳动力问题。我们评估目前金砖国家的政策研究能力还不足以应对这些挑战。这一评价是以文档为基础的，来源有国际组织、营利机构、非营利机构和非政府组织、学术期刊文章、本土智库的信息、外交政策研究所的调查结果和智库数据库。

---

① 诺顿（Barry Naughton）：《中国的经济类智库：1990 年代的角色转变》，第 626 页。

当前，智库与其他公民社会组织面临着影响其运行的诸多限制。例如，由于国内支持资源受限和最近几年国外援助的缩减，所有金砖国家的非政府组织都在遭受资金短缺。其他金砖国家非政府组织的障碍包括限制接触决策者、严格的登记规则、不能与其他公民社会组织形成有效的合作，以及不能与政府机构保持独立。这些障碍损害了智库提供独立专家意见、协助跨部门参与和审查政府行为的能力，而这些能力是构建完善的经济增长政策所必需的。在实现高盛报告预测之前，金砖国家政府必须认同智库的实际价值，积极解决建立有效稳定公民社会的政治和文化障碍。当发达国家和外国捐赠者能够鼓励金砖国家实施帮助国内非政府组织发展和运行的改革时，如果金砖国家想要实现完全的增长潜能，自身也要承认其在支持和维持健康的政策研究团体和公民社会时的国家利益。

## 中国智库和政策咨询的增长与演变

智库对于中国来说是新事物。有人认为数百年以前就有相当于智库的机构在中国政策决策中发挥重要的作用。然而，以前的智库数量有限，也没有制度化。最近数十年，中国智库景观在数量、影响和制度化上已有所发展。

中国智库在 20 世纪后半叶得以迅猛发展。起初，它们的存在是为官方政策进行辩护而非开展独立研究。苏联式意识形态主导的等级结构和存在于政府部门的官僚体系充斥其中。不过，考虑到中国经济对世界各地影响的增长，智库开始特别关注经济问题，旨在帮助中国快速发展和融入全球经济。进入 1990 年代，智库特别是民间和附属于大学的研究组织逐渐浮现于中国社会。虽然感受到更多的自治和决策影响力，但它们依然受政府和党的辖制。

中国智库数量和影响力的增长应归因于国家经济的显著增长。与国际体系联通的扩大和经济持续快速发展使中国领导人面临着复杂的国内外政策挑战。对创新政策需求的加强提升了中国智库的重要性。更明确地说，具有专业知识的智库型学者的介入变得愈发重要，特别是在外国投资与国际金融领域。最后，中国市场经济的快速发展已使中国经济和社会政治结构变得更加多元，带动了快速增长的利益群体加入推动变革的行列。相应地，为了对政府政策和民意产生影响，这些利益群体投身于智库中开展研究。

### 中国的三代智库

中国的智库发展史同该国的政治史一样波澜起伏。我们可以将其分为毛泽东时代、1989年前和1989年后三个时期。中国智库总体上也可依次分为第一代、第二代和第三代。

第一代智库是在毛泽东时代按照苏联模式的规则建立的。它们基本承袭了苏联科研建制，所有的研究方法也是苏联科研机构所教的那一套。毛泽东时代的中国不允许外国政策研究机构介入，中央政府也反对改革思想和智库的扩张。

1980年代，在邓小平的开放政策引导下，第二代智库开始出现。政府对这些智库的审查较少，并鼓励它们创新。它们放弃了苏联模式的研究方法。其基本定位是帮助政府开展政策研究，特别是在政府认为传统政策研究不足的领域。然而，由于研究出现新自由主义倾向，智库并不完全受到政府信任。于是，智库只能从中央政府获得个别资助并要对政府领导人负责。中央政府赞助乃至组建智库是要能完全把控它们的研究和出版。

1989年后许多智库被关闭或暂停运转，旧式苏联模式的智库欲借机复兴。然而，中国经济面貌的变化改变了智库发挥功能的环境。2007年颁行的《农民专业合作社法》体现了这种环境变化，它对农村公民社会给予了一定空间。新合作社得以渐进、平稳的方式发展，它们十分尊重私有财产，本质上采取自愿自励的原则（自下而上的过程）。在其运行过程中，通过赋予公民塑造自己未来生活和世界的有效方法，民主观念也得以传播。从这个意义上说，新合作社运动有助于建构和转变中国的公民社会，使得公民社会机构更多地扮演国家的批评对话者的角色。随着中国的市场日益自由，智库也适机地谋求私人资助。它们开始利用媒体和海外资源作为发展公民社会的途径。智库学者们开始在媒体上而不是在机构中发表自己的观点，希望在与媒体的合作中得到利益。新的财源和与政府官员的疏离使得智库拥有财政自治以及思想文化自由。如今，文化大革命和过去其他的孤立政策给智库造成的缺陷正在得到弥补。

### 中国智库正在扩大其功能与影响

中国的政策舞台正在变得日益开放，公共政策的决策过程也为更多的参与者提供了空间。这一变化不仅影响了中国智库的内部活动，而且对其在国际舞台上发挥作用也产生了深远的影响。布鲁金斯学会的一位研究员近来指出，每周都有中国智库的代表来美国，参访美国机构并交换政策意见。

当政府和大学智库正进一步迈向成熟时，独立智库仍徘徊在起步阶段，它们缺乏经验，也未能和传统的政府附属型智库建立联系网络。在中国存在的顶级智库大多不是中国本土生长的，而是国外国际性智库的分支机构，如卡内基国际和平基金会。这些串联着全球的智库落户中国明显增加了人们对进一步理解智库将对中国未来产生何种作用的兴趣。虽然生存空间有限，但独立智库仍能起到重要的补充作用，外国机构可以通过它们获取来自中国内部的关于中国发展的一手见解。中国国内的利益群体的数量和力量都在增强，就像中国经济的发展那样不断被推向国际关系的前沿。借助学界关系、学术会议和大众传媒的次生影响，某些重要的独立智库已经同时取得中国政府和外来机构的关注和承认。

中国智库发挥影响的主要形式是根据政府指示上报相关问题的研究报告；不过，在过去的几十年里，这些机构找到了使其研究发挥政策效应的替代方式。多数智库通过加强沟通或者教育交流同各国智库和学术机构建立起联系。机构学者之间的私交对信息和观点的分享起到重要作用，大型机构间的定期会议也加强了相互整合。另外，全球化的加深使不少智库更倾向使用大众传媒作为发挥影响的平台。由于中国不靠选举制度决定领导位置的归属，故而产生大众影响的需求也较那些依赖民选体制的西方民主国家要小。然而，安抚民意对维护集权政府在世人面前的形象方面仍值得重视。因此，在特定话题上教导民众，作为间接而有效的影响方式，变得越发重要。

## 中国的全球化、经济增长和智库

在中国，每一智库对公共政策产生确切影响的能力取决于它的上级主管部门。欧美国家的独立智库无论是数量还是质量均占主导，而中国政府下属的智库比完全自治的智库拥有更强的作用力。中国智库大多数是由政府拨款支持或者直接隶属于政府部门，后者如国务院发展研究中心和现代国际关系研究院。由于政府暗地抑制独立智库的发展，所以严格意义上的独立智库实际并不存在。许多政府高级官员可能被任命管理某些主要的政府下属智库。例如，习近平是中央党校的校长，而中央党校大致属于中共的代言部门，在确立每一届中央委员会的决策定位时发挥着主导作用。因此，政府附属型智库能对中国的政治气候产生强大的影响。这些机关拥有资源和资金以支配研究的质量、数量与影响。又如，中国国际战略研究基金会与中国军方联系紧密，但官方不会主动分享诸如核武器和武器发展这类关涉国家安全的信息。虽然需要看到智库在开放交流方面的重大进步，但同样重要的是看到存在于它们中间的自我审查意识和由此对研究范围和决策作用的限制。

政府认识到决策过程中体察民意的必要性，并通过吸收智库参与决策（实际上是更广泛的集体决策）作为保持合法性更强的一种手段。有些智库相当程度地保留了非官方身份，足以更自由地提出建议、探讨思想，只是核心政策问题仍由政府把控。

在中国，官方的政治立场自然对国内智库的讨论空间构成影响，尤其是对那些内政事务话题。某些研究主题可能由于挑战党的宣传口径而被排除。胡锦涛任内的政府将国内民众的不满置于"和谐社会"的框架下考虑，认识到不同利益团体和弱势群体的苦衷背后存在合理诉求，这拓展了智库从事交办课题的范围和提供政策建议的空间。然而，纵然研究自主性有机会提高，但国内科研机构重点关注的还是经济和国际安全这两类超越本国范围、同时对中国未来和政治领导层至关重要的领域。灵活性的增加并没有使得中国智库发展到与其他经济强国相当的地步。

独立智库在中国为数很少，仅有的几个也因预算紧张而规模可怜。在可见的未来，政府智库将依然是中国政策研究领域最具实力和影响力的参与者。另外，相关组织通过主办由全世界代表参加的会议和对话向国际共同体敞开怀抱，这是一个积极的信号。最近的发展表明，其他智库特别是附属于大学的或是私营智库，正在通过对中国政策发展提出更具批判性的意见发挥其对中国决策过程的影响。

## 中国智库影响当前全球治理的局限性

尽管中国智库左右国内和外交政策上的作用在增强，但其发展仍存在诸多限制。它们在世界舞台上发挥作用的可能受到两方面制约：从政府那里获得的政治空间以及通过参与全球治理从而实现国家利益的能力。前者对智库在国内和国际两个层面发挥影响都构成影响。

从内部而言，首先，不像大量美国智库是私人发起、资助和运行，中国智库主要是由政府资助，并严格受到政府的监督和管制。目前国家法律规定所有非政府组织（包括智库），必须由一个政府部门发起。① 这无疑会使中国智库在探寻官方理论框架以外的研究方法时有所掣肘。

其次，中国参与全球治理的方式基本上仍然是以国家为中心的。威斯特伐利亚民族—国家主权观念在中国的国际参与中依然盛行。② 例如，出于国家安全的考虑，中国政府曾执意隐瞒疫情爆发的信息，这与其在全球健康治理上的开展国际合作的承诺相悖。③ 发展的掣肘还来自自我审查、限制批判见解和创新理念、官僚主义的习惯话语和对全球机遇与挑战时的缺乏准备。④

从外部而言，中国缺乏游刃于既有国际体系的经验，加之经济上的谨慎态度和贸易保护主义，妨碍了中国智库在制度层面的能力。正如王红缨和詹姆斯·罗斯诺（James Rosenau）在其《中国和全球治理》一文中提出的，中国在国际组织中处于相对弱势的三方面原因包括：其一，当其他国家呼吁增进国际主义和扩大政府间组织（IGOs）的作用时，中国乏善可陈，而是更关心来自国际组织的资源和利益，而不是在其中充当主要角色。其二，作为新手，中国尚未完全把握纷繁复杂的国际规则与条例。其三，1990 年代盛行的"中国威胁论"依然干扰着中国领导人，使他们做出限制参与政府间组织的决定以防其他国家将中国视为自己主权的威胁。⑤ 这三项考虑对中国智库造成很大的限制。不过，随着中国的研究机构与各国交流互动的增加，它们的决策影响力也在逐步增加。

## 中国智库对决策的影响与全球治理

进一步参与国际事务和国家间交流的加强促使中国领导人猛然意识到

---

① 麦克甘：《全球、区域和国家智库的趋势》，第 6 页。
② 陈丽霞（Chan Lai - Ha）等：《中国从事全球健康治理：过程和困境》，第 15 页。
③ 陈丽霞（Chan Lai - Ha）等：《反思全球治理：中国模式在形成？》。
④ 李成：《中国的新智库：官员、企业家和学者互动之处》。
⑤ 王红缨、詹姆斯·罗斯诺（James Rosenau）：《中国和全球治理》，第 22—23 页。

需要拓展处理全球事务所需的相关知识。越来越多的省部级官员从智库学者处寻求建议，这为提升智库对国家公共政策的影响力注入了新动力。

要准确分析中国智库对国内决策过程和全球治理的影响，必须首先意识到它们的独特性，即它们没有从中央政府那里获得自治，这一点是与其他国家不同的。沈大伟（David Shambaugh）在其文章中曾写到，中国不存在"独立的"国际关系智库。除了中国战略与管理研究会外，所有的智库都隶属于国务院部委或党中央、中国人民解放军的直辖部门。

过去大多数国际关系方面的智库由于上述隶属关系而很难独立发挥影响，1990 年代以后，组织机构和研究方法都经历了变革。特别是在方法上，它们从意识形态主导转向更具实践性、实证性和描述性的分析方法。同时，它们也更加关注国内国际系统变量的互动及其对国际关系的影响，因而显示出对国际组织（如世界银行和世贸组织）和世界政治的现实问题（如环境、军备控制等）更为通盘的考虑。[1]

中国智库对中央政策产生有效影响的途径因智库隶属关系的不同而不同。朱旭峰认为他所说的"半官方智库"是除政府以外在政策研究和政策咨询方面的关键构件。最好的例子是中国社会科学院和国务院发展研究中心。尽管这些是由中央政府资助并由政府官员担任其领导，但它们享有较高的自治权，因为它们被允许从其他政府部门有时甚至是从国际组织那里获取资助。如今随着政府预算的缩减，半官方智库已经变得越来越以市场为导向，并因此更加大胆地对政府措施展开批评。[2]

此外，依邦妮·格拉泽（Bonnie Glaser）和菲利普·桑德斯（Phillip Saunders）的看法，分析中国民间外交研究机构的特征同样有意义。这些研究中心不仅为领导层提供决策咨询，还开展学术研究、提供国内教育，也从国外收集情报，并对中国的外交政策制定施加影响。不断扩大横向联系（借助各种会议和沙龙）、延聘海归知识分子、开拓对外交流以及扩展研究主题成为提升民间智库能力在外交政策上的影响力的策略选择。[3]

---

① 沈大伟（David Shambaugh）：《中国和全球治理：安全领域》，第 575—596 页。

② 朱旭峰：《智库在中国决策过程中的影响：不同的方式和机制》。

③ 格拉泽（Bonnie Glaser）、桑德斯（Phillip Saunders）：《中国民间外交政策研究机构：角色演变和扩大影响》，第 597—616 页。

而且，中国研究机构增强对外交流、进一步介入跨国事务的持续努力表现出它们意欲在全球世界治理中扮演更重要的角色。中国智库的分析家们最近在印度核试验事件尘埃未定时就访问了印度，这次出访有助于深化对新德里的战略意图和战略威胁的认识，该问题在中国国内相当敏感。另外，中国研究者和他们的朝鲜同行的对话已成为官方双边关系低迷时平壤和北京的重要连接。中美智库之间的互动也已间接影响到中国的对美外交政策和对台政策。这些都是智库通过加强交流对全球治理和国际关系施以更大影响的例子。

再者，中国分析家们通过参与双边和多边会议表达出他们对美国的单极倾向的反对，并试图争取外界对中国自己的政策的同情。在中美日三方会议上，他们表示出对美日同盟的加强的严重关切，在蒙特瑞国际研究学院和中国国际问题研究所主办的中美战略与经济对话会议上抱怨美国的对台军售。在过去数年里，中国学者通过与国外学者互动，努力把他们的信息传达给美国政府。例如，在《美日防卫指针》修订之前，中国学者说服到访的日本人和美国人将中国台湾从指针覆盖范围中排除。在 1999 年和 2000 年，他们警告美国不要向台湾地区出售宙斯盾驱逐舰。[①] 然而，上述活动显示了中国政策开放性中一种新奇的转变，其中蕴含的影响国际关系的可能还尚待观察。

中国智库的存在在今天可以帮助中国领导人按照科学客观的标准制定政策，同时有助于加深人们对中国如何制定外交政策的理解，或许还能在对外开放和交流的过程中自内影响到政治进程。

## 结　论

前中国国务院副总理曾培炎卸任后不久，当选为中国国际经济交流中心执委会主席。该中心于 2011 年在北京成立，是一家规格很高的智库。中国各官方媒体公布了此消息并将这家新机构定位为"中国顶级智库"及"超级智库"。许多前中国政府高官获聘任职于该机构董事会。该机构也高

---

① 格拉泽（Bonnie Glaser）、桑德斯（Phillip Saunders）：《中国民间外交政策研究机构：角色演变和扩大影响》，第 608 页。

调举办了启动仪式。

中国国际经济交流中心的初期研究议题雄心勃勃，其中包括持续蔓延的金融危机、中国崛起及国际金融新秩序、中美战略合作、外国政府及国际机构（包括世界银行、国际货币基金组织和世贸组织等）的决策体系，以及智库在政府经济政策制定中所扮演的角色。

其他包括中国社会科学院、上海社会科学院及中国现代国际关系研究院在内的一批中国智库在国际会议中的知名度日益攀升，对全球范围同行机构的影响力亦与日俱增。这些努力也许旨在：1）加强经济、外交和国防政策领域主要智库的机构联系，用以增强中国的影响力；2）调查组织模式和研究项目，按照中国背景做出选择性的调整；3）在涉及国家利益的问题上增加中国在全球和区域性国际组织中的影响力；4）进行传统的情报收集。尽管透明度在增加，但很多中国智库对外界来说依然像个黑匣子或谜团，国内外的学者难以收集到甚至是最基本的相关资料。笔者十余年来一直从事有关中国大陆、香港和台湾地区的智库状况的研究，但也仅仅触及表面，一方面是笔者虽多次访问中国但没有持续逗留过，也没有从本应能支持我研究的经验资料中收获更多。

尽管中国智库能够影响公共政策的空间可能不像西方主要国家那样开阔，但其研究领域正在得以扩展，这暗示着中国智库对全球治理的影响力正在提升。在可预见的未来，政府智库在政策共同体中将继续具有最大的影响力。不过，独立智库在数量、水平和影响上也将逐渐成长，这会进一步加强中国同世界的沟通与融合。最近，很多中国智库在探讨当代跨国问题，如南北经济关系、全球化、恐怖主义、区域经济和安全合作。这表明随着这些机构知识积累的增长，它们在国内国际公共政策问题上的信心和专业水平也将提高。中国大多数的智库仍与中央政府保持紧密的联系，这种关系一方面可能成为其发挥决策影响力的障碍，然而从另一个角度看，必须承认，当某个研究机构以一个强大经济体的可持续资源作为支撑时，它就有累积知识的无限机会。

# 中国新智库:官员、学者和企业家的互动之地<sup>*</sup>

中国新智库:官员、学者和企业家的互动之地<sup>*</sup>

李 成/文 王演兵/译

中国智库已开始具备"旋转门"（revolving door）（这个早已被其他国家用来描述智库的比喻）的运转机制，大型国有企业和国内（或总部位于香港的）私人企业通过向智库贡献资金，其领袖往往在智库管理方面起到了至关重要的作用而这些智库与对这些企业业务具有强烈影响的政府政策具有互动关系。与此同时，越来越多受过海外教育的"海归"人员发现，智库是一个理想的跳板机构，他们可以从智库起步，重新融入中国政治体制，并在塑造公众话语方面发挥自己的作用。中国国际经济交流中心、中国经济 50 人论坛以及北京大学中国经济研究中心是中国三大著名的智库，而通过仔细观察这三大智库的形成会为权力、财富和知识三者之间长期而复杂的关系增加一种新的分析方法。

在中华人民共和国（中国）60 年的历史当中，中国的政治、经济和文化精英们从来没有像 2009 年这样对智库如此重视。3 月，国务院批准在北京成立一家新的智库，中国国际经济交流中心，并立即获得了"超级智库"的绰号。<sup>①</sup> 一位重量级政治人物，国务院原副总理曾培炎担任这家智库的理事长，还有数位现任或前任部级官员、财力赫赫的商界领袖和国际知名学者被任命为副理事长。

4 个月之后，中国国际经济交流中心举办了一次国际会议，会议内容包括金融危机以及智库就全球性重大事项在促进国际合作方面的作用。这

---

* 原文题名：China's New Think Tanks：Where Officials，Entrepreneurs，and Scholars Inter-act；原文出处：*China Leadership Monitor*，2009，Vol. 29，pp. 1—21。

① http：//business. sohu. com/20090403/n263180355. shtml，2009 年 4 月 3 日访问。

次所谓的"全球智库峰会"（Global Think Tank Summit），吸引了大约900人参加。其中150人是中外前任或现任政府领导人以及如世界银行和联合国贸易和发展会议（UNCTD）等国际机构的官员，大约有450人来自世界各地的学者和智库代表，大约200人是商界人士，还有150名媒体记者。[①] 在这次会议上亮相的还有中国的高层领导人，其中，国务院总理温家宝在会议期间会见了贵宾，国务院常务副总理李克强发表了主题演讲。在长达几乎一个星期的会议期间，中国各大媒体以头条新闻的形式进行了广泛报道。[②]

中国国际经济交流中心并非近年来高调从事政策讨论或广泛进行国际交流的唯一一家智库。被称为"中国经济50人论坛"的学术协会拥有50位中国最知名的经济学家和政府技术官僚。这家智库定于8月下旬与美国经济学家就采取措施推动全球范围内的经济复苏方面举行深度对话。同样，这家由中国杰出的战略思想家之一郑必坚领导的机构——中国战略与管理研究会——将在秋季举办一次以"中美清洁能源伙伴关系战略论坛"（Strategic Forum for a U. S. – China Clean EnergyPartnership）为主题的会议。这两次会议都是由美国一家知名智库布鲁金斯学会参与共同主办的，并且都将在北京钓鱼台国宾馆（Diaoyutai State House）举行。与前述中国国际经济交流中心所举办的峰会一样，中国高层领导人有望出席这两次大会并发表讲话。

与它们在西方常把独立于政府视为其信誉的同行相比，中国智库常常努力与政府建立紧密的纽带关系，并且尤为重视与中国领导层的密切联系。根据其章程，中国国际经济交流中心"接受业务主管单位国家发展和改革委员会（国家发改委）……的指导和监督"。国家发改委的职权是对中国经济进行宏观管理，它被人们广泛认为是中国政府最重要的一个部委。中国国际经济交流中心与中国领导层密切联系的另一个表现是它在地理位置上接近权力控制机构——它目前的办公地点离中南海只有几百米

---

① 关于中国国际经济交流中心的网站以及"全球智库峰会"，见 http：//www. cciee. org. cn/temp/index. asp。

② 中国各大新闻杂志以此次会议作为其封面文章。参见，诸如《环球》（*Globe*）2009 年第13 期。

远，而中南海是党中央和国务院总部所在地。①

智库在中国的重要性不断增长，并有能力频频参与国际交流，就中国于世界舞台上崛起这一大背景下，是可以理解的。现在，很多中国人都意识到，国家不仅处于深刻的社会经济变革之中，而且迅速成为全球事务的主要参与者。他们希望了解中国所面临的错综复杂的挑战，以便对其所涉及的问题采取理智的立场。

### 智库当中的三路精英

对中国智库的构成进行详细分析，尤其是分析新近成立的中国国际经济交流中心，人们就会了解一些关于智库的重要发展情况。最值得一提的是，三路各具特色的精英人士——在职的或退休的政府官员、企业领袖和公共知识分子——通过这些半政府组织在促进他们个人的影响、机构的利益和政策的能动性方面，已经变得日益活跃。在当今中国，智库不仅已经成为政府退休官员追求自己职业生涯新阶段的重要场所，而且成为重要的机构会议所在地，官员、企业家和学者们可以互动其间。

这种新现象表明，这三大精英群体之间的关系以及他们在政策规划方面的相对重要性可能开始发生改变。有三大发展趋势值得我们注意。首先，现在越来越多的政府和党的领导人寻求在职期间或退职之后在著名智库和大学取得职位。其次，在强烈影响企业的商业活动的政府政策上，大型国有企业和国内（或总部位于香港的）私人公司的商业领袖通过在金融方面促进智库对这些政策做出自然的反应，在智库管理方面获得了至关重要的影响作用。最后，现在在这三足鼎立的智库精英群体当中，公共知识分子已经成为与其他两组精英人士几乎平等的伙伴，尤其是那些在西方国家获得博士学位的著名经济学家。事实上，伴随着在国外受过教育的海归人员逐渐成为政府领导人，官员和学者之间曾经一度清晰的区分在一定程度上变得模糊起来。审视诸如中国国际经济交流中心这样的智库，有助于阐明这三大趋势，从而更好地了解中国政治制度和政策制

① 参见 http://news.backchina.com/2009/6/29/46808.html，2009 年 6 月 29 日访问。

定过程中的重要动力。

## 智库在中国的演变

对于中国而言，智库（或思想库）绝非新生事物。事实上，人们可以说智库早在孔子时代就在这个国家发挥着重要作用。但是，自中华人民共和国成立以来，特别在它的前30年间，智库的角色和影响在很大程度上取决于最高领导人的喜好与性格。毛泽东并不重视现代科学和技术，无视政府政策的合理性，并把知识分子归入相当低下的社会阶层之中。在毛泽东时代的重大决策，如发动"文化大革命"，把中国的国防工业搬迁至所谓的内地"三线地区"，以及在20世纪70年代初与美国和好，主要是由毛泽东一个人做出的。[①]

虽然邓小平在其执政时期极大地提高了知识分子的经济和社会政治地位，但他觉得在做出决定时没有必要咨询智库。事实上，他所做出的最重要的决定，如在中国南方以及在上海浦东建立经济特区，在很大程度上被归功于他本人的远见卓识和政治勇气。在他最后的那些年头，邓小平宁肯听他女儿们的闲谈，也不愿阅读专家们的报告。当胡耀邦和赵紫阳在20世纪80年代主管党和政府的政治和经济事务的时候，他们那批通常作为政府和中央智库谋士的自由知识分子的"守护神"，后来这些学者当中的一部分卷入政治风波，其结果则是他们不得不寻求西方的庇护。虽然有些人认为，1989年的政治事件导致了一些智库的关闭，但是在随后的20年间，智库系统存活了下来，并且变得更加制度化了。这在很大程度上归因于这样一个事实：中国日益融入世界经济，需要更多具有专业知识背景的学者，尤其是在国际经济和金融领域。毫无疑问，江泽民、朱镕基，以及他们同时代的技术官僚型领导人比他们的前任更加重视智库的作用。

已受到广泛关注的是，在20世纪90年代初，江泽民经常收到来自复旦大学、华东政法大学、上海社会科学院以及上海国际问题研究院等位于

---

① 胡鞍钢用这三个例子把毛泽东时代描述为个人决策时代。参见 http://www.people.com.cn，2003年1月9日访问。

上海的机构学者们的意见。事实上，在整个 20 世纪 90 年代，几位具有海外研究领域经历的著名青年学者从上海调入北京，与江泽民在政策策划、宣传、台湾事务以及外交关系等领域进行紧密合作。例如，复旦大学法学院前院长王沪宁，后来担任江泽民的个人助理，并现任中共中央政策研究室主任。李君如，这位在上海社会科学院度过其大半学术生涯的学者，后来担任中共中央党校副校长。人们认为在江泽民所提出的"三个代表理论"中，这两个人起着重要的作用。

国务院前总理朱镕基在 20 世纪 80 年代和 90 年代初也高度依赖一些学者的意见。这些学者包括国务院发展研究中心（Development Research Center of the State Council,）研究员吴敬琏，以及曾经担任朱镕基的个人助理的楼继伟，他后来成为财政部常务副部长，现在是中国投资有限责任公司董事长。

继江泽民之后，胡锦涛在 20 世纪 90 年代后期，也就是在他担任中共中央党校校长期间，将中共中央党校转变成为一家著名的智库。过去的 10 年间，中共中央党校在研究中国的国内政治和国际关系方面已经成为一个领先的研究中心，并发挥着重要作用。中国最杰出的两位战略思想家郑必坚（中共中央党校原副校长）和王缉思（中共中央党校国际战略研究所原所长、北京大学国际关系学院原院长），都为孕育胡锦涛的"中国的和平崛起"（China's peaceful rise）理论发挥了至关重要的作用。①

王沪宁、李君如、郑必坚和王缉思均具有双重身份，既是官员又是学者。事实上，他们在许多方面更像政府机关官员，而不像学术机构成员。然而，他们与最高领导人之间的密切接触，以及他们对中国决策过程所具有的巨大影响力，也有利于加强智库在当今国策制定中的独特作用。当然，大多数智库成员并不如同这些知识分子名流一样接近权力中心。许多智库成员选择采用更独立的立场，并通过对现行政策提出更具批评性的意见对中国的决策过程施加影响。

---

① 对于中国和平崛起理论的详细讨论，参阅郑必坚《中国的和平崛起：郑必坚 1997—2004 年的演讲》（*China's Peaceful Rise：Speeches of Zheng Bijian* 1997—2004）。华盛顿特区：布鲁金斯学会（Washington, DC：The Brookings Institution,），2005 年。

两名官方报纸《人民日报》的资深记者——凌志军和马立诚——在1999 年出版的《呼喊》一书中指出，后邓小平时代的中国存在五种不同的声音：（1）主流社会的声音，它追随邓小平的改革政策；（2）教条主义的声音，它主张回归到社会主义计划经济；（3）民族主义的声音；（4）受新儒学（neo - Confucianism）与亚洲价值观（Asian values）影响的封建主义的声音；（5）民主的声音。作者明确地主张一个多元化的前景，并非常乐观地看好第五种声音，即"民主的声音"。①

虽然相比于"从外部革命"而言，智库成员更倾向于"从内部改革"，但他们特定的意见、价值观和愿景却往往各异。有些人可能如《华盛顿邮报》驻京记者所观察到的那样，"身处体制之内却与之格格不入"。② 其他成员，尤其是在大学或私营部门工作的成员，可能既有兴趣与政策制定者合作，又有兴趣揭露中国在政治制度和社会经济政策方面的缺陷。这些知识分子并不认为这些看似矛盾的努力有何不当，相反，他们将其视为对中国决策过程施加影响的有效途径。

虽然凌志军和马立诚在 10 年之前所分门别类的知识多元化在最近几年才发展起来，但是今天的中国智库往往专注于中国的几个关键问题：中国经济在世界上的崛起、国内政治稳定、社会正义、能源安全和国际形象。③ 主流官方智库利用丰富的人力和财力资源掌控政策话语。一群新兴的由私人建立与运作的智库，比如天则经济研究所和"自然之友"，仍然只是政

---

① 凌志军和马立诚：《呼喊：当今中国的五种声音》，广州出版社 1999 年版。

② 史蒂文·穆福森（Steven Mufson）：《下一代》（*The Next Generation*），载《华盛顿邮报》（*Washington Post*）1998 年 6 月 18 日 A1 版。

③ 关于过去 10 年中国智库的更多讨论，参见穆雷·司各特·坦纳（Murray Scot Tanner），《中国在变，视窗也变："智库"系统的演变和公安系统的情况》（*Changing Windows on a Changing China：The Evolving "Think Tank" System and the Case of the Public Security Sector*），载《中国季刊》（*China Quarterly*）2002 年第 171 期。这期刊物还有其他由贝茨·吉尔（Bates Gill）、邦尼·格拉泽（Bonnie Glaser）、詹姆斯·穆尔维农（James Mulvenon）、巴里·诺顿（Barry Naughton）、菲利普·桑德斯（Phillip Saunders）和沈大伟（David Shambaugh）等人所撰写的优秀论文，对事关中国智库的范围广泛的问题进行了讨论。关于中国学者所进行的研究，参见朱旭峰《智库在中国政策过程当中的影响：不同的路径与机制》（*The Influence of Think Tanks in the Chinese Policy Process：Different Ways and Mechanisms*），载《亚洲调查》（*Asian Survey*）2009 年第 49 卷第 2 册；朱旭峰和薛澜《中国转型期的智库》（*Think Tanks in Transitional China*），载《公共管理与发展》（Public Administration and Development）（2007 年 12 月）。

策制定和制造公共舆论方面的广阔图景中的边缘性参与者。① 在 2006 年于北京举行的新中国历史上的"首届中国智库论坛"上，中国官方指定了中国的 10 大智库，从而进一步巩固了那些更老牌更成熟的机构的地位和影响力（见表1）。

这 10 大智库都被认为是受到国家资助的机构。虽然这个列表当中没有中国最新成立的智库，但进入这一列表的智库，成立于中华人民共和国的各个不同时期。这前 10 大智库当中，最年轻的是成立于 23 年前的中国太平洋经济合作全国委员会（China National）。这些智库当中的一部分是庞大的政府机构，拥有大量员工。例如，中国社会科学院目前拥有 31 家科研机构和 45 个研究中心，以及 4200 名员工，其中 3200 人是研究人员（这些数字不包括中国社会科学院的省级分支机构）。② 中国现代国际关系研究所由国家安全部管理，其规模要小很多，但是仍然拥有 380 名员工，包括 150 名高级研究员。③ 这些排名前 10 位的智库当中至少有一半专注于中国的外交关系和国际事务。尽管其中有一些智库，包括国务院发展研究中心和中国太平洋经济合作全国委员会，主要关注经济问题，但是没有任何一家智库是由在经济事务方面具有强大背景的经济学家牵头的。

表1             **中国前 10 大智库**

**（由中国官方于 2006 年在北京举行的"首届中国智库论坛"发布）**

| 排名 | 智库名称 | 现任领导人 | 成立时间 | 所在地点 |
|---|---|---|---|---|
| 1 | 中国社会科学院 | 陈奎元 | 1977 年 | 北京 |
| 2 | 国务院发展研究中心 | 张玉台 | 1981 年 | 北京 |
| 3 | 中国科学院 | 路甬祥 | 1949 年 | 北京 |
| 4 | 中国人民解放军军事科学院 | 刘成军 | 1958 年 | 北京 |
| 5 | 中国国际问题研究所 | 马振岗 | 1956 年 | 北京 |
| 6 | 中国现代国际关系研究院 | 崔立如 | 1980 年 | 北京 |
| 7 | 中国太平洋经济合作全国委员会 | 梅 平 | 1986 年 | 北京 |

---

① 天则经济研究所的更多信息，请参见 http：//www. unirule. org. cn/Secondweb/TianZe-JianJie. asp。

② http：//www. cass. net. cn/about/wygk. htm。3200 名研究人员当中，1676 人是高级研究员。

③ http：//www. cicir. ac. cn/tbscms/html/byjj. asp。

| 排名 | 智库名称 | 现任领导人 | 成立时间 | 所在地点 |
|------|---------|-----------|---------|---------|
| 8 | 中国科学技术协会 | 韩启德 | 1958 年 | 北京 |
| 9 | 中国国际战略学会 | 熊光楷 | 1979 年 | 北京 |
| 10 | 上海国际问题研究院 | 杨洁勉 | 1960 年 | 上海 |

在一定程度上，这些"赫赫有名"的智库以及它们的后来者，比如中国国际经济交流中心，都一样与中国政府具有密切关系。然而，前者发现自己越来越难以比肩国内国际环境并确保其研究议程、人事、财务资源和国际交流能够跟上步伐。至少有三个因素推动了设立新型智库并更有前瞻性，更具创新性地思考中国的未来发展。首先，强人政治的终结，以及集体领导体制的出现，都推动了官员通过智库的支持来寻求增加政策的合法性。其次，中国日益融入世界经济，需要具有专业知识的学者特别是专门从事国际投资和融资的学者的参与。最后，中国的市场经济的快速发展，不仅使中国经济和社会政治结构变得更加多元化，而且产生了许多新的利益集团。这些利益集团，特别是商界的利益集团，现在小心谨慎地进行活动，以求影响政府政策和公众舆论。所有这三个因素，在中国国际经济交流中心设立之初以及此后的组合过程之中，都是显而易见的。通过仔细观察中国领导层和国家著名智库之间的动态交往情况，以及如上所述的三方参与者之间的动态交往情况，都有助于弄清中国政治的重要发展趋势。

## 为官员们设立的"旋转门"

在过去的 20 年里，中国党和政府的官员究竟在何种程度上受制于退休年龄的约束，一直是中国政治体制化的一个重要指标。[①] 值得注意的是，在 2007 年举行的中国共产党第十七次全国代表大会上，所有 1940 年以前出生的领导人集体退出中国共产党中央委员会，无一例外。这种对退休年龄的规定，增加了精英流动方面的规律感和公平感，有利于终结中国领导人的终身制。政治局的几位前高级领导人，包括当时的国家副主席曾庆红

---

① 有关这一主题的详细讨论，请参见梅拉妮·马尼恩（Melanie Manion）《中国革命家的退休》（*Retirement of Revolutionaries in China*）。新泽西州普林斯顿：普林斯顿大学出版社（Princeton, NJ：Princeton University Press），1993 年。

（生于 1939 年）、国务院副总理吴仪（生于 1938 年），以及国务院副总理曾培炎（生于 1938 年），均告退休。商务部原部长吴仪，这位最受广泛尊敬的女性国家领导人之一，对媒体表示，她决心"从所有领导职务裸退"。① 她并不是唯一的一个例子。事实上，几乎所有其他高层领导人，江泽民、李鹏、朱镕基、曾庆红、李瑞环以及乔石，自从退休以来，已经基本上从公众的视线之中消失了。他们当中现在没有任何人担任任何重要的国家领导职位。

这种政治规范似乎以最近任命前副总理曾培炎担任中国国际经济交流中心理事长而开始发生改变。在重大机构担任非名誉主席职位的前领导人当中，曾培炎是官阶最高的官员。在此之前，中共中央党校副校长郑必坚，以及中国人民解放军副总参谋长熊光楷也从国家领导职务退下来，转而担任智库领导，他们所在的智库分别是中国改革开放论坛和中国国际战略学会，但他们还只是部级领导。另一位国务院前副总理钱其琛，则担任了北京大学国际关系学院名誉院长，但他没花什么时间在这个学院的事务上。

任命前高级官员为中国国际经济交流中心领导人，以及随后的媒体报道，可能为其他退休的中国高级官员在智库、大学和其他重要机构的领导层追求事业开拓了道路。与其他国家的智库一样，中国智库已经日益变成过去和未来政府官员的一座"旋转门"。

表 2 列明了中国国际经济交流中心的领导成员的组成，包括理事长、顾问和副理事长。在具有政府或党的背景的人员占有大部分领导职务之外，一些著名学者和商界领袖也赫然位列其中。除了曾培炎，另有一些前高级领导人（部长或省长）在中国国际经济交流中心的领导层任职，包括外交部原部长唐家璇、中共中央财经领导小组办公室原主任王春正、中共中央外事办公室原主任刘华秋、中共中央政策研究室原主任滕文生、广东省原省长卢瑞华，以及云南省原省长徐荣凯。所有这些退休领导人的年纪都是 70 岁左右。

---

① 《广州日报》2008 年 3 月 18 日第 1 页。另请参见 http：//news.dayoo.com/china/news/2008 - 03/18/content_3335387.htm。

表2　　　　　中国国际经济交流中心（CCIEE）领导成员一览①

| 在 CCIEE 的职位 | 姓 名 | 其他目前/此前任职 | 出生年份 | 主要身份 | 教育背景 | 教育水平 |
|---|---|---|---|---|---|---|
| 理事长 | 曾培炎 | 国务院原副总理 | 1938 年 | 官员 | 清华大学 | 本科 |
| 顾问 | 董建华 | 全国政协副主席、香港特别行政区原行政长官 | 1937 年 | 企业家 | 利物浦大学 | 本科 |
| 顾问 | 蒋正华 | 全国人民代表大会常务委员会、副委员长 | 1937 年 | 学者 | 西安交通大学印度孟买国际人口科学研究院 | 硕士 |
| 顾问 | 唐家璇 | 外交部原部长 | 1938 年 | 官员 | 北京大学、复旦大学 | 本科 |
| 顾问 | 徐匡迪 | 中国工程院院长上海市原市长 | 1937 年 | 官员 | 北京钢铁学院 | 本科 |
| 执行副理事长 | 王春正 | 中共中央财经领导小组办公室原主任 | 1938 年 | 官员 | 中国人民大学 | 硕士 |
| 执行副理事长 | 厉以宁 | 北京大学教授 | 1930 年 | 学者 | 北京大学 | 本科 |
| 执行副理事长 | 刘遵义 | 中国香港大学 | 1944 年 | 学者 | 斯坦福大学加州大学伯克利分校 | 博士 |
| 执行副理事长 | 张晓强 | 国家发展与改革委员会副主任 | 1952 年 | 官员 | 北京大学 | 本科 |
| 执行副理事长 | 陈 元 | 中国国家开发银行董事长 | 1945 年 | 企业家 | 清华大学、中国社会科学院 | 硕士 |
| 执行副理事长 | 钱颖一 | 清华大学经济管理学院院长 | 1961 年 | 学者 | 清华大学、哈佛大学耶鲁大学、哥伦比亚大学 | 博士 |
| 执行副理事长 | 魏礼群 | 国家行政学院副院长 | 1944 年 | 官员 | 北京师范大学 | 本科 |
| 常务副理事长 | 郑新立 | 中共中央政策研究室原副主任 | 1945 年 | 官员 | 北京钢铁学院中国社会科学院 | 硕士 |
| 副理事长 | 冯国经 | 国际商会主席 | 1945 年 | 企业家 | 麻省理工学院、哈佛大学 | 博士 |
| 副理事长 | 卢瑞华 | 广东省原省长 | 1938 年 | 官员 | 中山大学 | 硕士 |

①　译注：中国国际经济交流中心网站显示，吕祖善（浙江省原省长）以及中国国际经济交流中心秘书长魏建国也是中国国际经济交流中心副理事长，其中吕祖善列于刘华秋与张玉台之间，魏建国列于戴相龙之后（参见 http：//www.cciee.org.cn/NewsInfo.aspx？NId＝202），但原文表格没有列出。

续表

| 在 CCIEE 的职位 | 姓 名 | 其他目前/ 此前任职 | 出生年份 | 主要身份 | 教育背景 | 教育水平 |
|---|---|---|---|---|---|---|
| 副理事长 | 刘华秋 | 中共中央外事办公室原主任 | 1939 年 | 官员 | 外交学院 | 本科 |
| 副理事长 | 张玉台 | 国务院发展研究中心主任 | 1945 年 | 官员 | 北京航空研究所 | 本科 |
| 副理事长 | 张国宝 | 国家发展和改革委员会副主任 | 1944 年 | 官员 | 西安交通大学 | 硕士 |
| 副理事长 | 李荣融 | 国务院国资委主任 | 1944 年 | 官员 | 天津大学 | 本科 |
| 副理事长 | 徐荣凯 | 云南省原省长 | 1942 年 | 官员 | 清华大学 | 本科 |
| 副理事长 | 楼继伟 | 中国投资有限责任公司董事长 | 1950 年 | 企业家 | 清华大学、中国社会科学院 | 硕士 |
| 副理事长 | 滕文生 | 中共中央政策研究室原主任 | 1940 年 | 官员 | 中国人民大学 | 本科 |
| 副理事长 | 戴相龙 | 全国社会保障基金理事会理事长 | 1944 年 | 官员 | 中央财政金融学院 | 本科 |
| 秘书长 | 魏建国 | 商务部原副部长 | 1947 年 | 官员 | 上海外国语大学 | 本科 |

新华社报道说，中国国际经济交流中心领导层的形成和组成反映了为继续发挥退休高级官员"余热"所做出的努力。[1] 过去的 10 年左右，中国政府通常把达到退休年龄的高级领导人在全退之前转入不太重要的领导机构，如全国、省级或市级的人民代表大会或政治协商会议。现在看来，这些退休或半退休的领导人，将会开始加入注重政策研究和世界事务的重要智库或教育机构担任领导人。[2]

表 3 对在国际事务、新闻和经济管理方面的学院担任院长或名誉院长的前任或现任政府高级官员进行了归类。前外交部部长李肇星目前担任两个学院的院长，即位于天津的南开大学周恩来政府管理学院院长和外交学院的外交与国际关系学院院长。前外贸部副部长及中国加入世界贸易组织时的首席谈判代表龙永图担任复旦大学国际关系与公共事务学院院长。北京三所顶尖学府北京大学、清华大学和中国人民大学的新闻与传播学院的院长，现在都由退休的政府和党的高级领导人担任，他们都曾经主管宣传工作。表 3 也表明，两位现任部长，即负责国家金融和经济事务的人民银

---

[1] 参见 http://news.dayoo.com/china/200904/16/53868_5726098.htm。新华社，2009 年 4 月 16 日。

[2] 同上。

行行长周小川和国有资产监督管理委员会（国资委）主任李荣融，分别担任中国科技大学管理学院和天津大学管理学院的名誉院长。

李荣融还与其他几名现任部级领导一道担任中国国际经济交流中心副理事长，其中包括国务院发展研究中心主任张玉台和国家发改委两位副主任张晓强和张国宝。此外，国家行政学院常务副院长魏礼群和全国社会保障基金理事会主任戴相龙也都是国务院的正部级领导。在中国国际经济交流中心领导层中，现任政府官员的阵容强大，这似乎表明智库并不一定就是政治人物职业生涯的"终点站"。恰恰相反，中国顶尖智库的"旋转门"可以帮助现有成员在将来向更高的职位推进。人们广泛认为，在中国国际经济交流中心领导层内部，56 岁的官员张晓强、48 岁的学者钱颖一等，都是中国政治和经济要员当中冉冉升起的星星。

**表 3　　在教育机构担任学院院长/名誉院长的现任/前任政府官员一览**

| 学术领域 | 姓　名 | 现任/曾任官职 | 在教育机构所担任的职位 |
|---|---|---|---|
| 国际关系 | 钱其琛 | 国务院原副总理 | 北京大学国际关系学院名誉院长 |
| | 李肇星 | 外交部原部长 | 南开大学周恩来政府管理学院院长<br>外交学院外交与国际关系学院院长 |
| | 龙永图 | 外贸部原副部长 | 复旦大学国际关系与公共事务学院院长 |
| | 陈　健 | 联合国原副秘书长 | 中国人民大学国际关系学院院长 |
| | 熊光楷 | 中国人民解放军总参谋部原副部长 | 上海交通大学国际与公共事务学院名誉院长 |
| 新闻学 | 赵启正 | 国务院新闻办公室原主任 | 人民大学新闻学院院长 |
| | 邵华泽 | 人民日报社原社长 | 北京大学新闻与传播学院院长 |
| | 范敬宜 | 人民日报前总编辑 | 清华大学新闻与传播学院院长 |
| | 龚学平 | 中共上海市委原书记 | 复旦大学新闻学院名誉院长 |
| | 宋　超 | 中共上海市委宣传部原副部长 | 复旦大学新闻学院院长 |
| 管理学 | 周小川 | 人民银行行长 | 中国科技大学管理学院名誉院长 |
| | 李荣融 | 国务院国资委主任 | 天津大学管理学院名誉院长 |
| | 卢瑞华 | 广东省原省长 | 中山大学管理学院名誉院长 |
| | 蒋以任 | 上海市原副市长 | 上海交通大学安泰经济与管理学院名誉院长 |
| | 刘　吉 | 中国社会科学院原副院长 | 中欧国际工商学院名誉院长 |
| | 李金华 | 审计署原审计长 | 华中科技大学管理学院名誉院长 |
| | 成思危 | 全国人大常委会原副委员长 | 中国科学院研究生院管理学院院长 |

中国智库的"旋转门"功能，特别在促进精英人士向上层流动方面，也许在中国经济 50 人论坛表现得最为明显。这一论坛成立于 1998 年，并声称把在北京最有成就的学院派经济学家纳入麾下。论坛的宗旨是就主要经济问题向政府提供政策建议。在过去的 10 年当中，该论坛举办年会、经济政策系列讲座、内部圆桌讨论会、学术研讨会、对外交流，并向国家领导人提供政策简报。①

论坛由七名成员组成的学术委员会领导，包括国家最有影响力的经济学家和政府技术官僚：国务院发展研究中心研究员吴敬琏、人民银行货币政策委员会委员樊纲、中共中央财经领导小组办公室副主任刘鹤、世界银行高级副行长兼首席经济学家林毅夫、人民银行副行长兼国家外汇管理局局长易纲、国家税务总局副局长许善达，以及人民银行原副行长、全国人民代表大会财政经济委员会现任副主任吴晓灵。引起广泛注意的是，吴敬琏曾经担任过朱镕基总理的关键顾问之一。刘鹤目前也为国家主席胡锦涛担任相同角色。论坛具有常设员工队伍，其进行日常运作和上述活动。论坛也有一个企业家理事会，由两名著名商界领袖领导，他们是四通集团董事长段永基和联想控股董事长柳传志。

在表 4 所列出的论坛全部 50 名成员当中，大部分具有学者和官员的双重身份。从他们目前所主要从事的专业工作来看，25 人（占 50%）属于政府官员，并且许多人担任部级领导职务，包括在中国经济和金融领导层当中一些最重要的职位。在 1998 年论坛成立时，这 25 名在任官员当中的 14 名以智库研究员或大学教授身份从事工作。比如，林毅夫当时是北京大学教授。10 年之后，他和其他许多人已经亲自参与中国的经济决策过程。

这一团体最突出的领导是人民银行行长周小川、国家税务总局局长肖捷、国务院研究室主任谢伏瞻、国家统计局局长马建堂、中央农村工作领导小组办公室副主任陈锡文、中共中央财经领导小组办公室副主任刘鹤和中国人民银行副行长易纲。论坛的几名成员目前担任权力巨大的中共中央

① 关于这一论坛的详细介绍，请参见其网站 http://www.50forum.org.cn/%5Cindex_about.asp。

委员会委员（周小川、郭树清、肖捷、楼继伟）或中共中央纪律检查委员会委员（谢伏瞻）。大量退休官员担任中国国际经济交流中心的领导职位，以及中国经济学家 50 人论坛许多学者从政，这都表明中国著名智库的大门已在旋转。

表 4　　　　　　　　　中国经济 50 人论坛成员一览表

| 姓　名 | 出生年份 | 现任学术职位 | 现任官方职位 | 主要身份 | 学　位 |
|---|---|---|---|---|---|
| 蔡　昉 | 1956 年 | 中国社会科学院人口与劳动经济研究所所长 | 人力资源和社会保障部专家委员会委员、顾问 | 学者 | 博士 |
| 曹远征 | 1954 年 | 复旦大学客座教授 | 中银国际控股有限公司副执行总裁 | 企业家 | 博士 |
| 陈东琪 | 1956 年 | 中国社会科学院研究员 | 国家发改委宏观经济研究院副院长 | 官员 | 博士 |
| 陈锡文 | 1950 年 | 中国人民大学教授 | 中共中央农村工作领导小组办公室副主任 | 官员 | 文学学士 |
| 樊　纲 | 1953 年 | 国家经济研究所主任 | 中国人民银行货币政策委员会委员 | 学者 | 博士 |
| 范恒山 | 1957 年 | 武汉大学及中国人民大学客座教授 | 国家发展和改革委员会地区经济司司长 | 官员 | 博士 |
| 郭树清 | 1956 年 | 武汉大学、中国人民大学及中国社会科学院客座教授 | 中国建设银行董事长 | 企业家 | 博士 |
| 海　闻 | 1958 年 | 北京大学副校长 | 中国国际贸易促进委员会主任 | 学者 | 博士 |
| 贺力平 | 1958 年 | 北京师范大金融学院院长 | 中国经济体制改革研究基金会顾问 | 学者 | 博士 |
| 胡鞍钢 | 1953 年 | 清华大学国情研究中心主任 | 中国国土资源委员会委员 | 学者 | 博士 |
| 江小涓 | 1957 年 | 中国社会科学院教授 | 国务院研究室副主任 | 官员 | 博士 |
| 李剑阁 | 1949 年 | 中国社会科学院及上海财经大学教授 | 中国国际金融公司董事长 | 企业家 | 文学学士 |
| 李晓西 | 1949 年 | 北京师范大学经济与资源管理研究院院长 | 山西、陕西、青海省政府顾问 | 学者 | 博士 |
| 李　扬 | 1951 年 | 中国社会科学院副院长、教授 | 中国社会科学院 | 官员 | 博士 |
| 梁优彩 | 1943 年 | 中国国家信息委员会首席经济学家 | | 学者 | 理学士 |
| 林毅夫 | 1952 年 | 北京大学教授 | 世界银行高级副行长、首席经济学家 | 官员 | 博士 |
| 刘　鹤 | 1952 年 | 北京大学及中国人民大学客座教授 | 中共中央财经领导小组办公室副主任 | 官员 | 公共管理硕士 |
| 刘世锦 | 1955 年 | 中国社会科学院客座教授 | 国务院发展研究中心副主任 | 官员 | 博士 |
| 刘　伟 | 1957 年 | 北大党委常委，常务副校长 | 北京市政府顾问 | 学者 | 博士 |

| 姓 名 | 出生年份 | 现任学术职位 | 现任官方职位 | 主要身份 | 学 位 |
|---|---|---|---|---|---|
| 楼继伟 | 1950 年 | 中国社会科学院客座教授 | 中国投资有限责任公司董事长 | 企业家 | 硕士 |
| 龙永图 | 1943 年 | 复旦大学国际关系学院院长 | 博鳌亚洲论坛秘书长 | 官员 | 文学学士 |
| 马建堂 | 1958 年 | 北京师范大学及人民大学客座教授 | 国家统计局局长 | 官员 | 博士 |
| 茅于轼 | 1929 年 | 天则经济研究所所长 | | 学者 | 理学学士 |
| 钱颖一 | 1961 年 | 清华大学经济管理学院院长 | | 学者 | 博士 |
| 盛 洪 | 1954 年 | 山东大学教授 | | 学者 | 博士 |
| 石小敏 | 1950 年 | 中国经济体制改革研究会副会长 | | 官员 | 文学学士 |
| 宋国青 | 1954 年 | 中国社会科学院人口与经济研究所所长 | 中国证券交易委员会首席经济学家 | 学者 | 博士 |
| 宋晓梧 | 1947 年 | 人民大学及中国社会科学院教授 | 国务院振兴东北地区等老工业基地领导小组办公室副主任 | 官员 | 硕士 |
| 汤 敏 | 1953 年 | 中国发展研究基金会副秘书长 | | 官员 | 博士 |
| 汪同三 | 1948 年 | 中国社会科学院数量经济与技术经济研究所所长 | | 学者 | 博士 |
| 王 健 | 1954 年 | 中国社会科学院教授 | 中国宏观经济学会副秘书长 | 官员 | 学士 |
| 魏 杰 | 1952 年 | 清华大学中国经济研究中心副主任 | | 学者 | 博士 |
| 温铁军 | 1951 年 | 中国人民大学农业与农村发展学院院长 | 中国宏观经济研究基金会副秘书长 | 学者 | 博士 |
| 吴敬琏 | 1930 年 | 国务院发展研究中心研究员 | | 学者 | 理学学士 |
| 吴晓灵 | 1947 年 | 清华大客座教授 | 全国人民代表大会财政经济委员会副主任 | 官员 | 硕士 |
| 夏 斌 | 1951 年 | 中国人民大学客座教授 | 国务院发展研究中心金融研究所所长 | 官员 | 硕士 |
| 肖 捷 | 1957 年 | 中国社会科学院客座教授 | 国家税务总局局长 | 官员 | 博士 |
| 谢 多 | 1960 年 | 中国外汇交易中心总裁 | | 官员 | 硕士 |
| 谢伏瞻 | 1954 年 | 华中科技大学教授 | 国务院研究室主任 | 官员 | 硕士 |
| 谢 平 | 1955 年 | 中国人民大学、南开大学及中国社会科学院客座教授 | 中央汇金投资有限责任公司 | 企业家 | 博士 |
| 许善达 | 1947 年 | 清华大学及北京大学客座教授 | 国家税务总局副局长 | 官员 | 硕士 |
| 杨伟民 | 1956 年 | 清华大学客座教授 | 国家发展改革委员会发展规划司司长 | 官员 | 博士 |
| 易 纲 | 1958 年 | 北京大学教授 | 中国人民银行副行长 | 官员 | 博士 |

续表

| 姓　名 | 出生年份 | 现任学术职位 | 现任官方职位 | 主要身份 | 学　位 |
|---|---|---|---|---|---|
| 余永定 | 1948 年 | 中国社会科学院世界经济与政治研究所所长 | | 学者 | 博士 |
| 张曙光 | 1939 年 | 天则经济研究所 | | 学者 | 硕士 |
| 张维迎 | 1959 年 | 北京大学经济管理学院 | 中国经济改革研究基金会成员 | 学者 | 博士 |
| 张　祥 | 1941 年 | 上海交通大学管理学院院长 | 博鳌亚洲论坛秘书长 | 官员 | 博士 |
| 郑新立 | 1945 年 | 中国人民大学及中国社会科学院客座教授 | 中共中央政策研究室副主任 | 官员 | 硕士 |
| 周其仁 | 1950 年 | 北京大学中国经济研究中心主任 | | 学者 | 博士 |
| 周小川 | 1948 年 | 清华大学及中国科技大学客座教授 | 中国人民银行行长 | 官员 | 博士 |

资料来源：http://www.50forum.org.cn/index_expert.asp。

### 新的老板和新的资金来源

在中华人民共和国历史上的大部分时期，智库的资金一向由中国政府全额提供。政治官员一直是中国智库唯一的"老板"。然而在最近，经济全球化和中国的市场化改革，都深刻地改变了中国智库的运行方式。它们与其他国家的同行一样，支付薪金以及确保研究资金已经成为中国智库所关注的中心事项。并不令人惊讶的是，现在作为一种新的老板之一的商界领袖，在获取中国新智库领导权方面有着极大的存在感。这种趋势在中国国际经济交流中心表现得特别明显。

中国媒体已经报道说，中国国际经济交流中心已经立下了总共募集 5 亿元资金的目标，其中仅有 1％（500 万元人民币）来自中国政府。① 依照中国国际经济交流中心秘书长魏建国的说法，预计总共 96 名研究人员的研究经费和工资将在很大程度上依赖于这家机构的筹款运动。② 这就解释了为什么一些商界领袖目前担任了中国国际经济交流中心的顾问或副理事长等领导职位。香港特别行政区原行政长官董建华，目前是中国人民政治协商会议副主席。他还在位于香港的中美交流基金会任职。这个基金会的理

---

① 《人民日报》2009 年 6 月 19 日；另请参见 http://news.sina.com.cn/c/2009-06-19/012218047932.shtml。

② 《东方早报》6 月 3 日；另请参见 http://finance.qq.com/a/20090603/004913.htm。

事会包括几名世界级商界巨子，如恒隆集团主席陈启宗、会德丰有限公司主席吴光正以及合和实业有限公司主席胡应湘。这个基金会的宗旨是支持对中美关系来说比较重要的领域的研究工作，包括环境和气候变化、能源安全、反恐、核不扩散、粮食安全、多边贸易问题、国际金融秩序、控制流行病传播、贩毒，以及金融犯罪。[1]

利丰集团主席冯国经不仅担任董建华所在的中美交流基金会副主任，还担任中国国际经济交流中心的副理事长。他也是国际知名商务组织国际商会（International Chamber of Commerce）的主席。他的公司通常被认为是世界上最有影响力的贸易公司。作为一名中国公民，他被《福布斯》列入美国 2005 年最富有的 400 人之一。[2] 可以想象，董建华的公司和冯国经的公司都为中国国际经济交流中心提供了大量的经济支持。

中国主要银行和国有企业（SOEs）的几名首席执行官也在中国国际经济交流中心的领导机构任职。在中国，这些国有企业领导人往往具有双重身份。他们通常是由中共中央组织部任命而非由所在公司任命的政府官员，但他们也被公认为企业家，因为他们承担国内和国际业务风险，并且，如果他们的公司在证券交易所上市，那么他们也对股东负责。在中国的背景下，"企业家"既指私有财产的所有人，也指国有独资或合资企业的经理。因此，企业家被定义为通过个人收入资本化而拥有财产的人，或通过运营集体企业、全民企业或者合资企业而拥有财产的人。[3] 这种中国式的企业家定义，与通行于西方的定义显著不同。在西方，企业家被视为商人，他们承担"把包括资本、劳力和材料聚合起来的风险，并在产品市场价值所得利润当中获得回报"。[4]

在中华人民共和国历史上的大部分时间，国有银行和大公司的负责

---

① 关于这一基金会的更多信息，请参见 http：//www.cusef.org.hk/eng/about _ statement.asp。

② http：//www.cnceo.com/webcontent/cnceo/person/fangtan/20051114/044320051114121358.shtml。

③ 张厚义：《私营企业主阶层在我国社会结构中的地位》（*The Position of the Private Entrepreneur Stratum in China's Social Structure*），载《中国社会科学》（*Social Sciences in China*）1995 年第 16 卷第 4 册。

④ 康涅狄格丹伯里：《大美百科全书》（*Encyclopedia Americana*）（国际版）第 10 册，格罗里埃有限公司（Danbury，Connecticut；Grolier Inc.）1992 年版，第 477 页。

人对中国智库的活动介入甚少，但这种情况在近年里似乎已经发生改变。在这个中国智库活动的新时代，中国企业家现在已经成为三大参与力量之一。

中国国际经济交流中心的董事会成员包括中国国家开发银行董事长陈元，中国投资有限责任公司董事长楼继伟等（见表2）。最重要的是，国资委主任李荣融兼任中国国际经济交流中心副理事长。国资委监管着中国140个最大的国有企业，包括垄断如电力、电信、铁路、航空、航运、石油等重要行业的巨型公司。由122名成员组成的中国国际经济交流中心理事会包括许多中国最大的银行和公司的首席执行官，[①] 包括中国中钢集团公司总裁黄天文、中国海运（集团）总公司总经理李绍德、中国国家开发投资公司总裁王会生。毫无疑问，这些位高权重而又资源充沛的公司为中国国际经济交流中心提供急需的资金。

## "海归"的重要性日益增加

接受国外教育的中国海归精英群体，即所谓的"海龟"是改革时代生活的最重要的新生参与者之一。自从1978年邓小平做出派遣大量学生和学者去国外学习这一具有里程碑意义的决定以来，过去的30年间，共有136万中国公民前往国外求学，其中一大批（大约37%）去了美国。[②] 在过去的几年里，中国经历了一阵海归人士返回祖国的浪潮。截至2008年年底，约有37万名接受外国教育的中国学生和学者已经回到中国。[③] 并不令人奇怪的是，受到海归人士影响最强烈的是高等教育领域，特别是科研机构。[④] 根据中国的官方信息，在2004年，约81%的中国科学院院士、54%的中国

---

① http://cq. takungpao. com/content. asp? id=17060.

② 参见 http://news. xinhuanet. com/newscenter/2009 - 01/03/content _ 10596719. htm，2009年1月3日访问。在美国留学的中国学生和学者数量系依据中国的驻美国大使周文重2005年6月1日在西雅图（Seattle）所发表的演讲。参见 http://www. chinesenewsnet. com，2005年6月6日访问。

③ 参见 http://news. xinhuanet. com/newscenter/2009 - 01/03/content _ 10596719. htm，2009年1月3日访问。

④ 关于这个话题的更多讨论，参见李成编《联结太平洋两岸的桥梁：美中教育交流，1978—2003》（*Bridging Minds across the Pacific*：*U. S. - China Educational Exchanges* 1978—2003）。马里兰州拉纳姆：列克星敦出版社（Lanham, Maryland：Lexington Books），2005年。

工程学院院士，以及72％的国家科技攻关项目团队牵头人都是海归人士。[1]

海归人士也在开始主宰中国研究领域的著名研究中心。北京大学中国经济研究中心最为显著地展示了这种趋势，如表5所列，该中心2005年全部24名教员的教育背景所体现的。他们都留学国外，并且大都在美国的大学获得了博士学位。这些美国培养出来的经济学家对北京大学经济学和管理学领域的课程设置和研究方法进行了大幅度的重新设计，以便更加符合美国的模式，特别是"芝加哥模式"（Chicago model）。同样重要的是，在过去10年间，北京大学中国经济研究中心一直是中国经济决策者的关键来源。除了出版学术期刊，北京大学中国经济研究中心还以给中国政府各大机构定期提交内部报告和政策简报而著称。[2] 它的五名教员也是赫赫有名的中国经济50人论坛的成员，他们是林毅夫、易纲、海闻、周其仁和宋国青。北京大学中国经济研究中心似乎已经组建了中国经济研究领域以及中国金融业管理方面的"梦之队"。

表5　　　　　　北京大学中国经济研究中心教员教育背景一览
（截至2005年；均持有国外大学博士学位）

| 姓　名 | 职　称 | 专业领域 | 毕业学校 | 获学位年份 |
|---|---|---|---|---|
| 陈　平 | 教　授 | 物理学 | 美国得克萨斯大学奥斯汀分校 | 1987年 |
| 龚　强 | 助理教授 | 经济学 | 美国西北大学 | 2004年 |
| 海　闻 | 教授、副主任 | 经济学 | 美国加州大学戴维斯分校 | 1991年 |
| 尹　和 | 助理教授 | 经济学 | 美国科罗拉多大学博尔德分校 | 2004年 |
| 胡大源 | 副教授 | 经济学 | 美国肯塔基大学 | 1995年 |
| 李　玲 | 教　授 | 经济学 | 美国匹兹堡大学 | 1994年 |
| 梁　能 | 教授、院长 | 经济学 | 美国印第安纳大学、美国宾夕法尼亚大学 | 1990年 |
| 林毅夫 | 教授、主任 | 经济学 | 美国芝加哥大学 | 1986年 |
| 卢　锋 | 副教授 | 经济学 | 英国利兹大学 | 1994年 |
| 马　浩 | 教　授 | 经济学 | 美国得克萨斯大学奥斯汀分校 | 1994年 |
| 平新乔 | 副教授 | 经济学 | 美国康奈尔大学 | 1998年 |
| 沈明高 | 副教授 | 经济学 | 美国斯坦福大学 | 2001年 |

---

[1]　参见 http：//www.xinhuanet.com（2004年2月16日访问）和《人民日报》2004年3月2日第11版。

[2]　该中心更多信息，请参见 http：//www.ccer.edu.cn/cn/ReadNews.asp？NewsID＝4276。

续表

| 姓　名 | 职　称 | 专业领域 | 毕业学校 | 获学位年份 |
|---|---|---|---|---|
| 宋国青 | 教　授 | 经济学 | 美国芝加哥大学 | 1995 年 |
| 施建淮 | 副教授 | 经济学 | 日本大阪大学 | 1999 年 |
| 汪丁丁 | 副教授 | 经济学 | 美国夏威夷大学 | 1990 年 |
| 王　皓 | 助理教授 | 经济学 | 美国俄亥俄州立大学 | 2002 年 |
| 姚　洋 | 副教授 | 经济学 | 美国俄亥俄州立大学 | 1999 年 |
| 易　纲 | 教　授 | 经济学 | 美国伊利诺斯大学 | 1986 年 |
| 曾　毅 | 教　授 | 经济学 | 比利时布鲁塞尔自由大学 | 1986 年 |
| 张　帆 | 副教授 | 经济学 | 美国韦恩州立大学 | 1994 年 |
| 赵耀辉 | 教　授 | 经济学 | 美国芝加哥大学 | 1995 年 |
| 赵　忠 | 助理教授 | 经济学 | 美国约翰·霍普金斯大学 | 2001 年 |
| 周其仁 | 教　授 | 经济学 | 美国加州大学洛杉矶分校 | 1995 年 |

资料来源：李成：《中华人民共和国海外留学归国人员：官方权力有限却影响日增》（*Foreign - Educated Returnees in the PRC*：*Increasing Political Influence with Limited Official Power*），载《国际迁徙与融合》（*International Migration and Integration*）2006 年第 7 卷第 4 期。原始数据请参见 http：//www. ccer. edu. cn/en/faculty. asp？ BigClassName ＝ EN＆SecondClassName ＝ Faculty，2005 年 6 月 1 日访问。

　　中国经济研究中心已经获得福特基金会和世界银行等国际组织的大笔资助，并且这不是孤例。在中国，许多其他研究机构和智库已经得到美国和其他国家基金会的资助。例如，北京大学中国研究中心已经收到福特基金会、亨利·鲁斯基金会（Henry Luce Foundation）、美国国家科学基金会（NSF）、亚洲基金会（Asia Foundation）等机构的捐助。这些基金会大部分在 20 世纪 80 年代中期就开始为中国的社会科学和法律研究提供支持。为促进中国社会科学的研究和国际标准的传播而在 20 年来所付出的努力，现在似乎已经结出果实。

　　林毅夫是中国经济研究中心的创始人兼董事，他是一位传奇人物。他1952 年出生于台湾，曾经在台湾大学和政治大学求学。当他 1979 年在金门的军队服役时，其决定投奔大陆。据报道，他凭借两个篮球所提供的浮力泅渡到了厦门。[①] 1979 年至 1982 年，他在北京大学攻读政治经济学，获得经济学硕士学位，随后前往美国芝加哥大学继续攻读博士。并于 1987 年

---

① 《世界日报》（*World Journal*）2005 年 5 月 28 日 A4 版。

返回中国，曾在国务院农村发展研究中心发展研究所工作了7年。作为研究所副所长，他牵头了几个重要研究项目，他的学术工作对中国市场的自由化进程作出了突出贡献。1994年，他与其他五名导师一道，在北京大学创办了中国经济研究中心，并担任该中心主任，直到2008年他被任命为世界银行高级副行长兼首席经济学家为止。

这家智库的另外一名创始成员是易纲，他后来在中国经济领导层成为一名很有影响力的人物。1980年，作为在美国哈姆林大学（Hamlin University）攻读MBA的学生，他开始了在美国的学业，此后在美国伊利诺伊大学攻读经济学博士学位。1986年毕业后，他开始在美国印第安纳大学任教。他在那里获得终身教职，并于1992年成为副教授。1994年，在美国学习和教学14年之后，他回到中国，在中国经济研究中心任教。仅三年之后，他被任命为人民银行货币政策委员会副秘书长，并在担任货币政策司司长之后，于2004年晋升为行长助理，并于2007年晋升为副行长。[①]在最近的2009年7月，他被任命到可以说是人民银行最重要的职位上，国家外汇管理局局长。

林毅夫和易纲的职业经验，尤其是他们在经济领导层所担当的非常突出的角色，显示了当今中国海归人员不断增长的实力和影响力。注意一下其他四名杰出海归学者即蒋正华、厉以宁、刘遵义和钱颖一成为中国国际经济交流中心高层领导（见表2）的历程，会颇有意味。蒋正华是从一名学者转型为政治领导人的，他最近担任全国人大常委会副委员长。20世纪80年代初，他曾在印度孟买国际人口科学研究院（Bombay International Institute of Demography）求学，并在法国巴黎大学和美国斯坦福大学担任客座教授。作为一名在中国人口问题上最有成就的专家，他在中国过去20年的人口政策方面扮演了重要角色。

厉以宁教授已在北京大学执教54年，他是中国推行股票市场的首席设计师，因而成为对中国经济改革影响最为深远的人物。他写出了50本著作和100多篇学术论文，他对西方经济学文献中的几个理论命题提出了挑战，

---

① 李成：《接受外国教育的海归在中国领导层的现状及特点》（*The Status and Characteristics of Foreign - Educated Returnees in the Chinese Leadership*），载《中国领导观察》（*China Leadership Monitor*）2005年第16期。

其也是中国改革时期过渡经济性质和动力方面的专家。还值得注意的是，厉以宁还是中国第五代领导人当中两颗冉冉升起的新星即国务院常务副总理李克强和中共中央组织部部长李源潮的学术导师。事实上，厉以宁教授在 1991 年与他的三名研究生合著了一本关于中国经济繁荣战略的著作，其中两名学生就是李克强和李源潮。①

刘遵义教授目前是香港中文大学校长。他在美国斯坦福大学获得了物理学和经济学本科学位，在美国加州大学伯克利分校获得经济学博士学位。在任教于美国斯坦福大学 40 年之后，他在香港担任目前的职位。此外，他与董建华、冯国经以及中国许多高级领导人都有私交。

钱颖一教授也有引人注目的职业经历。他 1961 年出生于浙江，经历了"文化大革命"之后的第一次全国高考后，16 岁的他就被清华大学录取。1982 年，他前往美国攻读研究生，接下来在美国待了 20 年，获得了美国哥伦比亚大学的统计学硕士学位、美国耶鲁大学的 MBA 学位，以及美国哈佛大学的经济学博士学位，并且曾经任教于美国斯坦福大学、美国马里兰大学和美国加州大学伯克利分校。他在中国国际经济交流中心领导机构的出现极具象征意义：一名接受外国教育回国的学者，可以与国务院的部长以及中国旗舰公司的首席执行官们平起平坐。

这些具有很强"海归"要素的新智库，例如中国经济学家 50 人论坛、中国经济研究中心和中国国际经济交流中心，取得了值得继续关注的重要进展。海归人士现在经常在他们的机构帮助架构在经济学、管理学、社会学、国际关系、人口学和其他领域中的研究议程和研究方法，是中国知识和政策话语的领导者。这些智库的成员当中，有许多人在国内国外研究机构同时担任学术职务，因而把中国机构和它们的海外同行非常密切地联结起来。国际学术交流和合作项目，可以大大提高中国智库工作的质量，并在具有全球性重大意义的问题上拓宽中国人的视野。

---

① 其中第三名学生是孟晓苏，当时担任国务院副总理万里的私人秘书，目前担任中国房地产开发集团（China State Housing & Real Estate Development Group Corporation）董事长。厉以宁、孟晓苏、李源潮、李克强：《走向繁荣的战略选择》（*Strategic Choices on the Path to Prosperity*），经济日报出版社 1991 年版。

### 最后的思考

就发展建立更系统更扎实的研究，并为中国公众和政策制定者提供均衡而独立的政策分析的智库网络而言，中国仍然处在早期阶段。正如对新成立的中国国际经济交流中心进行分析之后所显示的那样，三方精英——现任或退休政府官员、代表大公司的企业家，以及通常受过海外教育的著名学者——在智库的参与日益增多，表明这些半政府机构在未来将会发挥越来越重要的作用。

中国国际经济交流中心的成立引起了一些担忧，尤其是来自其他智库的担忧，它们担心，这可能会导致"超级智库"对经济和人力资源的垄断。具有更多独立性的智库——诸如天则经济研究所——的成员担心，他们会进一步被边缘化。确实，中国的一些批评者认为，中国国际经济交流中心主要是为了作秀，实际上无非是一项为了提升中国国际形象的"面子工程"。① 这些批评者指出，中国国际经济交流中心的副理事长比它的研究人员总数还要多。其他人则认为，中国国际经济交流中心的真正功能是充任退休官员们的"养老院"，这一看法使人们想起了中国传统上的"翰林院"（Imperial Academy）。② 根据这些批评，人们不应该指望这个"老男人俱乐部"产生很多新的创意或者大胆的政策建议。

也许对中国国际经济交流中心最重要的保留意见，是担心这样一个由重要官员、商业领袖和知名学者所组成的紧密联合体，可能凝聚成为一个只代表既得利益集团的联盟。③ 例如，一些中国批评家指出，房地产开发行业是当代中国最强大的特殊利益集团。④ 清华大学社会学教授孙立平认

---

① 见例如 http：//www.ckxxw.com/html/c3/2009 - 07/4732.htm。

② 萧峰：《中国需要智库，而不是翰林院》（*China needs think tanks，but not Imperial Academy*），载《新周刊》（*New Weekly*）2009 年 7 月 17 日。

③ 《中国新闻周刊》（*China Newsweek*）2006 年 1 月 13 日；《瞭望》（*Outlook*）2005 年 12 月 5 日。另请参见 http：//www.chinesenewsnet.com，2005 年 12 月 12 日访问。

④ 其他强大的利益集团包括诸如电信、石油、电力和汽车等垄断行业。它们在政府政策上拥有巨大利益。请参见孙立平《中国进入利益博弈时代》（*China is entering the era of the conflict of interests*），http：//chinesenewsnet.com，2006 年 2 月 6 日访问。

为,在过去的 10 年间,房地产利益集团已经积累了巨大的经济和社会资本。① 自 20 世纪 90 年代海南省所出现的房地产泡沫以来,这个利益集团一直试图影响政府政策和公共舆论。② 这个集团包括房地产开发商、房地产经纪人、银行家,以及住房市场投机者,也包括很大一部分地方和国家领导人,以及为了这个集团的利益而鼓吹的公共知识分子(经济学家和新闻记者)。③

至少令人鼓舞的是,这些批评,无论有用与否,已被容许见诸中国媒体。如果从更广的视野来看待问题,那么这方面的发展为权力、财富和知识三者之间的复杂关系增加了一种新的分析方法。只有时间会告诉人们,这些在中国智库构成方面的巨大变化将是否有助于精英政治深远而积极的发展,或这种政治、经济、学术精英们之间新的合流,是否会在不远的将来,给中国带来新的难题。

---

① 孙立平:《中国进入利益博弈的时代》,http://chinesenewsnet.com,2006 年 2 月 6 日访问。另请参见孙立平《断裂:20 世纪 90 年代以来的中国社会》(*Cleavage: Chinese society since 1990s*),社会科学文献出版社 2003 年版。

② 中国(海南)改革发展研究院(China's Reform Institute (Hainan))进行了此项调查。参见 http://chinanews.com,2006 年 1 月 19 日访问。

③ 金三林:《中央地方存在明显博弈》(*The open game that the central and local governments play*),参见 http://www.zisi.net,2006 年 2 月 10 日访问。

# 附录一 本书所涉参考文献

Abelson, D. 2006. A Capitol Idea: Think Tanks and US Foreign Policy. Montreal: McGill – Queens University Press.

Andjelkovic, B. 2003. "A Limited Dialogue: Think Tanks and the Policy Making Process in Serbia", in UNDP (ed.), Thinking the Unthinkable. *Bratislava: UNDP Regional Bureau for Europe and the Commonwealth of Independent States.*

Bakvis, H. 1997. "Advising the Executive: Think Tanks, Consultants, Political Staff and Kitchen Cabinets", in p. Weller, H. Bakvis and R. A. W. Rhodes (eds.), *The Hollow Crown: Countervailing Trends in Core Executives.* London: Macmillan.

Bøås, M. and D. McNeill. 2004. *Global Institutions and Development: Framing the World?* London: Routledge.

Boucher, S., D. Cattaneo, J. Ebélé, et al. 2004. Europe and its Think Tanks; a Promise to be Fulfi lled. An Analysis of Think Tanks Specialised in European Policy Issues in the Enlarged European Union, Studies and Research No. 35, October. Paris: Notre Europe.

Cohen, M. D., J. G. March and J. p. Olsen. 1972. "A Garbage Can Model of Organizationa l Choice", Administra – tive Science Quarterly, 17, 1, 1—25.

Cooley, A. and J. Ron. 2002. "The NGO Scramble: Organizational Insecurity and the Political Economy of Transnational Action", International Security, 27, 1, 5—39.

Chandler, M. and V. Kvedaras. 2004. "Lithuania – Phase 1 Report", Baltic International Center for Economic Policy Studies, Interim Report for the Bridging Research and Policy Report, July 2004.

Denham, A. and M. Garnett. 2004. "A Hollowed Out Tradition: British Think Tanks in the Twenty – first Century", in D. Stone and A. Denham (eds.), Think Tank Traditions: Policy Research and the Politics of Ideas. Manchester: Manchester University Press.

Hajer, M. and H. Wagenaar (eds.). 2003. Deliberative Policy Analysis: Understanding Governance in the Network Society. Cambridge: Cambridge University Press.

Halfmann, W. and R. Hoppe. 2004. "Science/Policy Boundaries: a Changing Division of Labour in Dutch Expert Policy Advice", in S. Maasen and p. Weingart (eds.), Scientifi c Expertise and Political Decision Making. Dordrecht: Kluwer.

Ionita, S. 2003. "The cargo cult of democracy in Romania and what local think tanks can do to bring about the real thing", in UNDP (ed.) Thinking the Unthinkable. Bratislava: UNDP Regional Bureau for Europe and the Commonwealth of Independent States.

Keohane, R. O. and J. S. Nye. 1998. "Power and Interdependence in the Information Age", Foreign Affairs, 77, 5 Sept/Oct.

Kingdon, J. 1995. Agendas, Alternatives and Public Policies. London: Longman.

Krause Hansen, H., D. Salskov – Iversen and S. Bislev. 2002. "Transnational Discourse Communities: Glob al – izing Public Management", in R. Higgott and M. Ougaard (eds.), Understanding the Global Polity. London: Routledge.

Ladi, S. 2005. Globalization, Policy Transfer and Think Tanks. Cheltenham: Edward Elgar.

McGann, J. and R. Kent Weaver (eds.). 2000. Think Tanks and Civil Societies: Catalysts for Ideas and Action. Somerset, NJ: Transaction

Press.

Miller, C. and R. Struyk. 2004. "Policy Research in Bosnia and Herzeg ovina: The Role and Impact of Local Thinks", Southeast European Politics, 5, 1, 45—59.

Minggiu – Pippidi, A. 2003. "Designing the New Social Contract: Trends and Threads in CEE Public Policy Research", in UNDP (ed.), Thinking the Unthinkable. Bratislava: UNDP Regional Bureau for Europe and the Commonwealth of Independent States.

Overseas Development Council (ODC). 1999. "Dialogue with Think Tanks: A Report of A Meeting With the United Nations Secretary General", 4—5 May, United Nations Headquarters, New York.

Palley, T. 2003. "The Open Institute and Global Social Policy", Global Social Policy, 3, 1, 17—18.

Reinicke, W. 2001. " 'Walking the Talk': Global Public Policy in Action", Global Public Policies and Programs, Washington DC: World Bank.

Saint – Martin, D. 2000. "The Formation of the New Entrepreneurial State and Modern Management Consul – tancy", in D. Braun and A. Busch (eds.), Public Policy and Political Ideas. Cheltenham: Edward Elgar.

Shinn, J. and p. Gourevitch. 2002. How Shareholder Reforms Can Pay Foreign Policy Dividends. New York: Coun – cil on Foreign Relations.

Smith, J. A. 1991. The Idea Brokers: Think Tanks and the Rise of the New Policy Elite. New York: The Free Press.

Stone, D. 1996. Capturing the Political Imagination: Think Tanks and the Policy Process. London: Frank Cass.

Struyk, R. J. 2002. Managing Think Tanks: Practical Guidance for Mat u-ring Organizations. Budapest: Local Govern – ment and Public Service Reform Initiative/Washington DC: Urban Institute.

UNDP (United Nations Development Program). 2003. Thinking the Un-thinkable. Bratislava: UNDP Regional Bureau for Europe and the Commonwealth of Independent States Weaver, R. Kent. 1989. "The

Changing World of Think Tanks", PS: Political Science and Politics, September, 563—78.

## "重审智库的定义、功能及其实践方式"

Abelson D. E. (2000) Do Think - tanks Matter? Opportunities, Constraints and Incentives for Think - tanks in Canada and the United States. *Global Society*, 13 (2): 215—236.

Abelson DE (2009) *Do Think - tanks Matter? Assessing the Impact of Public Policy Institutes*. Montreal, QC: McGill - Queen's University Press.

Ahmad M (2008) US Think Tanks and the Politics of Expertise: Role, Value and Impact. *Political Quarterly*, 79 (4): 529—555.

Althusser L (1971) Ideology and Ideological State Apparatuses. In: Althusser L (ed.) Leninand Philosophy. And Other Essays. London: NLB, 121—171.

Blank RC (2003) From Thatcher to the Third Way. Think - tanks, Intellectuals and the Blair Project. Stuttgart: Ibidem.

Bohle D, Neunhöffer G (2006) Why is There no Third Way? The Role of Neoliberal Ideology, Networks and Think - tanks in Combating Market Socialism and Shaping Transformation in Poland. In: Plehwe D, Walpen B, Neunhöffer G (eds.) Neoliberal Hegemony. A Global Critique. London: Routledge, 98—194.

Böhning A (2007) Thinktanks in den USA: Die Rolle und ihre Funktionen im politischen System. Saarbrücken: VDM Müller.

Boucher S, Hobbs B, Ebele J, et al. (2004) Europe and its Think - tanks: A Promise to be Fulfilled. An Analysis of Think - tanks Specialized in European Policy Issues in the Enlarged European Union, Studies and Research, No. 35, October. Paris: Notre Europe.

Braml J (2004) US and German Think - tanks. Baden - Baden: Nomos.

Braun M, Chudnovsky M, Di Nucci C, et al. (2004) A Comparative Study of Think Tanksin Latin America, Asia and Africa. Buenos Aires: Centro de implementación de Políticas para la Equidady del Crecimiento (CIPPEC).

Browne DR, Keil R (2000) Planning Ecology: The Discourse of Environmental Policy Making in Los Angeles. Organisation Environment, 13: 158—205.

Bulkeley H (2000) Discourse Coalitions and the Australian Climate Change Policy Network. Environment and Planning C. Government and Policy 19 (6): 727—828.

Campbell J, Pedersen O (2008) Knowledge Regimes and Comparative Political Economy, paper presented at the American Sociological Association Annual Meeting: Boston, MA, July.

Cockett R (1995) Thinking the Unthinkable. Think - tanks and the Economic Counter - revolution 1931—1983. London: Fontana.

Cox RW (1983) Gramsci, Hegemony and International Relations: An Essay in Method. Millennium - Journal of International Relations 12 (2): 162—175.

Demirovic A (2007) Politische Beratung. Think Tanks und Demokratie. In: Wernicke J, Bultmann T (eds.) Netzwerk der Macht - Bertelsmann. Der medial - politische Komplex aus Gütersloh. Forum Wissenschaft Studien, Vol. 54. Marburg: BdWi - Verlag, 13—28.

Denham A, Garnett M (1998) British Think - tanks and the Climate of Opinion. London: UCL Press.

Desai R (1994) Second Hand Dealers in Ideas: Think - tanks and Thatcherite Hegemony.

New Left Review 203 (January/February): 27—64.

Desai R (2006) Neoliberalism and Cultural Nationalism. A Danse Macabre. In: Plehwe D, Walpen B, Neunhöffer G (eds.) Neoliberal Hegemony. A Global Critique. London: Routledge, 222—235.

Easterbrook G (1986) Ideas Move Nations. The American Prospect, 15:

20—25.

Fischer F (1996) Die Agenda der Elite. Amerikanische Think – tanks und die Strategien der Politikberatung. Prokla 104 (September): 17.

Fischer F (2003) Reframing Public Policy. Discursive Politics and Deliberative Practices. Oxford: Oxford University Press.

Gamble A (1989) The Free Economy and the Strong State: The Politics of Thatcher. London: Macmillan.

Gellner W (1995a) Ideenagenturen für Politik und Öffentlichkeit: Think Tanks in den USAund in Deutschland. Opladen: Westdeutscher Verlag.

Gellner W (1995b) The Politics of Policy "Political Think – tanks" and Their Markets in the US – institutional Environment. Presidential Studies Quarterly, 25 (3): 497.

Glassman A, Winograd M (2005) Public Sector Consultation. In: Greiner LE, Poulfelt F (eds.) The Contemporary Consultant. Mason, OH: Thomson Learning, 189—207.

Goodwin C, Nacht M (eds.) (1995) Beyond Government: Extending the Public Policy Debate in Emerging Democracies: Boulder, CO: Westview Press.

Gramsci A (1971) Selections from the Prison Notebooks. London: Lawrence & Wisehart.

Greenaway J, Salter B, Hart S (2007) How Policy Networks can Damage Democratic Health. A Case Study in the Government of Governance. Public Administration 85 (3): 717—738.

Greiner L, Poulfelt F, Bhambri A (2005) The Changing Global Consulting Industry. In: Greiner L, Poulfelt F (eds.) Handbook of Management Consulting. The Contemporary Consultant. Mason, OH: Thomson Learning, 3—22.

Haas EB (1989) Do Regimes Matter? Epistemic Communities and Evolving Policies to Control Mediterranean Pollution. International Organisation 43 (3): 377—403.

Hajer M (1993) Discourse Coalitions. The Case of Acid Rain in Great Britain. In: Fischer F, Forester J (eds. ) The Argumentative Turn in Policy and Planning. London: University College Press, 43—76.

Hajer M (1995) The Politics of Environmental Discourse: Ecological Modernisation andthe Policy Process. Oxford: Clarendon Press.

Hajer M, Kesselring S (1999) Democracy in the Risk Society? Learningfrom the New Politics of Mobility. Environmental Politics 3: 1—23.

Hall P (1993) Policy Paradigms, Social Learning and the State: The Case of Economic Policy Making in Britain. Comparative Politics 25 (3): 275—296.

Hamilton C, Maddison S (eds. ) (2007) Silencing Dissent: How the Australian Government is Controlling Public Opinion and Stifling Debate. Crows Nest, NSW: Allen and Unwin.

Hart P, Vromen A (2008) A New Era for Think Tanks in Public Policy? International Trends, Australian Realities. Australian Journal of Public Administration 67 (2): 135—148.

Hashimoto T, Hell S, Nam S - W (eds. ) (2006) Public Policy Research and Training in Vietnam. Tokyo: Asian Development Bank Institute.

Heclo H (1974) Modern Social Politics in Britain and Sweden. New Haven, CT: Yale University Press.

Holub R (1992) Antonio Gramsci: Beyond Marxism and Postmodernism. London: Routledge.

Jessop B (1992) From the Keynesian Welfare to the Schumpeterian Workfare State.

Lancaster Regionalism Group, Working Paper 45, Lancaster: University of Lancaster.

Katwala S (2009) Bringing Equality Back in: The Role of a Think - tank. Benefits 17 (1): 57—63.

Kennedy Information (2004) The Government and Public Sector Consulting Marketplace: Opportunities in the US and International Markets. Peterborough: Kennedy Information.

Keohane RO, Nye JS (1998) Power and Interdependence in the Information Age. Foreign Affairs 77 (5): 89—113.

Kipping M, Engwall L (eds. ) (2001) Management Consulting. Emergence and Dynamics of a Knowledge Industry. Oxford: Oxford University Press.

Levy D, Egan D (2003) A Neo - Gramscian Approach to Corporate Political Strategy: Conflict and Accommodation in the Climate Change Negotiations. Journal of Management Studies 40 (4): 803—829.

McGann J (2007) Think Tanks and Policy Advice in the US. Academics, Advisors and Advocates. New York: Routledge.

McGann J (2008) The Global "go - to Think Tanks". The Leading Public Policy Research Organizations in the World. Retrieved 6 December 2009 from http: //www. crisis - group. org/library/documents/miscellaneous _ docs/leading _ think _ tanks _ in _ the _ world. pdf.

McGann J, Johnson EC (2006) Comparative Think Tanks, Politics and Public Policy. Cheltenham: Edward Elgar.

Madoka N (2002) Introduction. In: Kenkyu S (ed. ) The World Directory of Think - tanks, fourth edition. Basingstoke: Palgrave, viii—xx.

Madoka N (2005) Introduction. In: Kenkyu S (ed. ) The World Directory of Think - tanks, fourth edition. Basingstoke: Palgrave, viii—xx.

Marsh I, Stone D (2004) Australian Think - tanks. Think - tanks Traditions. In: Stone D, Denham A (eds. ) Policy Research and the Politics of Ideas. Manchester: Manchester University Press, 247—263.

Medvetz T (2006) Hybrid Intellectuals: Towards a Social Praxeology of US Think - tank Experts. Retrieved 16 December 2009 from www. socialsciences. cornell. edu/0609/Medvetz. hybrid. pdf.

Mendizabal E, Sample K (2009) Díme a quien escuchas··· Think tanks ypartidospolíticos en América Latin. London: Overseas Development

Institute.

Neunhöffer G（2001）Die liberale Konterrevolution – Neoliberale Think Tanks in Polen. Utopie kreativ 126（April）: 313—323.

Overbeck H（1990）Global Capitalism and National Decline. The Thatcher Decade in Perspective. London: Unwin Hyman.

Pautz H（2007）Scottish Think – tanks and Policy Networks. Scottish Affairs 58（Winter）: 57—77.

Pautz H（2008a）Think – tanks and Public Policy in the UK and Germany. A Case Study of the Development of Social Policy Discourses of the Labour Party and SPD between 1992 and 2005 Unpublished doctoral thesis, Glasgow Caledonian University, Glasgow. PPA 378328.

Pautz H（2008b）Think – tanks in Germany: The Bertelsmann Foundation's Role in Labour Market Reform. Zeitschrift für Politikberatung, 1（3—4）: 437—456.

Pautz H（2010a）The Role of Think – tanks for Labour Party and SPD. British Journal of Politics and International Relations, 12（2）: 274—294.

Pautz H（2010b）The Role of Think – tanks in the Modernisation of the SPD. German Politics, 19（2）: 183—199.

Plehwe D, Walpen B, Neunhöffer G（2006）Introduction. Reconsidering Neoliberal Hegemony. In: Plehwe D, Walpen B, Neunhöffer G（eds. ）Neoliberal Hegemony. AGlobal Critique. London: Routledge, 1—24.

Plehwe D, Walpen B and Nordmann J（1998）Neoliberale Wahrheitspolitik: Neo – bzw. rechtsliberale Intellektuellen – und Thinktank Netzwerkeals Säulen einer hegemo – nialen Konstellation. Überlegungen zu einem Forschungsprogramm Historisch – soziale Netzwerkanalyse. Projektgruppe "Buena Vista Neo – Liberal?" Rhodes RAW（1996）The New Governance: Governing without Government. PoliticalStudies XLIV: 652—667.

Rhodes RAW, Marsh D（1992）New Directions in the Study of Policy Networks. EuropeanJournal of Political Research 21: 181—205.

Rudloff W (2004) Einleitung: Politikberatung als Gegenstand historischer Betrachtung. Forschungsstand, neue Befunde, übergreifende Frages-tellungen. In: Fisch S, Rudloff W (eds. ) Experten und Politik: Wis-senschaftliche Politikberatung in geschichtlicher Perspektive. Berlin: Dunkerund Humblot, 5—33.

Rudolph H, Okech J (2004) Wer andern einen Rat erteilt … Wettbewerb-sstrategien und Personalpolitiken von Unternehmensberatungen in Deutschland. Berlin: Wissenschaftszentrum Berlin für Sozialfors-chung.

Sabatier P (1987) Knowledge, Policy Oriented Learning and Policy Change: An Advocacy Coalition Framework. Science Communication 8 (4): 649—692.

Schlesinger P (2009) Creativity and the Experts. New Labour, Think Tanks and the Policy Process. International Journal of Press/Politics 14 (1): 3—20.

Schmidt VA (2003) How, Where and When Does Discourse Matter in Small States' Welfare State Adjustment? New Political Economy 8 (1): 127—146.

Schneider J (2002) Think - tanks in Visegrad Countries. From Policy Re-search to Advocacy. Retrieved 13 April 2006 from www. Policy. hu/ schneider/FRP. html.

Showstack Sassoon A (1980) Gramsci's Politics. London: Croome Helm.

Stöbbe - Blossey S (1999) Verwaltungsreform und Organisationsberatung: Vom Gutachtenzur aktiven Moderation, paper presented at the BDS - Tagung: Essen, May.

Stone D (1996) Capturing the Political Imagination. Think Tanks and the Policy Process. London: Frank Cass.

Stone D (2004a) Introduction: Think - tanks, Policy Advice and Govern-ance. In: Stone D, Denham A (eds. ) Think - tank Traditions. Policy

Research and the Politics of Ideas. Manchester: Manchester University Press, 1—18.

Stone D (2004b) Recycling Bins, Garbage Cans or Think - tank? Contesting Three Myths Regarding Policy Analysis Institutes, paper presentedat the Conference for Comparative Perspectives on Scientific Expertise for Public Policy, Amsterdam, December.

Stone D (2007) Recycling Bins, Garbage Cans or Think - tanks? Three Myths Regarding Policy Analysis Institutes. Public Administration 85 (20): 259—278.

Stone D and Ullrich H (2003) Policy Institutes and Think - Tanks in Western Europe: Developments, Trends and Perspectives. Open Society Institute Discussion Paper No24. Budapest: Local Government and Public Reform Imitative. Retrieved 20 March 2006 from http: //demo. carnation. hu/lgi/publications/2003/231/DP24. pdf? sid=a676461ababc2eb9c7472d85b260615f.

Stone D, Denham A, Garnett M (1998) Think Tanks across Nations. A Comparative Approach. Manchester: Manchester University Press.

Struyk RJ (1999) Reconstructive Critics: Think - tanks in Post - Soviet Block Democracies. Washington, DC: Urban Institute Press.

Struyk RJ (2002) Transnational Think - tank Networks: Purpose, Membership and Cohesion. Global Networks 2 (1): 83—90.

Teitz MB (2009) Analysis for Public Policy at the State and Regional Levels. The Role of Think Tanks. International Regional Science Review 32 (4): 480—494.

Thunert M (2008) Think Tanks in Germany: Their Resources, Strategies and Potential. Zeitschrift für Politikberatung1 (1): 32—52.

Torfing J (1999) New Theories of Discourse: Laclau, Mouffe, and Ziizěek. Oxford: Blackwell.

Tsebelis G (2000) Veto Players and Institutional Analysis. Governance 13 (4): 441—474. United Nations Development Program (UNDP) (2003) Thinking the Unthinkable: From Thought to Policy. The

Role of Think Tanks in Shaping Government Strategy: Experiences from Central and Eastern Europe. Bratislava: UNDP Regional Bureau for Europe and the Commonwealth of Independent States.

Weaver KR (1989) The Changing World of Think – tanks. Political Science and Politics 22 (3): 563—578.

Weaver K, Stares P (eds.) (2001) Guidance for Governance: Comparing Alternative Sources of Public Policy Advice. Tokyo/New York: Japan Center for International Exchange/Brookings Institution, 89—123.

Weidenbaum M (2008) The Competition of Ideas: The World of the Washington Think Tanks. New Brunswick, NJ: Transaction Publishers.

Weingart P (2005) Die Stunde der Wahrheit? Zum Verhä ltnis der Wissenschaft zu Politik, Wirtschaft und Medien in der Wissensgesellschaft. Weilerswist: Velbrück Wissenschaft.

Williams A (2008) Why Don't the French do Think Tanks? France Face-sup to the Anglo – Saxon Superpowers, 1918—1921. Review of International Studies 34: 53—68.

Williams GA (1960) The Concept of Egemonia in the Thought of Antonio Gramsci: Some Notes on Interpretation. Journal of the History of Ideas XXI (4): 586—599.

## "智库政策专家：角色构建及其话语策略"

Abelson, D. E. (2002). Do think tanks matter?: Assessing the impact of public policy institutes. Montreal: McGill – Queens University Press.

Bai, M. (2003). Notion building. New York Times Magazine. October 12, 82. Brookings Institution. (2007). Brookings Institution Press spring 2007 catalogue. Washington: Brookings Institution.

Critchlow, D. T. (1985). The Brookings Institution, 1916—1952: Expertise and the public interest in ademocratic society. DeKalb: Northern Illinois University Press.

Domhoff, G. W. (1999) . Who rules America? Power and politics in the year 2000. New York: Simon & Schuster.

Dye, T. R. (1978) . Oligarchic tendencies in national policy – making: The role of the private policy – planningorganizations. Journal of Politics, 40, 309— 331.

Feulner, E. J. (Ed. ) . (1980) . Mandate for leadership: Policy management in a conservative administration. Washington: Heritage Foundation.

Feulner, E. J. , (Ed. ) (1985) . Ideas, think – tanks and governments. Quadrant, November, 22 —26.

Hall, C. (1983) . Outsider at the center: The contrary ways of Richard Dennis. Washington Post, June 29, B1.

McCright, A. M. , & Dunlap, R. E. (2003) . Defeating Kyoto: Thecons ervative movement's impact on U. S. climate change policy. Social Problems, 50, 8—373.

Medvetz, T. (2011) . Think tanks in America: Power, politics, and the rules of intellectual engagement. Chicago: University of Chicago Press.

Peschek, J. G. (1987) . Policy – planning organizations: Elite agendas and America's rightward turn. Philadelphia: Temple University Press.

Rich, A. (2004) . Think tanks, public policy, and the politics of expertise. Cambridge: Cambridge University Press.

Rich, A. O. & Weaver, R. K. (1998) . Advocates and analysts: Think tanks and the politicization of expertise. In A. J. Cigler & B. A. Loom is (Eds. ), Interest group politics (5th ed. ) . Washington: CQ. Rich, A. O. , & Weaver, R. K. (2000) . Think tanks in the U. S. media. Press/Politics, 5, 81—103.

Rothenberg, R. (1987) . The idea merchant. New York Times Magazine. May 3, 36.

Smith, J. A. (1991a) . The idea brokers: Think tanks and the rise of the new policy elite. New York: Free.

Smith, J. A. (1991b). Brookings at seventy-five. Washington: Brookings Institution.

Tolchin, M. (1983). Brookings thinks about its future. New York Times, December 14, A30.

Wacquant, L. (2001). Whores, slaves and stallions: Languages of exploitation and accommodation amongboxers. Body & Society, 7, 181—194.

Weaver, R. K. (1989). The changing world of think tanks. PS: Political Science and Politics, September, 563—578.

## "智库发展的国际趋势和澳洲现实"

Abelson, D. E. 2002. Do Think Tanks Matter? Assess-ing the Impact of Public Policy Institutes. Mon-treal: McGill-Queens University Press.

Abelson, D. E. 2004. "The Business of Ideas: The Think Tank Industry in the USA." In Think Tank Traditions: Policy Research and the Politics of Ideas, eds. D. Stone and A. Denham. Manchester: Manchester University Press, 215—231.

Abelson, D. E. 2006. A Capitol Idea: Think Tanks and US Foreign Policy. Montreal: McGill Queens.

Beder, S. 2000. Global Spin: The Corporate Assaulton Environmentalism. Melbourne: Scribe Publi-cations.

Boucher, S., R. Wegrzyn, D. Cattaneo, M. Poletto, C. Laigle, J. Ebélé and B. Hobbs. 2004. Europeand its Think Tanks: A Promise to be Fulfilled. An Analysis of Think Tanks Specialised in Eu-ropean Policy Issues in the Enlarged European Union. Studies and Research, No. 35, October. Paris: Notre Europe.

Braml, J. 2006. "U. S. and German Think Tanks in Comparative Perspective." German Policy Studies 3 (2): 222—226.

Bulbeck, C. 2005. "Gender Policies: Hers to His. " In Ideas and Influence: Social Science and Public Policy in Australia, eds p. Saunders and J. Walter. Sydney: UNSW Press, 141—158.

Cahill, D. 2002. "Funding the Ideological Struggle. " Overland 168: 21—26.

Costello, M. 2005. "Forum for Tackling Tricky Nu – ances. " The Australian 25 November: 14.

Fischer, F. 2003. Reframing Public Policy: Discur – sive Politics and Deliberative Practices. Oxford: Oxford University Press.

Glover, D. 2006. "Ideas with Currency. " The Aus – tralian 13 May. Goodman, J. C. 2005. "What is a Think Tank?" URL: 〈http: // www. ncpa. org/pub/special/20051220 – sp. html 〉.

Hajer, M. A. and H. Wagenaar, eds. 2003. Delib – erative Policy Analysis. Cambridge: Cambridge University Press.

Johns, G. and J. Roskam. 2004. The Protocol: Managing Relations with NGOs. Prime Minis – ter's Community – Business Partnerships. URL: 〈http: //www. partnerships. gov. au/downloads/managing _ relations _ with _ NGOs. pdf 〉.

Ladi, S. 2005. Globalization, Policy Transfer and Think Tanks. Cheltenham: Edward Elgar.

Lindblom, C. E. 1965. The Intelligence of Democ – racy. New Haven: Yale University Press.

Lindblom, C. E. and D. K. Cohen. 1979. Usable Knowledge: Social Science and Social Problem Solving. New Haven: Yale University Press.

Maddison, S. and C. Hamilton. 2007. "Non – Government Organisations. " In Silencing Dissent, eds C. Hamilton and S. Maddison. Sydney: Allenand Unwin.

Marsh, I. 1995. Beyond the Two Party System: Polit – ical Representation, Economic Competitivenessand Australian Politics. Cambridge: Cambridge University Press.

Marsh, I. 2005. "Opinion Formation: Problems and Prospects." In Ideas and Influence: Social Scienceand Public Policy in Australia, eds P. Saunders and J. Walter. Sydney: UNSW Press, 198—218.

Marsh, I. and D. Stone. 2004. "Australian Think Tanks." In Think Tank Traditions: Policy Researchand the Politics of Ideas, eds. D. Stone and A. Denham. Manchester: Manchester University Press, 247—263.

McGann, J. 2003. Ideas and Influence: Think Tanks, Politics and Public Policy. Cheltenham: Edward Elgar.

McGann, J. E. 2004. Scholars, Dollars, and Policy Advice. Washington: Foreign Policy Research Institute.

McGann, J. E. 2005. "US Think Tanks: Casualtiesin the War of Ideas." URL: ⟨http: //www. opendemocracy. net/democracy – think _ tank/ us _ thinktanks _ 3137. jsp⟩ .

McGann, J. E. 2007. Think Tanks and Policy Advicein the US: Academics, Advisors and Advocates. New York: Routledge.

McGann, J. and R. K. Weaver, eds. 2000. Think Tanksand Civil Societies: Catalysts for Ideas and Action. New Brunswick: Transaction.

McGann, J. and E. Johnson. 2006. Comparative Think Tanks, Politics, and Public Policy. Cheltenham: Edward Elgar.

Medvetz, T. M. 2006. Merchants of Expertise: Think Tanks in the U. S. Field of Power. Paperpresented at the Annual Meeting of the Americ an Sociological Association, Montreal Conven – tion Center, Montreal, Quebec, Canada. URL: ⟨http: //www. allacademic. com/meta/p104630 _ index. html ⟩ .

Mendes, p. 2003. "Australian Neoliberal Think Tanksand the Backlash A-gainst the Welfare State." Journal of Australian Political Economy 51: 29—56.

Mowbray, M. 2003. "War on Non Profits: 'NGOs: What do We do a-bout Them?'" Just Policy 30: 3—13.

Mulgan, G. 1997. Connexity: How to Live in an In – terdependent

World. London: Chatto and Windus.

Norington, B. 2003a. "The Idea Factories." Sydney Morning Herald11 August.

Norington, B. 2003b. "Deep Pockets Behind Deep Thought." Sydney Morning Herald 12 August.

Osborne, T. 2004. "On Mediators: Intellectuals and the Ideas Trade in the Knowledge Society." Econ – omy and Society, 334: 430—447.

Pocock, B. 2005. "Work, Family and the Shy So – cial Scientist." In Ideas and Influence: Social Science and Public Policy in Australia, eds P. Saunders and J. Walter. Sydney: UNSW Press, 141—158.

Quiggin, J. 2005. "Economic Liberalism: Fall, Re – vival and Resistance." In Ideas and Influence: Social Science and Public Policy in Australia, eds p. Saunders and J. Walter. Sydney: UNSW Press, 21—43.

Rich, A. 2004. Think Tanks, Public Policy and the Politics of Expertise. Cambridge: Cambridge Uni – versity Press.

Saunders, p. and J. Walter. 2005. "Introduction: Re – considering the Policy Sciences." In Ideas and Influence: Social Science and Public Policy inAustralia, eds p. Saunders and J. Walter. Sydney: UNSW Press, 1—20.

Schneider, J. 2003. Globalization and Think Tanks: Security Policy Networks. Paper presented at SAREM International Seminar, Istanbul. URL: 〈http://www. policy. hu/schneider/GlobalTTs. pdf〉. Consulted 21 September 2007.

Sherrington, p. 2000a. "British Think Tanks: Ad – vancing the Intellectual Debate?" British Journal of Politics and International Relations 2 (2): 256—263.

Sherrington, p. 2000b. "Shaping the Policy Agenda: Think Tank Activity in the Eu – ropean Union." Global Society, 14 (2): 173—189.

Stone, D. 2000a. "Think Tank Transnationalisationand Non – Profit Analysis, Advice and Advocacy." Global Society, 14 (2): 153—172.

Stone，D. 2000b. "Non－Governmental Policy Trans－fer: The Strategies of Independent Policy Insti－tutes." Governance 13 (1): 45—62.

Stone，D. 2002. "The Global Polity and Networks of Policy Expertise." In Towards the Global Polity?, eds. R. Higgott and M. Ougaard. London: Rout－ledge, 124—144.

Stone，D. 2007. "Garbage Cans, Recycling Bins or Think Tanks? Three Myths about Policy Insti－tutes." Public Administration 85 (2): 259—278.

Stone，D. and A. Denham, eds. 2004. Think Tank Traditions: Policy Research and the Politics of Ideas. Manchester: Manchester University Press.

Struyk，R. 2002. "Transnational Think Tank Net－works: Purpose, Membership and Cohesion." Global Network 2 (1): 83—90.

Thunert，M. 2000. "Players Beyond Borders? German Think Tanks as Catalysts of Internationalisation." Global Society, 14 (2): 191—211.

Ullrich，H. 2004. "European Think Tanks: Generat－ing Ideas, Analysis and Debate." In Think Tank Traditions: Policy Research and the Politics of Ideas, eds. D. Stone and A. Denham. Manchester: Manchester University Press.

Warpole，K. 1998. "Think－Tanks, Consultancies and Urban Policy in the UK." International Jour－nal of Urban and Regional Research 22 (1): 147—155.

## "美国智库与专家知识的政治学"

A Brief History of CSIS, http: //www. csis. org/about/history/.

A Decade on the Front Lines: International Crisis Group 1995±2005, http: //www. crisisgroup. org/home/index. cfm? id=4348&1=1.

Additional Organizations, Agencies, Centers, Foundations, Media, etc. with Varied Consumption Foci (Profit & Non－Profit), Potential Resources for Transformative Consumer Research, Available at: http: //

mba. tuck. dartmouth. edu/pages/faculty/punam. keller/conference / potential _ resources _ for _ tcr. pdf.

A. Rich, Think Tanks, Public Policy and thePoliticsof Expertise, New York: Cambridge University Press, 2004.

Brookings Institution History, http: //www. brookings. edu/lib/history _ hp. htm.

Carnegie Endowment History, http: //www. carnegieendowment. org/about/index. cfm? fa = history Donald E. Abelson, Do Think Tanks Matter? Assessing the Impact of Public Policy Institutes, Montreal, McGill – Queen's University, 2002.

Donald E. Abelson, Think Tanks and US Foreign Policy: An Historical View, http: //usinfo. state. gov/journals/itps/1102/ijpe/pj73abelson. htm.

Ezra W. Reese, "The political activity of think tanks: The case for mandatory contributor disclosure", Harvard Law Review, Vol. 115, No. 5, 2002.

Historyand Mission, RAND Corporation, 2005, http: //www. rand. org/about/history/F. Kaplan, The Wizardsof Armageddon. New York: Simon & Schuster, 1983.

Historyof USIP, Placing the Cornerstone, http: //www. usip. org/aboutus/history/index. html.

Hudson Institute History, http: //www. hudson. org/learn/index. cfm? fuseaction=history James A. Smith, The Idea Brokers: Think Tanks and the Rise of the New Policy Elite, New York, Free Press, 1993.

James G. McGann and R. Kent Weaver, Think Tanks and Civil Societies: Catalysts for Ideas and Action, New Brunswick, NJ, Transaction, 2000.

James G. McGann, Scholars, Dollarsand Policy Advice, Philadelphia, PA, Foreign Policy Research Institute, August 2004. Available at: http: //www. fpri. org/research/thinktanks/200408. mcgann. scholarsdollars. doc.

James G. McGann, The Global Go – To Think Tanks: The Leading Public

Policy Research Organizations in the World, Philadelphia, PA, Foreign Policy Research Institute, 2007.

Nakamura Madoka, "Introduction", NIRA's World Directory of Think Tanks 2002, http：//www. nira. go. jp/ice/nwdtt/2005/intro/intro 2002. html.

NIRA's World Directory of Think Tanks 2005, Tokyo, Center for Policy Research Information, National Institute for Research Advancement (NIRA), February 2005.

Richard N. Haass, Think Tanks and US Foreign Policy：A Policy - maker's Perspective, http：//usinfo. state. gov/journals/itps/1102/ijpe/pj73haass. htm.

Ronald D. Asmus, Havingan Impact：Think Tanks and the NATO Enlargement Debate, http：//usinfo. state. gov/journals/itps/1102/ijpe/ pj73asmus. htm.

R. Kent Weaver, "The changing world ofthink tanks", PS：Political Science & Politics, Vol. 22, 1989, 563—578.

Strobe Talbott, The Brookings Institution：How A Think Tank Works, http：//usinfo. state. gov/journals/itps/1102/ijpe/pj73talbott. htm

The Carter Center：Creating a world inwhich every man, woman, and child hasthe opportunity to enjoy good health andlive in peace（http：//www. cartercenter. - org/about/index. html）.

The AmericanHeritage Dictionary, Think Tank, and Merriam Webster' Dictionary, Think Tank.

Think Tanks, Source Watch：A Projectof the Center for Media and Democracy, http：//www. sourcewatch. org/wiki. phtml? title ＝ Think _ tanks Think Tankwith Ben Wattenberg（weekly PBS television programme）, http：//www. pbs. org/thinktank/index. html.

T. R. Dye, Who's Running America? The Bush Restoration（7th edn）. Upper Saddle River, NJ：Prentice Hall, 2002.

Weaver, "Changing world of think tanks". A Brief Historyof RAND, http：//www. rand. org/about/history/.

## "华盛顿的智库及其挑战"

Weidenbaum, Murray L. 2008. *The Competition of Ideas：The World of*

*Washington Think Tanks*, Transaction Publishers.

## "德国智库的发展与意义"

Abelson, Donald E. (2002): Do Think Tanks Matter? Assessing the Impact of Public Policy Institutes, Kingston, Ont. & Montreal: McGill – Queen's University.

Ackermann, Rolf and Peter Gräf (2006): "Weltfremde Zwänge. Die Wirtschaftsforschungsinstitute werden von der Leibniz – Gemeinschaft zu Höchstleistungen getrieben. Bessere Politikberatung kommt dabei nichtheraus" in: Wirtschaftswoche No. 25, June 19, 2006, 32—34.

Brede, Falko (2006): Gesundheitspolitik und Politikberatung. Eine vergleichende Analyse deutscher und kanadischer Erfahrungen, Wiesbaden: Deutscher Universitätsverlag.

Boucher, Stephen (2004): Europe and its Think Tanks: A Mission to be Fulfilled, Studies No. 35, Paris: Notre Europe.

Braml, Josef (2004): "Think Tanks versus, Denkfabriken?" U. S. and German Policy Research Institutes Coping With and Influencing Their Environment, Baden – Baden: Nomos.

Bundesrechnungshof (Federal Court of Audit) (1996): Die Präsidentin des Bundesrechnungshofs als Bundesbeauftragte für Wirtschaftlichkeit in der Verwaltung: Gutachten über die Koordinierung und Rationalisierung der Aktivitäten im Bereich Ostforschung, Bonn. (President of the Federal Court of Audit: Report on the Coordination and Rationalization of Federally – Funded Research into Eastern and Internat ional Studies).

Busch, Andreas (2000) "Interests or Ideas: An Overview of Ideational Concepts in Public Policy Research" in Braun, D. and A. Busch (eds.) Public Policy and Political Ideas, Cheltenham: Edward Elgar.

Day, Alan J. (2000): "Think Tanks in Western Europe" in: McGann, James and Weaver, R. Kent (eds.) (2000): Think Tanks and Civil

Societies, New Brunswick: Transaction Publishers.

Economist, The (2004): "Pennies for their Thoughts" in: Economist, September 4, 2004, 41.

Gellner, Winand (1995): Ideenagenturen für Politik und Öffentlichkeit. Think Tanks in den USA und in Deutschland, Wiesbaden: Westdeutscher Verlag.

Howlett, Michael. & Ramesh, M. (1995) Studying Public Policy: Policy Cycles and Policy Subsystems, Toronto, Oxford University Press.

Kingdon, J. (1995) Agendas, Alternatives and Public Policies, 2nd edition, Boston: Little Brown & Co.

Klaiber, Klaus - Peter (1996): "Zielvorgabe: Aktualität, Praxisnähe und Durchsetzbarkeit" in: Internationale Politik, 9 (September 1996) 51, 63—64. (Objective for Policy Advisers: Topicality, Project - orientation and Assertiveness).

Leif, Thomas (2006): Beraten und verkauft. McKinsey Co. der große Bluffder Unternehmensberater, Gütersloh: C. Bertelsmann.

Mielke, Gerd (1999): "Sozialwissenschaftliche Beratung in den Staatskanzleien" (The role of social - scientific consultation in the state chancelleries of the federal states), Forschungsjournal Neue Soziale Bewegungen 12 (3): 40—48.

Raffel, Tobias (2006): Unternehmensberater in der Politikberatung. Wiesbaden: Deutscher Universitätsverlag.

Rich, Andrew (2004): Think Tanks, Public Policy, and the Politics of Expertise, Cambridge: Cambridge University Press.

Rinke, Andreas (2206): "Think Tanks hoffen auf private Stifter" in: Handelsblatt, November 9, 2006.

Speth, Rudolf (2004): Die politischen Strategien der Initiative Neue Soziale Marktwirtschaft, Düsseldorf: HansBöckler - Stiftung.

Stone Diane (2004): "Introduction: Think Tanks, Policy Advice and Governance" in: Stone, Diane and Andrew Denham (eds.) 2004: Think

Tank Traditions. Policy Research and the Politics of Ideas, Manchester and New York: Manchester University Press, 1—18.

Stone, Diane (1996) Capturing the Political Imagination: Think Tanks and the Policy Process, London, Frank Cass.

Thunert, Martin (2006): "Politikberatung in Großbritannien" in: Falk, Svenja, Rehfeld, Dieter, Römmele, Andrea und Thunert, Martin (Hrsg.): Handbuch Politikberatung, Wiesbaden: Verlag für Sozialwissenschaften, 599—618.

Thunert, Martin (2004) "Think Tanks In Germany," in: Society. 66—69.

Thunert, Martin (2003), Think Tanks in Deutschland – Berater der Politik? "in: Aus Politik und Zeitgeschichte, B51/2003, 30—38.

Thunert, Martin (2000), "Players Beyond Borders? German Think Tanksas Catalysts of Internationalization" in: Global Society, Vol. 14 (2), April 2000, 191—212.

Thunert, Martin W. (2001): "Germany" in: Weaver, R. Kent and Paul Stares (eds.) Guidance for Governance. Comparing Alternative Sources of Policy Advice, Tokyo and New York: Japan Center for International Exchange, 157—206.

Weaver, R. Kent and James McGann (2000): "Think Tanks and Civil Societies in a Time of Change" in: McGann, James and Weaver, R. Kent (eds.): Think Tanks and Civil Societies, New Brunswick: Transaction Publishers.

Weaver, R. Kent and Paul Stares (eds.) (2001) Guidance for Governance. Comparing Alternative Sources of Policy Advice, Tokyo and New York: Japan Center for International Exchange.

Weilemann, Peter R. (2000): "Experiences of a Multidimensional Think Tank: The Konrad Adenauer Stiftung" in: McGann, James and Weaver, R. Kent (eds.) (2000): Think Tanks and Civil Societies, New Brunswick: Transaction Publishers.

## 德国全球和区域究所相关出版物

Abb，Pascal（2013），*China's Foreign Policy Think Tanks：Changing Roles and Structural Conditions*，GIGA Working Papers，No. 213，January，online：〈www. giga – hamburg. de/de/publikationen/working – papers〉.

Abb，Pascal（2013），*Chinas außenpolitische Thinktanks：neue Rollen und Aktivitäten*，GIGA Focus Asien，3，online：〈www. giga – hamburg. de/de/publikationen/giga – focus/asien〉.

Abb，Pascal（2013），*China's Foreign Policy Think Tanks：Explaining Institutional Development and Shifting Roles*，doctoral dissertation，University of Hamburg.

Destradi，Sandra（2013），Tiger oder Kätzchen? Indiens außenpolitische Debatten zeugen von andauernder Selbstfindung，in：*Internationale Politik*，68，5，93—99.

Köllner，Patrick（2011），*Think Tanks：Their Development，Global Diversity and Roles in International Affairs*，GIGA Focus International Edition English，6，online：〈www. giga – hamburg. de/giga – focus/internationaledition – english〉.

Noesselt，Nele（2013），Pekings Ideengeber，in：*Internationale Politik*，68，2，102—107.

## "英国外交事务智库的知名度与活动"

Abelson，Donald E. 2006. A Capitol Idea：Think Tanks and US Foreign Policy. Montreal：McGill – Queen's University Press.

Abelson，Donald E. 2004. "The Business of Ideas：the Think Tank Industry in the United States"，in Stone，Diane and Andrew Denham（eds. ）Think Tank Traditions. Manchester：Manchester University Press.

Abelson，Donald E. 2002. Do Think Tanks Matter? Assessing the Impact of Public Policy Institutes. Quebec：McGuill – Queen's University

Press.

Abelson, Donald E. 1999. "Public Visibility and Policy Relevance: Assessing the Impact and Influence of Canadian Policy Institutes", Canadian Public Administration 42 (2): 240—270.

Ahmad, Mahmood. 2008. "US Think Tanks and the Politics of Expertise: Role, Value and Impact", Political Quarterly, 79 (4): 529—555.

Anderson, Benedict. 1983. Imagined Communities. Reflections on the Origin and Spread of Nationalism. London: Verso.

Baumgartner, Frank R. and Beeth L. Leech 1998. Basic Interests. The Importance of Groups in Politics and in Political Science. Princeton, N. J. : Princeton University Press.

Berger, Peter L. and Thomas Luckmann. 1966. The Social Construction of Reality: A Treatise in the Sociology of Knowledge. Garden city: Anchor.

Bidwell, Shelford. 1991. "The Royal United Services institute for Defence Studies, 1831—1991", The RUSI Journal, 136 (2): 69—72.

Bourdieu, Pierre. 1977. Outline of a Theory of Practice. Cambridge: Cambridge University Press.

Brewin, Christopher. 1992. "Research in a Global Context: A Discussion of Toynbee's Legacy", Review of International Studies, 18: 115—130.

Chadwick, Andrew and Philip N. Howard. 2008. "Introduction: New Directions in Internet Politics Research", in Chadwick, Andrew and Philip N. Howard (eds. ) Handbook of Internet Politics. London: Routledge.

Coleman, Stephen and Jay Blumler. 2009. The Internet and Democratic Citizenship. Theory, Practice and Policy. Cambridge: Cambridge University Press.

Crotty, Michael. 2003. The Foundations of Social Research: Meaning and Perspective in the Research Process. London: Sage Publications.

Denham, Andrew and Mark Garnett. 1996. "The Nature and Impact of Think Tanks in Contemporary Britain", Contemporary British History, 10 (1): 43—61.

Denham, Andrew and Mark Garnett. 1998a. British Think – Tanks and the Climate of Opinion. London: UCL Press.

Denham, Andrew and Mark Garnett. 1998b. Think Tanks, British Politics and the "Climate of Opinion", in Stone, Diane; Andrew Denham and Mark Garnett (eds.) Think Tanks Across Nations. A Comparative Approach. Manchester: Manchester University Press.

Dickie, John. 1992. Inside the Foreign Office. London: Chapmans.

Foreign and Commonwealth Office. 2010. Business Plan 2011—2015. Online: http://www.fco.gov.uk/resources/en/pdf/about – us/our – publications/fco – business – plan – 2011—2015.

Giddens, Anthony. 1984. The Constitution of Society. Outline of the Theory of Structuration. Cambridge: Polity.

Grant, Wyn. 1985. "Insider and Outsider Pressure Groups", Social Science Review, 5: 107—111.

Haass, Richard. 2002. "Think Tanks and U.S. Foreign Policy: A Policy – Maker's Perspective", An Electronic Journal of the US Department of State, 7 (3): 5—8.

Hames, Tim and Richard Feasey. 1994. "Anglo – American Think Tanks Under Reagan And Thatcher", in Adonis, Andrew and Tim Hames (eds.) A Conservative Revolution?: the Thatcher – Reagan Decade In Perspective. Manchester: Manchester University Press.

Higgott, Richard and Diane Stone. 1994. "The Limits of Influence: Foreign Policy Think Tanks in Great Britain and the USA", Review of International Studies, 20 (1): 15—34.

James, Simon. 1993. "The Idea Brokers: The Impact of Think Tanks on British Government", Public Administration, 71: 491—506.

Lindquist, Evert A. 1993. "Think Tanks or Clubs? Assessing the Influence and Roles of Canadian Policy Institutes", Canadian Public Administration, 36 (4): 547—579.

Lindquist, Evert A. 1998. "A Quarter of Century of Canadian Think Tanks: Evolving Institutions, Conditions And Strategies", in Stone, Diane; Andrew Denham and Mark Garnett (eds. ) Think Tanks Across Nations. A Comparative Approach. Manchester: Manchester University Press.

McGann, James. 2010. "The Global Go – To Think Tanks. The Leading Public Policy Research Organizations in the World". Think Tanks and Civil Society Program. University of Pennsylvania. Online: http: //www. sas. upenn. edu/irp/documents/2009 Global Go To Report Think TankIndex _ 1. 31. 2010. 02. 01. pdf.

McGann, James with Erik C. Johnson. 2006. Comparative Think Tanks, Politics and Public Policy. Cheltenham, UK: Edward Elgar.

Parmar, Inderjeet. 1992. "Chatham House and Anglo – American Relations", Diplomacy and State – craft, 3 (1): 23—47.

Parmar, Inderjeet. 1995. Special Interests, the State and the Anglo – American Alliance, 1939 – 1945. London: Frank Cass.

Parmar, Inderjeet. 2002. "Anglo – American Elites In The Interwar Years: Idealism and Power in the Intellectual Roots of Chatham House and the Council of Foreign Relations", International Relations, 16 (1): 53—75.

Parmar, Inderjeet. 2004a. Think Tanks And Power In Foreign Policy. Houndsmills, Basingstoke, Hampshire: Palgrave Macmillan.

Parmar, Inderjeet. 2004b. "Institutes of International Affairs: Their Roles In Foreign Policy – Making, Opinion Mobilization And Unofficial Diplomacy", in Stone, Diane and Andrew Denham (eds. ) Think Tank Traditions. Policy Research And The Politics of Ideas. Manchester: Manchester University Press.

Pautz, Hartwig. 2010. "Think Tanks in the United Kingdom and Germany: Actors in the Modernisation of Social Democracy ", British Journal of Politics and International Relations, 12: 274—294.

Rich, Andrew. 2004. Think Tanks, Public Policy and the Politics of Expertise. Cambridge: Cambridge University Press.

't Hart, Paul and Ariadne Vromen. 2008. "A New Era for Think Tanks in Public Policy? International Trends, Australian Realities", The Australian Journal of Public Administration, 67 (2): 135—148.

Sherrington, Philippa. 2000. British Think Tanks: Advancing the Intellectual Debate?, British Journal of Politics and International Relations, 2 (2): 256—263.

Stone, Diane. 2007. "Recycling Bins, Garbage Cans or Think Tanks? Three Myths Regarding Policy Analysis Institutes", Public Administration, 85 (2): 259—278.

Stone, Diane and Mark Garnett. 1998. "Introduction: Think Tanks, Policy Advice And Governance", in Stone, Diane; Andrew Denham and Mark Garnett (eds.) Think Tanks Across Nations. A Comparative Approach. Manchester: Manchester University Press.

UK Government (2010) A Strong Britain in an Age of Uncertainty: The National Security Strategy.

Wallace, William. 1994. "Between Two Worlds: Think – Tanks and Foreign Policy", in Hill, Christopher and Pamela Beshoff (eds.) Two Worlds of International Relations: Academics, Practitioners And The Trade In Ideas. London: Routledge.

Weiss, Carol Hirschon. 1992. "Introduction: Helping Government Think: Functions and Consequences of Policy Analysis Organisations", in Weiss, Carol Hirschon (ed.) Organisations for Policy Advice: Helping Government Think. London: Sage.

## "智库的界定及其排名"

Abelson, Donald E. (2009), Do Think Tanks Matter?, second edition,

Montreal and Kingston: McGill – Queen's University Press.

Boucher, Stephen (2004), Europe and its Think Tanks: A Promise to Be Fulfilled, Paris: Notre Europe, on – line: 〈www. notre – europe. eu/media/etud35 – en. pdf? pdf＝ok〉 22 September, 2013.

Buldioski, Goran (2011), Mirror, mirror on the wall… tell me who is the best think tank in the world?, 23 January, online: 〈http: //goranspolicy. com/mir – ror – mirror – wall – tank – world/〉 24 October, 2013.

Clark, Julia and David Roodman (2013), Measuring Think Tank Performance: An Index of Public Profile, CGD Policy Paper 025, June, Washi ngton: Cen – ter for Global Development, online: 〈www. cg – dev. org/publication/metrics – think – tank – profile〉 20 December, 2013.

Kuntz, Fred (2013), Communications and Impact Metrics for Think Tanks, Centre for International Governance Innovation, 11 July, on – line: 〈http: //www. cigionline. org/blogs/tank – treads/commu – nications – and – impact – metrics – think – tanks〉 16 December, 2013.

Ladi, Stella (2011), Think Tanks, in: Bertrand Ba – die, Dirk Berg – Schlosser and Leonardo Morlino (eds. ), International Encyclopedia of Political Sci – ence, Thousand Oaks: Sage, 2608—2611.

McGann, James G. (2013), 2012 Global Go To Think Tanks Report and Policy Advice, 28 January, on – line: 〈http: //repository. up-enn. edu/cgi/viewcon – tent. cgi? article ＝ 1006 & context ＝ think _ tanks〉 20 September, 2013.

Medvetz, Tom (2008), Think Tanks as an Emergent Field, Social Science Research Council, October, online: 〈http: //sociology. ucsd. edu/faculty/bio/documents/Medvetz. 08. SSRC. pdf〉 9 December, 2011.

Medvetz, Tom (2012), Think Tanks in America, Chicago and London: U-niversity of Chicago Press.

Mendizabal, Enrique (2011), Another year, another ranking of think tanks (and surprise surprise, Brook – ings is still the best), 21 January, online: ⟨ht-tp: //onthinktanks. org/2011/01/21/another – year – an – other – ranking – of – think – tanks – and – surprise – sur – prise – brookings – is – still – the – best/⟩ 24 October, 2013.

Mendizabal, Enrique (2012), This year, instead of ranking think tanks let-think about them more care – fully, 26 November, online: ⟨http: // onthink – tanks. org/2012/11/26/this – year – instead – of – rank – ing – think – tanks – lets – think – about – them – more – carefully/⟩ 26 No-vember, 2012.

Missiroli, Antonio and Isabelle Ioannides (eds. ) (2012), E uropean Think Tanks and the EU, Berlay – mont Paper, No. 2, online: ⟨http: //ec. eu-ropa. eu/bepa/pdf/publications _ pdf/brief – policy/berl _ papers _ issue _ 2. pdf⟩ 22 September, 2013.

Rich, Andrew (2004), Think Tanks, Public Policy, and the Politics of Ex-pertise, Cambridge: Cambridge University Press.

Stone, Diane (2001), Think Tanks, in: Neil J. Smels – er and Paul B. Baltes (eds. ), International Encyclo – pedia of the Social & Behavioral Sciences, Oxford: Elsevier, 15668—15671.

Stone, Diane (2004), Introduction: Think Tanks, Policy Advice and Gove rnance, in: Diane Stone and Andrew Denham (eds. ), Think Tank Tradi – tions: Policy Research and the Politics of Ideas, Man – ches-ter: Manchester University Press, 1—16.

Stone, Diane (2005), Think Tanks and Policy Advice in Countries in Tran-sition, in: Toru Hashimoto, Stefan Hell and Sang – Woo Nam (eds. ), Public Policy Research and Training in Vietnam, Tokyo: A-sia Development Institute, 38—109, online: ⟨www. adbi. org/files/ 2005. 12. book. policy. research. vietnam. pdf⟩ 3 February, 2011.

Suzuki, Takahiro (2006), Think Tanks and Policy Formation in Japan, online: www. tt2005. jp/modules/overview/index. php? id = 17⟩ 10 October, 2010.

Thunert, Martin (2008), Think Tanks in Germany: Their Resources, Strategies and Potential, in: Zeitschrift für Politikberatung 1, 1, 32—52.

Weidenbaum, Murray (2010), Measuring the Influence of Think Tanks, in: Society, 47, 2, 34—137.

Wiarda, Howard J. (2010), Think Tanks and Foreign Policy, Lanham: Lexington Books.

## "智库与网络：知名度与影响力的评估"

Abelson, D. E. 2002. Do Think Tanks Matter? Assessing the Impact of Public Policy Institutes. Montreal: McGill - Queen's University Press.

Abelson, D. E. 2006. A Capitol Idea: Think Tanks and US Foreign Policy. Montreal and Kingston: McGill - Queen's Uni - versity Press.

Abelson, D. E. 2007. "Any Ideas? Think Tanks and Policy Analysis in Canada." In Policy Analysis in Canada: The State of the Art, ed. L. obuzinskis, M. Howlett, and D. Laycock. Toronto: University of Toronto Press.

Ackland, R. and R. Gibson. 2006. "Hyperlinks and Hori - zontal Political Communications on the www: The Untold Story of Parities Online." Centre for Social Research, Research School of Social Sciences, Aus - tralian National University, Canberra. Available at http: //vo- son. anu. edu. au/papers/hyperlinks _ polcomm. pdf.

Battle, K. 2003. "The Rise of a Think - Tank in Policy Development: Caledon and the National Child Ben - efit." Horizons 6 (1): 11—15.

Björneborn, L. and p. Ingwersen. 2004. "Toward a Basic Framework for Webometrics." JASIST 55 (14): 1216—1227.

Borgatti, S. and R. Cross. 2003. "A Relational View of Information See - king and Learning in Social Net - works." Management Science 49 (4): 432—445.

Briggs, P. , B. Burford, A. De Angeli, and p. Lynch. 2002. "Trust in Online Advice. " Social Science Computer Review 20 (3): 321—332.

Bruns, A. 2007. "Methodologies for Mapping the Blogosphere: An Exploration Using the Issue Crawler Research Tool. " First Monday 12 (5) . Available at http: //firstmonday. org/htbin/cgiwrap/bin/ojs/index. php/fm/article/view/1834.

Burt, R. 1980. "Models of Network Structure. " Annual Review of Sociology 6 (1): 79—141.

Coleman, W. and G. Skogstad, eds. 1990. Policy Com – munities and Public Policies in Canada. Toronto: Copp Clark.

Courchene, T. J. 2004. "Confiscatory Equalization: The Intriguing Case of Saskatchewan's Vanishing Energy Revenues. " Choices 10 (2) . Available on the Institute for Research on Public Policy website at http: //www. irpp. org/choices/archive/vol10no2. pdf.

Cowan, R. and N. Jonard. 2004. "Network Structure and the Diffusion of Knowledge. " Journal of Economic Dynamics and Control 28 (8): 1557—1575.

Dobrowolsky, A. and J. Jenson. 2004. "Shifting Repre – sentations of Citizenship: Canadian Politics of 'Women' and 'Children. '" Social Politics 11 (2): 154—180.

Duffy, M. 2000. "The Internet as a Research and Dis – semination Resource. " Health Promotion International 15 (4): 349—353.

Evans, M. and A. Walker. 2004. "Using the Web Graph to Influence Application Behavior. " Internet Research 14 (5): 372—378.

Fischer, F. 2003. Reframing Public Policy: Discursive Politics and Deliberative Practices. Oxford: Oxford University Press.

Gibson, D. , J. Kleinberg, and p. Raghavan. 1998. "Infer – ring Web Communities from Link Topology. " Proceedings from the Ninth ACM Conference on Hypertext and Hypermedia. Accessed 25 May 2009 at http: //www. cs. cornell. edu/home/kleinber/ht98 – comm.

pdf.

Golafshani, N. 2003. "Understanding Reliability and Va – lidity in Quali-
tative Research." The Qualitative Report. 8 (4): 597—607.

Henzinger, M. 2001. "Hyperlink Analysis for the Web." IEEE Internet
Computing 5 (1): 45—50.

Hewson, C. , p. Yule, D. Laurent, and C. Vogel. 2003. Internet Research
Methods: A Practical Guide for the Social and Behavioral Sciences.
London: Sage.

Jost, G. and K. Jacob. 2004. "The Climate Change Policy Network in
Germany." European Environment 14 (1): 1—15.

Kirk, J. and M. L. Miller. 1985. Reliability and Validity in Qualitative
Research. Thousand Oaks, CA: Sage.

Kleinberg, J. 1999. "Authoritative Sources in a Hyperlinked Environm
ent." Journal of the ACM 46 (5): 604—632.

LeCompte, M. and J. Preissle – Goetz. 1982. "Problems of Reliability and
Validity in Ethnographic Research." Review of Educational Research
52 (1): 31—60.

Leo, C. and M. August. 2005. "The Federal Government and Homeless-
ness: Community Initiative or Dictation from Above?" Canadian Cen-
tre for Policy Alternatives, Winnipeg, Manitoba.

Lindquist, L. 1993. "Think Tanks or Clubs? Assessing the Influence and
Roles of Canadian Policy Institutes." Canadian Public Administration
36 (4): 547—579.

Lindquist, L. 2006. Think Tanks, Foundations and Policy Discourse:
Ebbs and Flows, Investments and Responsibilities. Accessed 15 May
2007 on the Canadian Policy Re – search Networks website at http: //
www. cprn. org/doc. cfm? doc=1563&1=en.

McNutt, K. 2008. "Policy on the Web: The Climate Change Virtual Policy
Network." Canadian Political Science Review 2 (1): 1—15.

Meltsner, A. 1986. "The Seven Deadly Sins of Policy Analysis." Science

Communication 7 (4): 367—381.

Parent, M. , C. Vandebeek, and A. Gemino. 2005. "Build – ing Citizen Trust through E – Government. " Government Information Quarterly 22 (4): 720—736.

Park, H. W. 2003. "Hyperlink Network Analysis: A Method for the Study of Social Structure on the Web. " Connections 25 (1): 49—61.

Park, H. W. , M. Thelwall, and R. Kluver. 2005. "Political Hyperlinkin-gin South Korea: Technical Indicators of Ideology and Consent. " Sociological Research Online 10 (3) . Available at http: //www. socresonline. org. uk/10/3/park. html.

Pross, p. 1986. Pressure Group Behavior in Canadian Politics. Toronto: McGraw – Hill.

Radin, B. A. 2000. Beyond Machiavelli: Policy Analysis Comes of Age. Washington, DC: Georgetown Univer – sity Press.

Rethemeyer, K. 2007. "Policymaking in the Age of Internet: Is the Internet Tending to Make Policy Net – works More or Less Inclusive?" Journal of Public Administration Research and Theory 17 (2): 259—284.

Rich, R. F. 1997. "Measuring Knowledge Utilization Processes and Outcomes. " Knowledge and Policy: The International Journal of Knowledge Transfer and Uti – lization 3: 11—24.

Rogers, R. 2006. Information Politics on the Web. 2nd edition. Cambridge, MA: MIT Press.

Smith, P. A. , A. I. Newman, and L. M. Parks. 1997. "Vir – tual Hierarchies and Virtual Networks: Some Lessons from Hypermedia Usability Research Applied to the World Wide Web. " International Journal of Human – Computer Studies 47 (1): 65—95.

Stone, D. 2000. "Think Tanks across Nations: The New Network of Knowledge. " NIRA Review 34 (4): 34—39.

Stone, D. 2002. "Introduction: Global Knowledge and Advocacy Networks. "

Global Networks 2 (1): 1—11.

Stone, D. 2007a. "Recycling Bins, Garbage Cans or Think Tanks? Three Myths Regarding Policy Analysis Insti‐tutes." Public Administration 85 (2): 259—278.

Stone, D. 2007b. "Public Policy Analysis and Think Tanks." In Handbook of Public Policy Analysis: Theory, Politics, and Methods, ed. F. Fischer, G. Miller, and M. S. Sidney. Boca Raton, FL: Taylor and Francis.

Theofanos, M. and C. Mulligan. 2004. "Empowering Pa‐tients through Access to Information: The United States Department of Health and Human Services E‐Health Enterprise." Information, Communication and Society, 7 (4): 466—490.

Thunert, M. 2003. "Conservative Think Tanks in the United States and Canada." In Conservative Parties and Right‐Wing Politics in North America, ed. R. Schultze, R. Sturm, and D. Eberle. Berlin: VS Verlag.

Vedder, A. and R. Wachbroit. 2003. "Reliability of Infor‐mation on the Internet: Some Distinctions." Ethics and Information Technology 5 (4): 211—215.

Wang, Y. D. and H. Emurian. 2005. "An Overview of Online Trust: Concepts, Elements, and Implications." Computers in Human Behavior 21 (1): 105—125.

## "中国智库，政策建议及全球治理"

巴西研究所：《巴西研究所特别报告》，http：//www. wilsoncenter. org/index. cfm? topic＿id＝1419&fuseaction＝topics. home。

迪帕克·达斯格普塔：《印度的经济挑战》，2007 年 2 月 13 日在新德里对世界银行主要经济学家的采访。

陈丽霞等：《中国从事全球健康治理：过程和困境》，《全球公共卫生》2009 年第 1 期。

陈丽霞等：《反思全球治理：中国模式在形成？》，《当代政治》2008 年第 1 期。

约翰·加里森：《从对抗转向合作：巴西公民社会、政府与世界银行的关系》，世界银行 2000 年版。

邦妮·S. 格拉泽、菲利普 C. 桑德斯：《中国民间外交政策研究机构：角色演变和扩大影响》，《中国季刊》2002 年第 171 期。

卡姆·戈温德：《今日南非公民社会趋势》，《非洲国会》1999 年 10 月。

发展研究所：《南非的公民社会与治理：案例研究》，2007 年 4 月 17 日。

理查德·奈特：《南非 2006：未来的挑战》，《共同利益》2006 年 11 月。

李成：《中国的新智库：官员、企业家和学者互动之处》，《中国领导观察》2009 年第 29 期。

詹姆斯·G. 麦克甘：《全球、区域和国家智库的趋势》，提交 2011 年 10 月 8—9 日"智库在国际发展中的作用"会议。中国社科院、弗里德里希·艾伯特基金会和宾州大学"智库与公民社会"项目。

詹姆斯·G. 麦克甘：《智库和世界各地的政策咨询》，外交政策研究所"智库与公民社会"项目，1999 年。

詹姆斯·G. 麦克甘：《2006 全球智库趋势调查》，外交政策研究所"智库与公民社会"项目，2006 年。

巴里·诺顿：《中国的经济类智库：1990 年代的角色转变》，《中国季刊》2002 年第 171 期。

丽丽安娜·N. 普罗斯库里亚科娃：《俄罗斯公民社会将难以呼吸》，耶鲁全球在线，http：//yaleglobal. yale. edu/article. print？id＝6607。

沈大伟：《中国和全球治理：安全领域》，http：//unpan1. un. org/intradoc/groups/public/documents/apcity/unpan043023. pdf。

曼莫汉·辛格：《经济类智库研究议程》，2006 年 11 月 6 日印度国际经济关系研究委员会（ICRIER）25 周年纪念会上的演讲。

R. 苏亚摩斯、K. D. 甘格瑞德：《印度的非政府组织：横断面研究》，格林伍德出版社 2001 年版。

联合国统计司：《人口和生命统计报告》，2011 年 11 月 22 日最后更新，http://unstats. un. org/unsd/demographic/products/vitstats/serATab 2. pdf。

美国国际发展署：《2005 年中东欧和欧亚大陆非政府组织可持续发展指数》，2006 年第 9 版。

王红缨、詹姆斯·罗斯诺：《中国和全球治理》，《亚洲展望》2009 年第 3 期。

多米尼克·威尔逊、露帕·普鲁修撒曼：《与 BRICs（金砖四国）一起梦想：通往 2050 年的道路》（"高盛全球经济报告"）2003 年第 99 期。

朱旭峰：《智库在中国决策过程中的影响：不同的方式和机制》，《亚洲观察》2009 年第 2 期。


## "中国新智库：官员、学者和企业家互动之地"

穆雷·司各特·坦纳（Murray Scot Tanner），《中国在变，视窗也变："智库"系统的演变和公安系统的情况》（*Changing Windows on a Changing China：The Evolving "Think Tank" System and the Case of the Public Security Sector*），载《中国季刊》（*China Quarterly*）2002 年第 171 期。这期刊物还有其他由贝茨·吉尔（Bates Gill）、邦尼·格拉泽（Bonnie Glaser）、詹姆斯·穆尔维农（James Mulvenon）、巴里·诺顿（Barry Naughton）、菲利普·桑德斯（Phillip Saunders）和沈大伟（David Shambaugh）等人所撰写的优秀论文，对事关于中国智库的范围广泛的问题进行了讨论。

朱旭峰：《智库在中国政策过程当中的影响：不同的路径与机制》（*The Influence of Think Tanks in the Chinese Policy Process：Different Ways and Mechanisms*），载《亚洲调查》（*Asian Survey*）2009 年第 49 卷第 2 册。

朱旭峰和薛澜：《中国转型期的智库》（*Think Tanks in Transitional China*），载《公共管理与发展》（*Public Administration and Development*）（2007 年 12 月）。

萧峰：《中国需要智库，而不是翰林院》（*China needs think tanks，but not Imperial Academy*），载《新周刊》（*New Weekly*）2009 年 7 月 17 日。

# 附录二 本书所涉智库名单

说明：在讨论智库时，可能采取较宽的定义，如把"依云集团"也纳入考量范围，但这类机构在这里并没有被编者列出。

## 【美国智库】

阿斯彭研究所（Aspen Institute）

安全政策中心（Center for Security Policy）

贝克研究所（Baker Institute）

布鲁金斯学会（Brookings Institution）

卡内基国际和平基金会（Carnegie Endowment for International Peace）

卡内基伦理与国际事务理事会（Carnegie Council on Ethics and International Affairs）

卡特中心（Carter Center）

卡托研究所（CATO Institute）

城市研究所（Urban Institute）

传统基金会（Heritage Foundation）

东北中西部研究所（Northeast – Midwest Institute）

东西方研究所（East – West Institute）

防卫信息中心（Center for Defense Information）

防止核武器扩散研究中心（Center for Nonproliferation Studies）

公民税赋公平协会（Citizens for Tax Justice）

公共诚信中心（Center for Public Integrity）

国防分析研究所（Institute of Defense Analysis）

国际经济研究所（Institute for International Economics）

国家经济研究局（National Bureau of Economic Research）

国家民主基金会（National Endowment for Democracy）

国际经济增长中心（ICEG International Center for Economic Growth）

国家亚洲研究局（National Bureau of Asian Research）

国会研究服务部（Congressional Research Service）

国际危机组织（International Crisis Group，ICG）

国家政策分析中心（National Center for Policy Analysis）

哈德森研究所（Hudson Institute）

胡佛战争、革命与和平研究所，简称胡佛研究所（Hoover Institution on
　　War，Revolution and Peace，Hoover Institution）

华盛顿近东政策研究所（Washington Institute for Near East Policy）

华盛顿国际经济研究所（Institute for International Economics，IIE）

华盛顿竞争企业协会（Competitive Enterprise Institute）

进步与自由基金会（Progress and Freedom Foundation）

加州联邦政策研究所（California Institute for Federal Policy Research）

加利福尼亚公共政策研究所（Public Policy Institute of California）

家庭研究学会（Family Research Council）

进步政策研究所（Progressive Policy Institute）

经济政策研究所（Economic Policy Institute）

经济战略研究所（Economic Strategy Institute）

经济和政策研究中心（Center for Economic and Policy Research）

竞争企业协会（Competitive Enterprise Institute）

开放社会研究所（Open Society Institute）

康拉德·阿登纳基金会（Konrad Adenauer Stiftung）

拉塞尔·塞奇基金会（Russell SageFoundation）

兰德公司（Rand Corporation）

乐施会（Oxfam）

理性基金会（Reason Foundation）

联邦教育和研究信托基金（Federal Trust for Education and Research）

落基山研究所（Rocky Mountain Institute）

曼哈顿研究所（Manhattan Institute）

蒙特瑞国际研究学院（Monterey Institute of International Studies）

美国外交政策委员会（American Foreign Policy Council）

美国和平研究所（United States Institute of Peace）

美国进步中心（Center for American Progress）

美洲对话（Inter – American Dialogue）

美国经济战略研究所（Economic Strategy Institute）

美国罗斯福政策研究中心（Roosevelt Center for American Policy Studies）

美国企业公共政策研究所，简称企业研究所（American Enterprise Institute for Public Policy Research）

能源效率经济理事会（American Council for an Energy – Efficient Economy）

尼克松自由与和平中心（Nixon Center for Peace and Freedom）

诺涕勒斯安全与可持续发展研究所（Nautilus Institute for Security and Sustainable Development）

皮尤研究中心（Pew Research Center）

皮尤全球气候变化研究中心（Pew Center on Global Climate Change）

全球安全分析研究所（Institute for the Analysis of Global Security）

人口资料局（Population Reference Bureau）

世纪基金会（Century Foundation）

世界观察研究所（World Watch Institute）

世界资源研究所（World Resources Institute）

司法政策研究所（Justice Policy Institute）

斯坦福研究所（Stanford Research Institute）

斯坦福大学亚太研究中心（Asia – Pacific Research Center，Stanford University）

史汀生中心（Stimson Center）

透明国际（Transparency International）

外交关系协会（Council on Foreign Relations）

外交政策研究所（Foreign Policy Research Institute）

外交政策协会（Foreign Policy Association）

未来资源（Resources for the Future）

伍德罗·威尔逊国际学者中心（Woodrow Wilson International Center for Scholars）

新美国基金会（New America Foundation）

移民政策研究所（Migration Policy Institute）

忧思科学家联盟（Union of Concerned Scientists）

预算与政策优先中心（Center on Budget and Policy Priorities）

战略与国际研究中心（Center for Strategic and International Studies）

芝加哥对外关系委员会（Chicago Council on Foreign Relations）

政策研究所（Institute for Policy Studies）

政府研究所（Institute for Government Research，IGR）

政治和经济联合研究中心（Joint Center for Political and Economic Studies）

中东研究所（Middle East Institute）

中东政策委员会（Middle East Policy Council）

自由论坛（Freedom Forum）

自由之家（Freedom House）

佐治亚州政策研究所（Institute for Policy Studies）

## 【加拿大智库】

大西洋市场研究所（Atlantic Institute for Market Studies，AIMS）

戴维·铃木基金会（David Suzuki Foundation）

菲沙研究所（Fraser Institute）

弗雷泽研究所（Fraser Institute）

公共政策研究所（Institute for Research on Public Policy，IRPP）

公共政策论坛（Public Policy Forum）

管理研究所（Institute on Governance）

贺维学会（C. D. Howe Institute）

加拿大替代政策研究中心（Canadian Centre for Policy Alternatives）

加拿大首席执行官理事会（Canadian Council of Chief Executives）

加拿大劳工议会（Canadian Labour Congress）

加拿大政策研究网络（Canadian Policy Research Networks，CPRN）

加拿大经济委员会（Economic Council of Canada）

加拿大联合会（Conference Board of Canada）

加拿大西部基金会（Canada West Foundation）

卡列登社会政策研究所（Caledon Institute of Social Policy）

加拿大社会发展委员会（Canadian Council on Social Development）

加拿大税收基金会（Canadian Tax Foundation）

加拿大社会发展委员会（Canadian Council on Social Development）

加拿大政策研究网络（Canadian Policy Research Networks）

加拿大儿童健康研究所（Canadian Institute of Child Health）

加拿大核责任联合会（Canadian Coalition for Nuclear Responsibility）

加拿大妇女进步研究所（Canadian Research Institute for the Advancement of Women）

蒙特利尔经济研究所（L'Institut économique de Montréal）

牧场适应性研究联盟（Prairie Adaptation Research Collaborative）

南北研究所（North - South Institute）

彭比纳研究所（Pembina Institute）

儿童保育资源和研究中心（Childcare Resource and Research Unit）

生活水平研究中心（Centre for the Study of Living Standards）

瓦尼埃家庭研究所（Vanier Institute of the Family）

污染调查（Pollution Probe）


## 【英国智库】

（英国）国际冲突研究所（INCORE）

（英国）经济事务研究所（Institute of Economic Affairs）

英国社会正义研究中心（Centre of Social Justice，United Kingdom）

英国国际事务研究所（British Institute of International Affairs）

亚当·斯密研究所（Adam Smith Institute）

伦敦政治经济学院 (London School of Economics and Political Science)

伦敦政治经济学院经济效益中心 (Centre for Economic Performance, LSE)

伦敦政治经济学院社会排斥分析中心 (Centre for the Analysis of Social Exclusion)

英国海外发展研究所 (Overseas Development Institute)

英国苏塞克斯大学发展研究所 (Institutefor Development Studies, Sussex University)

查塔姆研究所 (Chatham House)

国际战略研究所 (International Institute for Strategic Studies; IISS)

英国皇家联合军种防务与安全研究所 (Royal United Services Institute for Defence and Security Studies, RUSI)

公共政策研究所 (Institute for Public Policy Research)

社会市场基金会 (Social Market Foundation)

狄莫斯 (Demos)

## 【欧洲智库】

欧洲环境政策研究所 (Institute for European Environmental Policy)

欧洲政策研究中心 (Centre for European Policy Studies)

阿特拉斯基金会 (Atlas Foundation)

"我们的欧洲" (Notre - Europe)

德国经济研究所 (German Institute for Economic Research)

德国工业研究院 (German Industry - Cologne)

德国工会联合会经济与社会科学研究院 (Economic and Social Science Institute, German Federation of Trade Unions)

德国国际事务与安全研究所 (German Institute for International Affairs and Security)

德国全球及区域研究院 (German Institute for Global and Area Studies)

德国外交关系委员会 (German Council on Foreign Relations)

德意志银行论坛智库——阿尔弗雷德·赫尔豪森协会 (Deutsche Bank Forum Think Tank Alfred Herrhausen Society for International Dialogue Foundation)

德国想法（Deutschland Denken）

（德国）贝塔斯曼基金会（Bertelsmann Stiftung）

（德国）马克斯普朗克学会（Max Planck Society）

（德国）弗劳恩霍夫协会（Fraunhofer Society）

（德国）国际经济汉堡研究所（HWWA Hamburg）

（德国）基尔世界经济研究所（Kiel Institute of World Economics）

（德国）德国经济研究所（German Institute for Economic Research）

（德国）埃森市的莱茵—威斯特法伦州经济研究所（Essen‐based Rhine‐Westphalia Institute for Economic Research）

（德国）智库30（Think Tank 30 Germany）

（德国）科学与政治基金会（Stiftung Wissenschaft und Politik）

（德国）弗里德里希·艾伯特基金会（Friedrich Ebert Foundation）

（德国）莱布尼兹学会研究院所（Leibniz‐Institutes）

（德国）柏林社会研究科学中心（Science Center Berlin for Social Research）

（德国）马克斯·普朗克社会研究学院（Max Planck Institute for the Study of Societies in Cologne）

（德国曼海姆）欧洲经济研究中心（Center for European Economic Research）

（德国卡尔斯鲁厄）弗劳恩霍夫系统及创新研究所（Fraunhofer‐Institute for Systems and Innovation Research）

（德国）杜伊斯堡大学发展与和平研究所（Institute for Development and Peace at the University of Duisburg）

（德国波恩）经济与社会研究所（IWG‐Bonn）

（德国波恩）欧洲一体化研究中心（Center for European Integration Research）

（德国）波恩发展研究中心（Center for Development Research）

（德国）慕尼黑大学应用政策研究中心（Center for Applied Policy Research，University of Munich）

（德国）慕尼黑大学经济研究中心（Munich - based Center for Economic Studies）

（德国）赫迪基金会（Hertie Foundation）

（德国）克贝尔基金会（Koerber - Foundation）

（德国）宝马赫伯特·匡特基金会（Herberrt Quandt - Foundation）

（德国）布尔达三千年学会（Burda Academy of the Third Millennium）

（德国）汉斯·贝克勒基金会（Hans - Böckler - Stiftung）

（德国弗莱堡）生态研究所（Ecology Institute）

（德国）市场经济基金会（又称法兰克福研究所，Foundation for Market Economics）

（德国）独立企业家研究所（Institute of Independent Entrepreneurs）

（德国）路德维希·艾哈德基金会（Ludwig Erhard Foundation）

（德国）布罗伊宁研究所（Oswald Nell Breuning institute）

（德国）柏林城邦（BerlinPolis）

（德国柏林）全球公共政策研究所（Global Public Policy Institute）

（德国）柏林人口和发展研究所（Berlin Institute for Population and Development）

（德国）后代权利基金会（Rights of Future Generations）

（德国）新凯恩斯主义宏观经济学政策研究所（neo - Keynesian Macroeconomic Policy Institute）

（德国）全球合同基金会（Global Contract Foundation）

法国国际关系研究所（French Institute of International Relations）

荷兰国际关系研究所（Netherlands Institute of International Relations）

（捷克）开放社会政策协会（PASOS）

（挪威）基督教迈克尔逊研究所（Chr. Michelsen Institute）

（瑞典）斯德哥尔摩国际和平研究所（Stockholm International Peace Research Institute）

（比利时）国际危机小组（International Crisis Group）

## 【澳大利亚智库】

澳大利亚犯罪学研究所（Australian Institute of Criminology）

澳大利亚费边社（Australian Fabians）

澳大利亚环境基金会（Australian Environment Foundation）

澳大利亚家庭研究所（Australian Institute of Family Studies）

澳大利亚教育研究中心（Australian Centre for Education Research）

澳大利亚经济发展委员会（Committee for Economic Development of Australia）

澳大利亚健康与福利研究所（Australian Institute of Health and Welfare）

澳大利亚农业和资源经济学研究院（Australian Bureau of Agricultural

澳大利亚社会政策研究中心（Social Policy Research Centre）

澳大利亚卫生与福利研究院（Australian Institute Health and Welfare）

澳大利亚研究所（The Australia Institute）

澳大利亚战略政策研究所（Australian Strategic Policy Institute）

鲍尔凯皮塔研究所（Per Capita）

妇女健康重点研究中心（Key Centre for Women's Health）

独立研究中心（Centre for Independent Studies）

公共事务研究所（The Institute of Public Affairs）

工作研究中心（Work Research Centre）

国家药物和酒精研究中心（National Drug and Alcohol Research Centre）

悉尼研究所（Sydney Institute）

洛伊国际政策研究所（Lowy Institute）

交通与物流研究院（Institute of Transport and Logistical Studies）

洛伊研究所（Lowy Institute）

美国研究中心（US Studies Centre）

孟席斯研究中心（Menzies Research Centre）

佩吉研究中心（Page Research Centre）

奇夫利研究中心（Chifley Research Centre）

气候研究所（The Climate Institute）

乔治国际健康研究所（George Institute for International Health）

人权与平等机会委员会（Human Rights and Equal Opportunity Commission）

社会政策研究中心（Social Policy Research Centre）

生产力委员会（Productivity Commission）

原住民经济政策研究中心（Centre of Aboriginal Economic Policy Research）

政策发展中心（Centre for Policy Development）

## 【亚非智库】

中国国际战略研究基金会（CFISS）

中国战略与管理研究会（China Institute of Strategy and Management）

中国社会科学院（Chinese Academy of Social Sciences）

国务院发展研究中心（Development Research Center of the State Council）

上海社会科学院（Shanghai Academy of Social Sciences）

中国现代国际关系研究所（China Institute of Contemporary International Relations）

中国国际经济交流中心（China Center forInternational Economic Exchanges）

中国经济 50 人论坛（Chinese Economists 50 Forum）

北京大学中国经济研究中心（China Center for Economic Research at Peking University）

上海国际问题研究院（Shanghai Institute of International Studies）

中共中央政策研究室（Policy Research Office，CCP）

中共中央党校（Central Party School）

天则经济研究所（Unirule Institute of Economics）

自然之友（Friends of the Nature）

中国太平洋经济合作全国委员会（China National Committee for Pacific Economic Cooperation）

中国改革开放论坛（China Reform Forum）

中国国际战略学会（China International Institute of Strategic Society）

国家行政学院（NationalSchool of Administration）

全国社会保障基金理事会（National Council for SocialSecurity Fund）

人民银行货币政策委员会（CurrencyPolicy Committee of the People's Bank）

国务院研究室（Research Office of the State Council）

### 【其他国家智库】

日本国际交流中心（Japan Center for International Exchange）

日本健康经济与政策研究所（IHEP）

（日本）野村综合研究所（Nomura ResearchInstitute）

（马来西亚）第三世界网络（Third World Network）

埃及经济研究中心（Egyptian Center for Economic Studies）

（玻利维亚）超越（Transcend）

# 附录三 各篇作者简介

戴安娜·斯通（Dinae Stone），1987 年在澳大利亚的莫道克大学（Murdoch University）获得文学学士学位（主修亚洲研究及社会和政治理论），1989 年和 1993 年在澳大利亚国立大学（Australian National University）先后获得政治学硕士学位以及政治学与国际关系博士学位。1996 年加入英国华威大学（University of Warwick），为该校政治和国际研究教授，2004—2012 年担任中欧大学（Central European University）公共政策教授，现为澳大利亚西澳大学（University of Western Australia）政治学和国际关系领域教授。目前主要研究全球网络和管理，具体研究兴趣涉及思想和知识对政策的影响、高等教育政治经济学、非国家行为体在国际和地区事务中的作用等，此前的研究则集中在智库和政策咨询、世界银行与世界发展。

哈特维希·波伊茨（Hartwig Pautz）先后毕业于德国汉诺威大学（University of Hannover）（政治学、历史学、英语硕士，1996—2003）和英国格拉斯哥卡里多尼亚大学（Glasgow Caledonian University）（政治学博士，2004—2007）。哈特维希·波伊茨是一名政治学独立研究者，目前在斯特拉斯克莱德大学（University of Strathclyde）讲授欧洲比较政治学，此前在格拉斯哥卡里多尼亚大学等院校从事研究工作。其研究兴趣主要为智库、政策咨询、电子民主、社会运动、社会匪患（social banditry）、福利国家、英国保守党、公私伙伴关系、种族主义和移民，以及欧洲的经济危机和社会动乱等政治和社会问题。哈特维希·波伊茨代表作有《智库、社会民主和社会政策——德国政治研究的新视角》（*Think Tanks*, *Social Democracy and Social Policy*：*New Perspectives in German Political*

Studies)。

托马斯·梅德维茨（Thomas Medvetz），先后在约翰霍普金斯大学
（Johns Hopkins University）和加州大学教授社会学史、社会迁变和社会
分层等科目。在 2008 年加入加州大学圣地亚哥分校之前，梅德维茨 1998
年获得富兰克林与马歇尔学院（Franklin & Marshall College）社会学和英
语专业文学学士学位，2000 年获得美国加州大学伯克利分校（University
of California，Berkeley）社会学硕士学位，2007 年获得美国加州大学伯克
利分校（University of California，Berkeley）社会学博士学位，2007 年至
2008 年在康奈尔大学（Cornell University）社会科学研究所（Institute for
the Social Sciences）作博士后研究。现为美国加州大学圣迭戈分校（Uni-
versity of California，San Diego）副教授，研究兴趣涵盖智库、政治社会
学、文化社会学、知识分子的公共角色、知识与知识分子社会学、当代美
国保守主义运动等以政治学和社会学为主的一系列议题，并发表了一系列
学术论文。2012 年由芝加哥大学出版社出版其关于美国智库历史的专著
《美国智库》（*Think Tanks in America*）。

保罗·哈特（Paul't Hart）是荷兰乌得勒支大学政府学院（Utrecht
School of Governance）公共行政学教授。1987—2004 年在荷兰莱顿大学
（Leiden University）公共行政学系任教，其间担任过堪培拉大学（Uni-
versity of Canberra）、牛津大学纳菲尔德学院（Nuffield College Oxford）、
斯德哥尔摩大学的斯德哥尔摩组织研究中心（Stockholm Centre of Organi-
zational Research of Stockholm University）客座教席；20 世纪 90 年代中期
借调荷兰的情报和公诉机关；2001—2005 年担任瑞典国防学院（Swedish
Defence College）公共管理学副教授；2005—2010 年担任澳大利亚国立大
学（Australian National University）政治学教授，兼任乌得勒支大学政府
学院公共行政教授；2002—2011 年两度担任荷兰政府学院（Netherlands
School of Government）副院长。为荷兰、澳大利亚等国教育培养了数千
名中高层政府官员。研究兴趣包括：公共领导力、群体思维、危机反应、
官员关系、政策评价和政策变化、公共组织归责、政府精英人士行为及其
群体动态等。发表论文 100 多篇，撰写及主编著作各近 20 部，其中专著代
表作包括《政府中的群体思维：小型团体与政策失败研究》（*Groupthink*

*in Government*：*A Study of Small Groups and Policy Failure*）和《危机管理政治学：压力面前的公共领导力》（*The Politics of Crisis Management*：*Public Leadership Under Pressure*）（合著），前者获得荷兰公共行政学会（Dutch Society of Public Administration）颁发的 1990 年 GA van Poelje Award 奖，后者获得美国政治科学协会（American Political Science Association）颁发的 2007 年赫伯特·亚历山大·西蒙奖（Herbert A Simon Award）。

阿里阿德涅·弗罗门（Ariadne Vromen）是澳大利亚悉尼大学教授，研究兴趣主要在政治社会学领域，包括政治参与、社会运动、社会组织、政党、政治学研究方法、互联网政治以及年轻人参政。主要代表作有《权力斗篷：当代澳大利亚政治》（*Powerscape*：*Contemporary* Australian Politics）。

马哈茂德·艾哈迈德（Mahmood Ahmad），巴基斯坦白沙瓦古尔图巴科学与信息技术大学（Qurtuba University of Science & IT）副研究员。艾哈迈德主要从事美国问题研究，关注领域集中在政治、外交等。撰有多篇研究美国智库发展的学术文章，均在有较大影响的英文学术刊物中发表。电子邮箱：zaveyaa@yahoo.com。

默里·韦登鲍姆（Murray Weidenbaum）教授于 1969—1971 年任美国财政部助理部长，1981—1982 年任总统经济顾问委员会主席。之前，他曾在斯坦福研究所、波音公司和纽约州劳工部任经济师。韦登鲍姆教授的研究及教学兴趣包括政府对商业的管制、公共财政和经济政策。他的著作《小战争，大国防》（*Small Wars*，*Big Defense*）被美国出版商协会评为 1992 年杰出经济类书籍，其《竹网》（*Bamboo Network*）荣获 1996 年全球商业书籍决赛奖。他的《单臂经济学家：相交的企业和政府》（*One - Armed Economist*：*The Intersection of Business and Government*）于 2004 年 7 月出版，而最新的《思想竞赛：华盛顿智库的世界》（*The Competition of Id eas*：*The World of Washington Think Tanks*）于 2008 年出版。韦登鲍姆教授在圣路易斯的华盛顿大学建立了"默里·韦登鲍姆经济、政府及公共政策中心"，并讲授经济学课程。他持有多所大学的法学博士学位和普林斯顿大学哲学博士学位。韦登鲍姆教授已于 2014 年 3 月去世，享年 87 岁。

伊万·梅迪纳·艾伯纳（Iván Medina Iborra）系西班牙马德里自治大学（Universitat Autònoma de Barcelona；Autonomous University of Barcelona UAB）政治学与国际关系系博士后研究员。西班牙巴塞罗那自治大学政治学系政治学博士。主要研究方向为商业与政治、领土政治、利益集团、社会网络分析。

大卫·古托姆森（David S. A. Guttormsen）系英国华威大学（University of Warwick）政治与国际研究系博士研究员，博士论文以"建设'中国'：文化与美国智库叙事——一种布迪厄式调查"（Constructing "China"：Culture and U. S. Think Tank Narratives——a Bourdieusian Investigation）为题；英国考文垂大学（Coventry University）战略与应用管理系国际管理讲师；英国利兹大学（Leeds University）商学院访问学者。主要研究兴趣是政治与国际关系。

马丁·W. 蒂纳特（Martin W. Thunert）博士毕业于法兰克福大学，并于奥格斯堡大学获得了博士学位，其后他在汉堡大学获得了政治学任教资格，成为了一名助教。不久后他加入了法兰克福大学北美研究中心，任高级研究助理，并在多所德国大学接受学生预约提问。2002 年至 2006 年，蒂纳特博士作为访问学者在美国密歇根大学安阿伯分校进行学术访问。他还曾获得哈佛大学肯尼迪学院欧洲研究中心的奖学金，并担任国美国参议院劳动力教育及卫生委员会干事，获得了大量的实际经验。2007 年，蒂纳特博士加入了海德堡大学北美研究中心，任研究讲师，他的电子邮件地址是：mthunert@hca. uni - heidelberg. de。

詹姆斯·麦克甘（James G. McGann）博士是宾夕法尼亚大学国际关系项目的助理主管，也是位于费城的智库"外交政策研究所"（Foreign Policy Research Institute）的高级研究员。麦克甘最为人熟知的身份是宾大"智库与公民社会项目"（Think Tanks and Civil Societies Program）负责人，该项目从 2006 年起启动全球智库调查，并每年出品《全球智库排名报告》，成为各国智库发展的重要参考坐标，麦克甘凭此项目成为各国智库的座上宾，并在众多国际组织和智库组织中担任顾问，包括世界银行、联合国、洛克菲勒基金会等。在宾大主持智库项目之前，麦克甘曾在宾州维拉诺瓦大学任讲师，教授国际关系、国际组织与国际法等课程。他近年来的研究兴趣包括：安全和国际事务的趋势研究、智库对美国外交政策的影响、金砖国家和 G20 国家中的智库和政策咨询以及跨国威胁和全球公共政策等。

李成（Cheng Li），"文革"期间在上海长大，1985 年来到美国，先后获得加州大学伯克利分校（University of California，Berkeley）亚洲研究方向文学学士学位和普林斯顿大学（Princeton University）政治学方向博士学位。自 1991 年起在汉密尔顿学院（Hamilton College）任教，其间于 1993—1995 年在中国为美国的当代世界事务研究所（Institute of Current World Affairs）从事观察和研究，随后出版《重新发现中国：改革的动力与困境》（*Rediscovering China：Dynamics and Dilemmas of Reform*）一书，引起轰动。他目前担任美国布鲁金斯学会（Brookings Institution）约翰·桑顿中国中心（John L. Thornton China Center）研究主任和资深研究员，并担任美中关系全国委员会（National Committee on U. S. - China Relations）主任、美国外交关系委员会（Council on Foreign Relations）委员，以及百人会（Committee of 100）主任。他的主要著作包括《中国领导人：新的一代》（*China's Leaders：The New Generation*）（2001）、《变化中的中国政治图景：民主的前途》（*China's Changing Political Land-scape：Prospects for Democracy*）（2008）、《新兴的中国中产阶级：超越经济转型》（*China's Emerging Middle Class：Beyond Economic Trans-formation*）（2010 年），以及《通向中南海之路：18 大前夕的各高层领导集团》（*The Road to Zhongnanhai：High - Level Leadership Groups on the Eve of the 18th Party Congress*）。

帕特里克·克尔纳（Patrick Koellner）教授是德国全球和区域研究所（GIGA）主任，汉堡大学政治科学方向教授。作为一个重点关注公共宣传推广活动和知识转移的研究机构，德国全球和区域研究所主要致力于智库相关议题的讨论和思考。一些亚洲领域的研究者已在国外智库发表多篇文章和会议论文，如中国、印度和日本等。电子邮箱：patrick. koellner @ giga - hamburg. de；个人主页：http：//www. giga - hamburg. de/en/team/köllner。

凯思琳·麦克纳特（Kathleen McNutt），2000 年、2001 年和 2006 年

先后在里贾纳大学（University of Regina）、阿尔伯塔大学（University of Alberta）和西门·菲沙大学（Simon Fraser University）获得政治科学学士、硕士和博士学位。作者现为里贾纳大学约翰逊—庄山公共政策研究院（Johnson‐Shoyama Graduate School of Public Policy）主任、政治科学系附属教员、加拿大政治科学评论（Canadian Political Science Review）联合编辑。她目前的研究兴趣主要为数字政府、气候政策与能源状况，尤其是社会媒体对决策进程、公共部门和国家治理的影响。此外，她还研究数字策略在增进公共参与方面的潜力。

格雷戈里·马其欧顿（Greg Marchildon），1980 分别在里贾纳大学和萨斯喀彻温大学（University of Saskatchewan）获得历史/经济学和法学学士学位，1984 年和 1990 年分别在里贾纳大学和伦敦政治经济学院（London School of Economics and Political Science）获得经济学硕士和经济历史学博士学位。作者现在是约翰逊—庄山公共政策研究院教授、加拿大公共政策和经济历史方向（Public Policy and Economic History）首席研究员（Canada Research Chair）、艾米特纪念堂正义基金会主席（the Justice Emmett Hall Memorial Foundation）以及加拿大卫生研究院资助的西方地区卫生服务研究试验中心（CIHR‐funded Western Regional Training Centre in Health Services Research）主任。她目前的研究兴趣为加拿大公共政策与经济史、公共卫生服务发展，以及战后萨省的政治史、行政史和经济史。

# 代跋　关于"智库热的冷思考"答社科报记者问

说明：本书在终稿之际，我又接到《中国社会科学报》记者的约稿，请我就智库热的冷思考谈谈感想，并向我提了五个问题作为提纲。从某种程度上说，"跟风凑热闹"是中国社会的一种惯常心理和行为方式，学界也难免于此。故而我对《中国社会科学报》有这样的冷静和远见感到钦佩，也乐于奉献一点儿浅薄的意见。因为不少体会来自本书的编纂所获，故不揣浅陋，将此文附在本书之末，也聊做编后感言吧。

问题之一：明确中国特色新型智库的角色定位十分必要。在智库热的东风里，似乎所有高校、研究机构都能摇身一变成为智库。有些机构根本没有搞清楚智库的定位，就改头换面成了智库。您认为，当下智库建设存不存在泛化、泡沫化的倾向？是不是所有研究机构都适合发展为智库？

按照麦克甘 2014 年的全球智库发展报告，中国只有 400 多家智库，而美国有 1800 多家，若要按人均拥有数量来说，中国与美国还有很大差距。也有其他估算结果，比如科技部 2011 年做的"全国软科学研究机构统计调查报告"，那时中国具有智库性质的决策咨询机构的数量就超过 2000 家。我觉得，单凭中国智库的数量来判断目下的智库建设是否有泛化（太多）的问题，恐怕意义不大。

研究智库的中外学者都发现，多元化是当代智库发展的一个总体特征，尤其是在数据推动决策的大数据时代，更多形制灵活的智库涌现出来，甚至互联网公司也在积极扮演智库的角色。无论智库采取什么样的形态出现，说到底，是要生产能够提供有助于决策或支撑决策的知识。因此，我们没法笼统地说还处于发展期的整个智库产业是否存在泡沫，而是要看具体的智库机构在知识生产方面是否存在泡沫化的倾向。如果说，现在就容易对智库建设的泡沫化产生忧虑，毋宁说这是对中国整个知识生产体系的生态的担忧，或是对知识精英群体的某种信任危机。

习近平总书记提出建设中国特色新型智库、建立健全决策咨询制度，是推进国家治理体系和治理能力现代化的大战略的重要一环，是在中国改革进入新阶段后，改变原有的那种"摸着石头过河"的"试错式改革"方式，使决策过程更加精细化、科学化。在各个层级的政府决策和公共决策活动中，智库都可以扮演积极的角色。最终，中国的智库市场到底有多大，需要多少智库，其实是由决策活动的密集度、开放度以及智库机构的效率等因素综合决定的。

中国特色的智库发展路径，要具体落实到每一种类型的智库。比如社会科学院，虽然在西方学者看来是比较典型的智库，但它们承载的不仅仅是智库功能，很多时候还要发挥意识形态阵地的作用，这和西方某些具有较强意识形态色彩的智库又不一样。像国务院发展研究中心、国务院下属各部委的研究所这类机构，反而在生产决策型知识方面更加纯粹，只不过以往看来独立性稍弱。

新近加入智库大军的更多是高校系统内的较少承担教学或不承担教学内容的研究机构。它们在机制和时间上的相对灵活性使其较容易向智库转变，连年增长的科研经费也为其资金来源提供了保障。当然，这也主要出现在研究型大学，未来更会是如此，普通高校将不会有那样的资源。高校在跨学科协作、经费支持方面也许会有更多的灵活性，所以高校智库的发展其实是值得期待的。而且考虑到中国的士人传统，再加上现在对产生重大决策影响的智库成果（被领导批示）的丰厚激励，高校发展智库也有其自身的动力。如果出现问题，主要会发生在内部资源配置上。但根本上，智库的知识生产具有较强的竞争性，如果不能体现出决策影响力，就会难以为继。

所以，问题的关键不在于哪些机构会成为智库，在政策思想的市场里，自然会优胜劣汰，关键是要建立起这个市场的良好的运行机制和生态。

问题之二：中国特色新型智库建设应该坚持以研究为主，影响力传播为辅，避免走向过度商业化。观察欧美智库发展的轨迹，在智库发展初期，智库专注于政策研究，并不过分追求媒体曝光度。我们注意到，我们有很多智库只是现有各类智力资源的重新组合或者包装，是搭台子、请名人、开峰会、出简报，传播很热闹，但实质上高质量研究报告并不多。在潜心研究与追求影响力方面，我们当下是不是存在本末倒置之嫌？

智库当然要生产高质量的知识产品，但智库从来就不是纯粹的"高深知识"的生产机构。西方智库的管理者和研究智库的学者们现在大多认识到，为了取得与政策的相关性，包装与内容同等重要。这与西方社会的民主化进程直接相关。当然，硬币的另一面是选金政治、党派利益和智库的精英化倾向。但无论如何，智库作为知识和权力的桥梁，越来越多地利用传播媒介和议程设置来干预决策过程是一个普遍的事实。即使在中国，重要的智库虽然都有自己直通决策枢纽部门的渠道，如今也越来越重视自身的公众影响力和品牌建设。这其实从一个侧面反映了决策信息采集渠道的多元化和政策思想市场的发展。换句话说，决策者们如今既然有了更多的选择，凭什么来做决定呢？品牌或者名声肯定是一个重要参考项。当然，另一方面，不同智库离决策层的距离是不同的，离权力中心越远的智库可能越需要通过公众影响力来发挥决策影响力。这又带出一个新问题，即公众影响在多大程度上会转化为决策影响。在西方，执政者们必须了解和照顾选民的意志，而在中国，民意也越来越成为决策的依据。但民意在何种程度以何种方式影响决策，非常难以总结。于是，公众影响力和决策影响力之间的关系也很难说清。但有一点可以明确的是，一家智库的成功与否，科研人员的内在水平、将专业的政策研究成果传播给非专业的读者的能力都至为关键，不应将二者强行分出个你轻我重——实际上，西方国家有些所谓的"倡导型智库"（如美国的传统基金会）可能更重视推销其坚持的理念。

一家雄心勃勃的智库在其建设的初期，如果资金充裕，各种经营品牌的手段都可能被采用，这与企业的品牌经营是一个道理，但最终决定企业竞争力的还是产品。有的企业先经营品牌，搞各种噱头，然后暴露出产能和质量问题，这样的企业不可能靠着向出资人讲述情怀而长久存在。我打这样的比方是因为智库在采用品牌经营和各种宣传营销手段时，它更像是一个从事思想生产的企业而不是单纯的科研机构。在中国，官办智库和高校智库主要还是吃财政饭，靠纳税人养活，但它们的许多智力成果只以内部报告形式在少数高层领导中流传，公众并不知道它们实际做了哪些贡献，在此种情形下，增强公众影响力也是这些智库的期望，公众影响对于维持该智库存在的合理性以及扩大潜在的资助来源都有重要意义。

不过，出镜率毕竟不代表研究影响。智库建设还是要更加推重那些与公共政策相关的、原创的、独立的和高质量的研究成果，对于中国尤其如此。理由很简单，无论是在原创性知识还是政策相关性知识的生产方面，中国学术界还有很大的进步空间，特别是考虑到目前科研经费投入的已有体量和持续增长的势头。

问题之三：随着智库数量的增长，智库经费的来源成为一个人们关注的话题。在比较发达的政策分析市场中，智库的运行经费不仅来自智库产品的最终需求和消费者——政府，而且还来自公益的研究基金、个人捐助者或企业等政策思想的非直接消费者。我们如何保证智库接受国内外团体个人的资助，又能确保学术研究的中立性？

智库如今变得更加多元，其中一个重要表现就是资金来源的多元化。为了避免过度依赖单一的资金来源，西方国家的智库都努力拥有多样化的经费支持，学术型智库认为经费来源多元化是保证其机构独立性的重要手段。至于西方国家的契约型智库（通常是与政府签订大型合约），其独立性的获得主要是因为政府资助方对其独立性的要求（提供客观中立的知识产品）和所提供的空间（视其为政府部门以外的相对独立的机构）。有的智库其主旨不在于研究，而在于倡导某种意识形态或某种政治立场，这样的智库往往有特定的资金来源。正因为如此，所谓智库保持独立，其实是一种价值追求，而不是智库内在的标准，这一点已经快成为一种共识。同样地，学者们，只要他们将自身认同定位于学者，保持研究过程的中立性就会自觉不自觉地成为他们的价值追求。刚性的制度设计也许能够杜绝一些学术腐败，政治和社会秩序可能使学者们的学术立场出现某种倾向，但要说保证他们的学术中立，我感觉制度、秩序的干预力并不强。

此外，由于智库的目的是为着影响决策，也就是说对现实可能产生影响，那么我们对智库的学术研究除了期待其独立性外，更重要的恐怕是要阐扬韦伯所说的责任伦理（Verantwortungsethik），智库内的研究者们要注意不能让心志伦理（Gesinnungsethik）湮没了责任伦理。

问题之四：广为人知的美国"旋转门"机制，不只是简单的因党派执政更迭而产生智库与政府之间的职位互换，更重要的是，智库工作往往会促进人才的全面社会交往与思考能力的提升，为国家发展提供了大量的高端人才储备以及政府职位的选择空间。反观我国，过去将退休干部或边缘化官员安置到研究部门似乎是一种惯性。我国智库人才培养是不是存在改进的空间？

关于美国智库的用人机制，我们以往谈得更多的是"旋转门"（revolving door）模式，那是人员进出的机制，而在智库更重要的是"汇聚一堂"（under one roof）机制，即让不同背景的人员共处一起，使他们能更密切地相互交流。所以，不管何种身份的人，以何种方式何种目的进入智库，这都不重要，重要的是他们在其中发挥着何种作用，是否对于智库的知识生产和传播起到积极的作用，是否秉着责任伦理来促进公共政策的制定。中国特色新型智库的发展还在新兴阶段，对于这一阶段出现的种种现象我们要保持相对开放、包容的心态，而不是过多的质疑。需要更多致力的是财务制度、激励制度、考评制度的建设，使智库的知识生产活动在一个开放、透明、高效的环境中进行。

关于智库人才的培养，我觉得在目前阶段应当首重智库管理人才的培养。几十年的改革开放，积累了比较成熟的市场机制、大批的科研人员，把智库发展纳入国家战略也使相关的科研经费有了保障，相对比较欠缺的恰恰是懂得如何运营智库的管理者。从这方面来讲，并非所有退休官员都适合到智库进行具体管理，可以聘请他们作为顾问甚至某一领域的团队负责人。

问题之五：除上述问题外，您认为制约我国智库发展的还存在哪些问题？应当如何破解？

随着改革开放的进一步深化，科学决策、民主决策、信息公开必然是大势所趋，在这样的情势下，智库必然大有所为，我们应当对中国特色智库发展抱有信心。如果说短期内有什么制约智库发展的因素，我觉得还是落在制度建设上，这其实是和中国的整体改革所遇到的问题相似。制度、政策、知识，它们从某种意义上都是社会建构的产物，要还原到建构它们的情境中去理解它们，才能更好地做出调整。举例来说，最近学界讨论很多的科研经费管理制度。以前管得比较松，现在则管得比较严，有些地方可能过于严格。如果我们承认智库经费来源的多元性，那么针对不同来源的经费，管理制度就应当有弹性而不能"一刀切"。又比如考评制度，国外智库似乎主要还是目标管理而不是过程管理，而且主要看智库的吸金能力，越是财力雄厚的智库，越是把目光聚焦于智库提出创新洞见、影响公共政策和扩大公共影响的能力上。即使如此，像韦登鲍姆（Murry Weidenbaum）这样美国的大牌智库学者也批评美国的主要智库在抬高话语级别上比提供解决方案上表现得更积极。他的这种危机感和批判意识其实值得我们学习。

# 版权说明

　　本书所收文章均取得作者授权。唯一例外是默里·韦登鲍姆①教授，他已于 2014 年 3 月离世，故无法与他本人取得联系。为了纪念这位重要的智库学者，我们依然选用了他的一篇文章，如果事涉版权问题，欢迎相关方面与我们联系。

---

　　① A Challenge to Washington Think Tanks（华盛顿智库面对的一个挑战）；原文出处：*Challenge*，2009，Vol. 52（1），pp. 87—96。发表此篇文章时，作者已是 82 岁高龄。遗憾的是，作者已于 2014 年 3 月去世。